湖南省社会科学成果评审委员会项目成果（XSP21YBC284）
湖南省教育厅科学研究重点项目成果（21A0604）
湖南省普通高等学校教学改革研究重点项目成果（HNJG-20231402）
湖南警察学院出版资助项目成果

从理念到实践：
家庭暴力干预实务研究

欧阳艳文　著

中国人民公安大学出版社
CPPSUP 全国百佳图书出版单位

图书在版编目（CIP）数据

从理念到实践：家庭暴力干预实务研究／欧阳艳文
著. -- 北京：中国人民公安大学出版社，2025. 3.
ISBN 978-7-5653-4871-6

Ⅰ. D669. 1

中国国家版本馆 CIP 数据核字第 20241WB309 号

从理念到实践：家庭暴力干预实务研究

欧阳艳文　著

责任编辑：梁　立
责任印制：王晓博

出版发行：中国人民公安大学出版社
地　　址：北京市西城区木樨地南里
邮政编码：100038
经　　销：新华书店
印　　刷：北京市泰锐印刷有限责任公司

版　　次：2025 年 3 月第 1 版
印　　次：2025 年 3 月第 1 次
印　　张：13. 75
开　　本：787 毫米×1092 毫米　1/16
字　　数：228 千字

书　　号：ISBN 978-7-5653-4871-6
定　　价：60. 00 元

网　　址：www.cppsup.com.cn　www.porclub.com.cn
电子邮箱：zbs@cppsup.com　zbs@cppsu.edu.cn

营销中心电话：010-83903991
读者服务部电话（门市）：010-83903257
警官读者俱乐部电话（网购、邮购）：010-83901775
教材分社电话：010-83903084

前　言

　　自 20 世纪 70 年代以来,家庭暴力作为社会问题被国际社会广泛关注。我国对家庭暴力问题的关注始于 1995 年在北京召开的第四次世界妇女大会。此后的三十年,我国的反家庭暴力工作得到了长足的发展。2016 年 3 月 1 日,《中华人民共和国反家庭暴力法》(以下简称《反家庭暴力法》)正式施行,标志着我国反家庭暴力工作走上了法治化轨道。

　　2009 年,笔者因偶然的机会进入反家庭暴力研究领域。当时,笔者作为湖南警察学院的老师,承担了湖南省公安厅警官培训中心派出所所长轮训班"警察干预家庭暴力"课程的授课任务。其间,笔者发现,警察作为家庭暴力防治中一支不可缺少的重要力量,担负着其他部门、机构无法替代的重要职责。此后,笔者一直专注于家庭暴力的研究与实践,曾应邀参与了多个国家级反家庭暴力项目的实务指导,在多个省份举办反家庭暴力讲座和培训。基于多年来在反家庭暴力研究与实务指导中的思考和探索,笔者撰写了本书。

　　全书共分上、下两篇。上篇为"家庭暴力干预的理念思考",主要论述家庭暴力干预的基本理念,内容涵盖家庭暴力干预的立场态度、基本原则、成功标准以及模式等方面。家庭暴力防治的一大难关是思想观念落后。从某个角度讲,反家庭暴力是对传统封建思想中"男尊女卑"等观念的挑战。如果在思想意识和立场态度上存在错误或偏差,不仅影响家庭暴力干预的实际效果,甚至可能与干预的正确方向背道而驰,产生负面阻碍作用。正是基于家庭暴力干预的这样一种特殊性,秉持正确理念对于家庭暴力干预显得尤为重要。下篇为"家庭暴力干预的实践探索",主要论述家庭暴力干预实务中一些重要的具体问题,是本书的主体部分,内容涉及家庭暴力干预中的家庭暴力判定问题、危险管理问题、调解适用问题、受害者援助问题、施暴者干预问题,以及《反家庭暴力法》干预措施的理解与适用问题。此篇既有作为部门、机构如何开展反家庭暴力工作的措施与途径,也有作为干预人员如何进行个案处理的方法与技巧。这些论述主要基于我国当前家庭暴力防治的实际情况，不仅有笔者的思考探索，还吸收了国内外学者的前沿成果和家庭暴力干预实务从业人员的有益经验。

本书在撰写过程中得到了许多同仁的支持与帮助，在此表示衷心感谢！由于笔者水平有限，书中难免存在不当之处，敬请读者不吝指教。

欧阳艳文

2024 年 8 月

目　录

上篇　家庭暴力干预的理念思考

第一章　家庭暴力干预的立场态度

家庭暴力是一个全球性的社会问题，预防和制止家庭暴力已成为国际社会共识。家庭暴力干预，是指通过法律、教育、社会支持等多方面的措施，预防和应对家庭暴力行为，以保护受害者的权益，维护家庭和谐与社会稳定。从某种意义上说，对家庭暴力干预是社会文明程度的体现。我国传统文化源远流长，其中有无数值得传承的瑰宝，也有应该摒弃的糟粕。家庭暴力干预，需要厘清一些错误观念，从思想上树立正确的立场态度。

第一节　家庭暴力的非"私"性

家庭暴力一般发生在家庭内部、私人领域，所以常常被认为是家务事，不需要外人插手。然而，家庭暴力发生普遍、危害严重，且具有违法性，已经完全超出了家务事的范围。

一、家庭暴力发生的普遍性

家庭暴力作为一个全球性现象，在 20 世纪 70 年代被国际社会关注。世界卫生组织（WHO）在 2002 年发布的《世界暴力和健康报告》（World report on violence and health）显示，家庭暴力发生于任何种族和任何社会阶层，不论发达国家还是发展中国家，均无一幸免。

（一）国外情况

1975 年，美国首次进行了全国性的流行病学调查，发现 28% 的夫妇曾经经历过家庭暴力。对美国五个主要城市的调查结果显示，有 10% 以上的家庭曾经发生过家庭暴力，施暴者大多是男性，而受害对象绝大多数是女性、儿童和老人。因家庭暴力所导致的凶杀案占美国当年所有凶杀案的 12%，受伤的妇女人数超过因交通事故、抢劫和强奸而受伤害的妇女人数的总和。为此，1991 年美国医学会发表声明，向家庭暴力宣战，1992 年专门发布《家庭暴力诊断与治疗指南》。①

　　在欧洲，家庭暴力是 16 岁至 44 岁妇女致残或致死的最重要原因之一。在奥地利，约 1/5 的奥地利妇女成为家庭暴力的受害者，2006 年共有 3143 名妇女和儿童为了躲避家庭暴力被迫离家到妇女救助中心。② 根据意大利国家统计院的报告，全国 16 岁至 70 岁的妇女，在一生中遭受肢体、心理及性暴力侵害者高达 1200 万人，其中约 70% 的施暴案件属家庭暴力。意大利内政部统计显示，2006 年 10 月至 2007 年 10 月，全国 16 岁至 70 岁遭到暴力侵害的 150 名妇女中，67.4% 的施暴者是受害者的丈夫、同居人或前同居人。③ 在法国，平均每 3 天就有一起因家庭暴力导致人死亡的惨案，每 4 天有一名妇女死于家庭暴力，每 16 天有一名男子死于家庭暴力。④ 在英格兰和威尔士，有 45% 的妇女被害案是现在或以前的性伴侣所为，平均每周有两位妇女被害，而同期男子被杀案件仅占 10%。⑤ 在捷克斯洛伐克，23% 的妇女和男子被卷入家庭暴力，他们或者是暴力的施行者、受害者，或者是目击者，有 13% 的人成为家庭暴力的受害者。⑥

　　俄罗斯每年有 12000~14000 名妇女死于家庭暴力。根据俄罗斯社会调查员的调查，"90% 接受调查的男女证实，他们亲眼看到过自己的亲友或邻居家中发生的夫妻打架现象。58% 的俄罗斯妇女一生至少遭到过一次亲人的殴打，1/5 的妇女经常遭到丈夫的殴打，半数妇女甚至在怀孕、哺乳及养育幼子时期挨打，60% 的受虐妇女有不同程度的伤残"。⑦ 根据莫斯科大学妇女委员会对俄罗斯 7 个地区 18~65 岁已婚者的研究，58% 的妇女遭受过男性亲密伴侣的身体侵犯，54% 的妇女正在遭受各种形式的经济暴力，超过 70% 的被调查者忍受着丈夫的精神暴力，23% 的妇女是性暴力的受

①　参见张亚林、曹玉萍主编：《家庭暴力现状及干预》，人民卫生出版社 2011 年版，第 1 页。

②　《奥地利政府承认家庭暴力问题严重》，载新华网，http://news.xinhuanet.com/newscenter/2007-12/10/Content_7226279.htm.2008-09-16。

③　《调查显示意大利妇女容忍度高，家庭暴力案日增》，载搜狐网，http://news.sohu.com/20071123/n253440484.shtml.2007-11-23。

④　《法国对家庭暴力适用重典》，http://www.womenwatch-china.org，2007-08-31。

⑤　参见《现状、态度和预防——对妇女的家庭暴力调查结果报告》（《反对针对妇女的家庭暴力对策研究与干预》总项目《全国家庭暴力现状和态度调查分项目》），中国北京，2002 年 11 月，第 19 页。

⑥　《捷克政府计划进一步制止日趋严重的家庭暴力现象》，http://news.sina.com.cn/o/2007-12-17/145513094523s.shtml，2007-12-17。

⑦　参见蓝瑛波：《当代俄罗斯青年》，光明日报出版社 2007 年版，第 76 页。

害者。①

日本警察厅数据显示，日本警方 2021 年收到 83042 次与家庭暴力相关的咨询求助，刷新前一年创下的最高纪录，日本共同社援引警察厅数据报道，这一数字比 2020 年增加约 399 次，创下日本防止配偶暴力法 2001 年生效以来最高纪录。其中，近 75% 家暴受害者是女性。从年龄上看，三十多岁人群占 26.4%，二十多岁和四十多岁群体占比也均超过 20%。警方调查的家暴案件中，8634 起涉及殴打。另外，男性受害者人数近年逐渐增加。②

（二）国内情况

从我国当前来看，全国性的统计数据比较少，但有关部门和地方的数据可以在一定程度上反映国内家庭暴力的现状。

中国社会科学院发布的《1995 至 2005 年：中国性别平等与妇女发展报告》显示，在中国 2.7 亿个家庭里，约 30% 存在不同程度的家庭暴力，实施暴力者有九成是男性。③ 第三期中国妇女地位调查报告显示："在整个婚姻生活中曾遭受过配偶侮辱谩骂、殴打、限制人身自由、经济控制、强迫性生活等不同形式家庭暴力的女性占 24.7%，其中，明确表示遭受配偶殴打的已婚女性为 5.5%。"2021 年，最高人民法院统计的全国离婚纠纷涉及家庭暴力的案件审理情况也印证了妇女是家庭暴力的主要受害人这一结论，在全国一审审结案件中，有 91.43% 的案件是男性对女性实施家暴。④

根据我国台湾地区的统计，2016 年家庭暴力发生 95175 件，每日平均260 件，亲密暴力占 0.53%，对儿童的暴力占 0.14%，对老年人的暴力占0.06%；2017 年 95402 件，每日平均 261 件，其中亲密暴力占 0.53%，对儿童的暴力占 0.14%，对老年人（65 岁以上）的暴力占 0.006；2018 年96693 件，平均 264 件，亲密暴力占 0.52%，对儿童的暴力占 0.13%，对老年人的暴力占 0.06%；疫情期间有所上升，2019 年 103930 件，每日平均 284 件，亲密暴力占 0.48%，对儿童的暴力占 0.17%，对老年人的暴力占 0.05%；2020 年 114381 件，平均 313 件，亲密暴力占 0.46%，对儿童

---

① 《妇女理事会对妇女的家庭暴力研究结果》，http：//www.civilg8.ru/5938.php，2009-01-20。

② 《日本去年涉家暴咨询数创新高》，https：//baijiahao.baidu.com/s？id=1726275092458573430&wfr=spider&for=pc，2022-03-03。

③ 《全国妇联：我国家庭暴力投诉量呈较高增长态势》，http：//news.xinhuanet.com/news-center/2007-11/25/content_7140471.htm，2007-11-25。

④ 《司法大数据专题报告之离婚纠纷》，HTTP：//WWW.COURT.GOV.CN/FABU-XIAN-GQING-87622.HTML，2021-03-18。

的暴力占 0.19%，对老年人的暴力占 0.06%；2021 年 118532 件，每日平均 324 件，亲密暴力占 0.45%，对儿童的暴力占 0.18%，对老年人的暴力占 0.06%。[①] 另外，香港社会福利署近年来公布的数据显示，香港福利署收到及处理涉及保护儿童个案数目由 2020 年的 940 宗增至 2023 年的 1457 宗，增幅 55%。警方在 2023 年共处理 1236 宗涉及刑事的家庭暴力案件，较 2019 年的 1115 宗增加超过一成，包括谋杀、误杀、伤人、严重殴打、强奸、刑事恐吓等，2024 年前 9 个月有 877 宗。[②]

上述可见，不论是国外还是国内，家庭暴力的发生都十分普遍。自从人类有了家庭，可能就有了家庭暴力，不论哪个时代、哪个国家或地区，都可能存在家庭暴力。家庭暴力不是某一个时期、某一个国家或地区的个别现象，而是一个有漫长历史的全球性社会问题。

二、家庭暴力危害的严重性

联合国认为家庭暴力是一个全球性的发展问题和健康问题。家庭暴力不仅发生普遍，危害也十分严重。家庭暴力的危害不仅针对家庭暴力的直接受害者，还可能涉及其他家庭成员，并给社会带来诸多不利。

（一）对受害者的伤害

家庭暴力对受害者的伤害，大概有以下几个方面：首先，家庭暴力造成受害者的身体伤害，从轻微伤害到重伤，甚至死亡。身体伤害是家庭暴力最明显的伤害，伤害行为和伤害结果几乎都是可见的。家庭暴力造成受害者的精神伤害则有一定的隐蔽性，但是不可小觑。研究发现，家庭暴力可能造成受害者出现抑郁、焦虑、沮丧、恐惧、无助、自责、愤怒、绝望和厌世等不良情绪。长期处于严重家庭暴力之下的受害者，还可能出现胆小怕事、自我孤立、缺乏自信和安全感、注意力难以集中，导致学习和工作能力下降、人际交往障碍等，严重影响生活和工作，甚至可能自杀。最后，家庭暴力还有可能引发受害者违法犯罪。受害者并非完全的逆来顺受，也可能出现伤害施暴者的情形，家庭暴力受害妇女反杀施暴者的情形并不少见。

（二）对目睹者的伤害

家庭暴力对家庭成员也可能产生伤害，如目睹家庭暴力的未成年人

---

① 参见林明杰著：《家庭暴力的全貌与防治》，台湾元照出版社 2023 年版，第 86-87 页。

② 《去年刑事家暴案 1236 宗 5 年增一成》，http://www.wenweipo.com/epaper/view/newsDetail/1851690229556187136.html，2024-10-31。

等。研究显示，生活在暴力家庭中的未成年子女，至少会在心理健康、学习和行为三个方面出现障碍。50%～70%的成年施暴者是在暴力家庭中长大的，他们从小目睹父母之间的暴力行为，误以为家庭暴力是正常现象，并在不知不觉中学会用暴力解决问题。生活在恐惧和缺少爱的家庭环境中，会使目睹儿童经常处于担心和焦虑之中，难以集中注意力进行学习。在逃学和辍学的学生中，有相当一部分是来自存在家庭暴力的家庭。[①] 有研究表明，有时目睹暴力比承受暴力所产生的心理伤害更为严重。暴力环境使得孩子陷入冲突和极度不安全的心理状态，他们可能变得胆小怕事，难以信任他人，也可能变得蛮横无理、欺侮弱小、人际关系不良。加拿大的研究显示，目睹家庭暴力的孩子，出现严重行为问题的可能性，比起无暴力家庭中的孩子，男孩要高17倍，女孩要高10倍。[②]

（三）对施暴者的危害

施暴者本人也是家庭暴力的受害者。从施暴后的结果来看，亲人受害、本人受伤、家庭破裂等，都对施暴者生活非常不利；从实际情况看，许多施暴者在施暴之后，能够承认错误，并坦言是在情绪激动情况下无法控制自己的行为，施暴的结果并非施暴者所期待的。从施暴的原因来看，除了施暴者本身的原因外，可能还存在其他一些不利的外部因素的影响，如童年不利的成长环境、男尊女卑等不良传统思想影响等。如前所述的家庭暴力代际传递，施暴者是受到了上一代家庭暴力的不良影响。

（四）对社会的危害

家庭是社会的细胞，家庭暴力对社会的危害也不可小觑。一方面，家庭暴力会导致社会成本增加。家庭暴力所导致的身体和精神伤害增加了医疗支出，近期研究显示，在美国，怀孕期间的暴力事件每年造成的社会成本约为38亿美元至88亿美元。这些成本来自于不良分娩结果的增加（这反过来又导致了更高的婴儿死亡率）、出生时和出生后的医疗费用增加、与儿童和成人残疾相关的费用增加、成人收入减少以及预期寿命减少。在中国，最高人民法院2019年发布的离婚纠纷司法大数据专题报告显示，"因家庭暴力向法院申请解除婚姻关系"占比14.86%，位列离婚原因的第二位，中国人口基数大，家庭暴力造成的社会负担也较大。加拿大在刑事

---

① 参见联合国秘书长2006年发布的《关于侵害妇女的一切形式的暴力行为的深入研究》。

② 参见 Currie, Janet；Mueller‐Smith, Michael；Rossin‐Slater, Maya.（2020）. Violence While in Utero：The Impact of Assaults during Pregnancy on Birth Outcomes. The Review of Economics and Statistics，1-46. https：//doi. org/10. 1162/rest_a_00965.

诉讼、警察巡逻、心理治疗和人员培训方面，每年与家庭暴力有关的支出超出 10 亿元。英国通过对司法、保健、社会服务、住房、法律、生产损失和病痛与苦难等方面的成本调查发现，家庭暴力导致的社会成本每年约为230 亿英镑。① 另一方面，家庭暴力所造成的家庭破裂本身增加了社会的不稳定。此外，施暴者在家伤害家人，是家庭暴力施暴者，在社会当中可能伤害他人，成为违法犯罪分子。

三、家庭暴力行为的违法性

在很长一段历史时期，家庭暴力被视为一种正常现象。国际社会对家庭暴力的关注始于反对针对妇女的暴力，1979 年联合国通过了《消除对妇女一切形式的歧视》，这是最早涉及家庭暴力的国际文书，该文书将对妇女的暴力行为定性为一种对妇女的歧视。我国对家庭暴力问题的关注起步较晚，1995 年第四次世界妇女大会在北京召开以后，我国才有了"家庭暴力"这个词。根据国际国内对家庭暴力现象达成的已有共识，笔者认为，家庭暴力的性质包括以下几个方面：

第一，是对人的合法权益的侵犯。依照国际法和我国法律所规定的人的合法权益和自由，每个人都有生命权和不受酷刑、不人道或有辱人格的待遇或惩罚的权利，自由和人身安全权利，法律平等保护权，家庭平等权，可达到的最高身心健康权，工作条件公平有利的权利。而揭开家庭这件外衣，家庭暴力就是施暴者对受害者的合法权益赤裸裸的侵犯。《中华人民共和国反家庭暴力法》（以下简称《反家庭暴力法》）明确规定了家庭暴力是一种侵犯人"身体"和"精神"的伤害行为。

第二，是联合国禁止的酷刑。联合国大会在 1975 年 12 月 9 日通过了《保护人人不受酷刑和其他残忍、不人道或有辱人格的待遇或处罚公约》。1984 年 12 月 10 日通过了《禁止酷刑和其他残忍、不人道或有辱人格的待遇或处罚公约》。我国在 1988 年 9 月 5 日第七届全国人大常委会第三次会议通过《关于批准禁止酷刑和其他残忍、不人道或有辱人格的待遇或处罚公约的决定》，1988 年 11 月 3 日该公约对中国生效。根据联合国《禁止酷刑和其他残忍、不人道或有辱人格的待遇或处罚公约》对酷刑的界定，酷刑涉及的关键要素与家庭暴力一致，如"严重的肉体或精神的痛苦与折磨""有意施加的""为特定的目的"等。

---

① 参见陈敏著：《涉家庭暴力案件审理技能》，人民法院出版社 2013 年版，第 55 页。

第三，是对男女平等国策的违背。在家庭暴力当中，女性是主要的受害群体。究其原因，与男女不平等的观念及相应的社会机制有重要关系。马克思认为，古代私有制和阶级剥削是男女关系不平等的根源，在古代家庭中，丈夫是资产者，妻子则相当于无产阶级，在性别压迫层面，男女不平等的意识潜移默化地影响着两性关系，以一套复杂的机制作用于女性，蒙蔽了妇女主体性意识，限制着妇女的发展。我国于 1954 年将男女平等写入《中华人民共和国宪法》，规定妇女在政治、经济、文化、社会和家庭生活等方面享有同男子平等的权利。2012 年 11 月，在中国共产党第十八次全国代表大会上，将男女平等作为基本国策写入报告。习近平总书记要求"积极保障妇女权益。妇女权益是基本人权。我们要把保障妇女权益系统纳入法律法规，上升为国家意志，内化为社会行为规范"。① 女性是家庭暴力的主要受害群体，家庭暴力是男女不平等的一种重要体现。

综上所述，从家庭暴力发生普遍性、危害性和违法性来看，家庭暴力完全超出了家务事的范围，成为一个社会问题，是对人合法权益的侵犯，是国际社会禁止的酷刑，是对我国男女平等国策的违背。我国已经进行反家庭暴力的立法，明确了国家的态度。2016 年 3 月 1 日开始施行的《反家庭暴力法》第三条第二款规定"反家庭暴力是国家、社会和每个家庭的共同责任"，第三款规定"国家禁止任何形式的家庭暴力"。因此，家庭暴力干预需要摒弃"家庭暴力是家务事"的错误观念，深刻认识到家庭暴力是侵害人合法权益的社会问题，维护社会公平正义，促进社会文明进步，阻断家庭暴力循环，切实维护家庭暴力受害者的合法权益，给受害者提供应有的支持与服务。

第二节　公权力干预的正当性

我国自古有"法不入家门"的传统观念，认为公权力不应该干预私人领域，家庭暴力干预需要摒弃这种观念，深刻认识干预家庭暴力是公权力的应尽职责。

---

① 2015 年 9 月 27 日习近平在全球妇女峰会上的讲话。

一、公权力干预家庭暴力的理据

（一）尊重和保护人的合法权益是国家责任

公权力干预是国家保障家庭成员合法权利的途径之一，公权力代表的是国家责任。从公权力的起源看，公权力本身源于私权利，公权力是实现私权利的保障和手段，本质上是一定范围内社会成员的部分权利的让渡，或是说一定范围内社会成员的授权。从一定意义上说，公权力是私权利的延伸，是让社会成员的权利在某些特殊情形下，能够得到尊重和保障。家庭暴力虽然发生在私人领域，但却是社会问题，家庭的稳定关系到社会稳定。在私权利力不能及的情形之下，公权力进行干预并行之有效，体现的同样是对社会成员权利的一种保障，不仅没有违背公权力的根本目的，而且是完全一致的。

家庭成员作为个人，除了拥有家庭"私领域"的成员资格外，还同时拥有国家"公领域"的公民资格。家庭成员同时作为公民，拥有生命权、健康权等权利，国家有义务尊重和保障。"权利产生了对国家义务的需要，为满足这一需要才进一步产生了国家权力。简言之，权利的存在创设了国家义务。"① 国家作为承担保障义务的主体，负有保障家庭成员合法权利的义务，有义务及时制止家庭暴力和惩戒家庭暴力加害人，并对家庭暴力受害人进行及时有效的救助。

从当前来看，公权力干预家庭暴力是学习贯彻习近平法治思想和践行新时代家庭观的体现。坚持以人民为中心是习近平法治思想的重要内容。习近平总书记反复强调，"法治建设要为了人民、依靠人民、造福人民、保护人民。必须牢牢把握社会公平正义这一法治价值追求，努力让人民群众在每一项法律制度、每一个执法决定、每一宗司法案件中都感受到公平正义。要把体现人民利益、反映人民愿望、维护人民权益、增进人民福祉落实到依法治国全过程……"② 公权力干预家庭暴力，要把保障和维护受害人的合法权益放在首位。党的十八大以来，习近平总书记围绕注重家庭、注重家教、注重家风发表了一系列重要论述。党中央高度重视家庭文明建设，积极回应人民群众对家庭建设的新期盼、新需求，推动社会主义

---

① 杜承铭：《论基本权利之国家义务：理论基础，结构形式与中国实践》，载《法学评论》2011 年第 2 期。

② 习近平 2018 年 8 月 24 日在中央全面依法治国委员会第一次会议上的讲话。

核心价值观在家庭落地生根，推动形成社会主义家庭文明新风尚。

（二）公权力干预家庭暴力是维护家庭正义的要求

"法不入家门"和清官难断家务事是我国长期以来对待家庭暴力事务方面根深蒂固的基本观念，这与"皇权不下县"的封建统治方式是相适应的，传统社会因此将家庭发生的事务交给了家庭自治，这也是家庭内部公平正义不能得到保障的根本原因。从现代法学特别是人的合法权益角度分析，传统家文化中的家庭自治是存在明显缺陷的，这正是导致家庭暴力发生的重要原因。传统家庭自治剥夺了除家长以外的其他家庭成员的家庭自治主体资格，家长为唯一自治主体，是一人之治，是一种家长的专制。由于没有平等的自治权，家庭内部事务的最终决策总是以家长的意志为转移的。在家长一人之治的家庭里，家长可以为所欲为，家庭成员随时可能因得不到法律的应有救济而成为家长专制的牺牲品。

与此同时，家庭自治也是有边界的，传统家庭自治将家庭暴力作为"家务事"纳入了家庭自治范围，使家庭暴力游离于国家法律之外。在现代社会，任何组织与团体都不具有绝对的自治权利，家庭也不例外。家庭自治以正义底线不得践踏正义，以合法为前提，不得侵犯人的合法权益，否则国家理当介入。在家庭中，正义应成为对抗自治的价值基石，一方面，应尊重每位家庭成员的独立人格和自由，保护家庭私权利和自由；另一方面，家庭成员滥用权利侵害家庭成员，僭越偏离正义的，家庭自治便失去了合理性和正当性。此时公权力必须介入，及时有效地惩治违法行为人，充分保障受害人的合法权益，实现家庭的正义。①

公权力是促进、维护和实现社会公平正义，而对共同体成员进行组织、指挥、管理，对共同体事务进行决策、立法和执行的权力。比如，公安机关是"守护人民安宁之剑，是维护社会公平正义之师"。而家庭暴力是家庭暴力施暴者对受害者赤裸裸的权利侵犯，既不公平也不正义。要实现全社会的公平正义，要进一步促进社会文明进步，就不应该留有任何死角。从这个意义上看，家庭暴力的干预是公权力的应尽职责。

二、公权力干预家庭暴力的国际国内共识

国家和政府有责任采取积极措施防治家庭暴力，已成为国际社会的共识和共同遵守的准则，这一要求也反映在多个国际公约中。《联合国宪章》

---

① 李明舜主编：《公权力干预家庭暴力的适度性研究》，法律出版社 2021 年版，第 116 页。

第五十五条明确要求，联合国应促进各会员国承担采取共同或个别行动与联合国合作，使全人类之人权及基本自由之普遍尊重与遵守，不分种族、性别、语言或宗教。《世界人权宣言》第八条规定，任何人当宪法和法律所赋予他的基本权利遭受侵害时，有权由合格的国家法庭对这种侵害行为作有效的补救。第二十二条规定，每个人作为社会的一员，有权享受社会保障，并有权享受他的个人尊严和人格的自由发展所必需的经济、社会和文化方面各种权利的实现，这种实现通过国家努力和国际合作，并依照各国的组织和资源情况。

当前，公权力代表国家干预家庭暴力保障家庭成员的合法权利，已经成为全球共识。自从 20 世纪 70 年代国际社会开始关注和干预家庭暴力至今，全球有 80 多个国家和地区出台了反家庭暴力相关法律，大部分都明确规定了司法机关（包括法官、检察官和警察等）在家庭暴力干预工作中的职责。联合国的国际文书明确规定了警察等公权力的职责，并由相关机构编制了公权力干预家庭暴力的相关工作手册。我国的《反家庭暴力法》同样规定了公安机关、人民法院、司法行政机关等公权力在反家庭暴力工作中的职责，比如涉及公安机关的法律条文有 10 处、相关制度有 4 个。涉及主要由人民法院执行的"人身安全保护令"的规定达到 11 条，占《反家庭暴力法》六章当中的一个整章的篇幅。这些国际国内法律的相关规定传递了一个信息，即干预家庭暴力是公权力的一个重要职责，也是对"法不入家门"等传统错误观念的否定和批判。

拓展阅读

《反家庭暴力法》与公安机关相关的十处规定与四大制度

一、《反家庭暴力法》与公安机关相关的十处规定

1. 将预防和制止家庭暴力纳入业务培训和统计工作（《反家庭暴力法》第七条）。

2. 接受报案（《反家庭暴力法》第十三条第二款、第十四条）。

3. 及时出警，制止家庭暴力，按照有关规定调查取证，协助受害人就医、鉴定伤情（《反家庭暴力法》第十五条第一款）。

4. 通知并协助民政部门将需要安置的人员安置到临时庇护场所、救助管理机构或者福利机构（《反家庭暴力法》第十五条第二款）。

5. 批评教育或者出具告诫书（《反家庭暴力法》第十六、十七条）。

6. 代为申请人身安全保护令（《反家庭暴力法》第二十三条第二款）。

7. 协助执行人身安全保护令（《反家庭暴力法》第三十二条）。

8. 治安管理处罚（《反家庭暴力法》第三十三条）。

9. 立案侦查（《反家庭暴力法》第三十三条）。

10. 对渎职警察进行处分（《反家庭暴力法》第三十六条）。

二、《反家庭暴力法》与公安机关相关的四大制度

1. 告诫制度——公安机关是执行主体。

2. 人身安全保护令制度——公安机关是协助执行主体。

3. 强制报告制度——公安机关是接受报告主体。

4. 紧急安置制度——公安机关是执行主体。

第三节　家庭暴力干预的目的

"家和万事兴"。在我国传统文化中，一直非常重视家庭和谐，家庭和谐被看作建设好家庭的基础。维护家庭和谐无可厚非，但家庭暴力干预却不能将此作为目的，否则会影响干预的实际效果，甚至造成负面后果。

一、家庭暴力是对人的权利的侵犯①

从权利理论来看，家庭暴力侵犯了受害人的权利：

（一）从侵犯的主体看，家庭暴力侵犯的是享有合法权利资格的主体

《世界人权宣言》指出："人人有资格享有本宣言所载的一切权利和自由，不分种族、肤色、性别、语言、宗教、政治或其他见解、国籍或社会出身、财产、出生或其他身份等任何区别。"各种人权理论也基本认同，"只要他（她）是人，就是人权的主体，就应该享有人权"。毫无疑问，家庭暴力的受害者是应当享有人权资格的人权主体，与其他人一样应该享有人权。这个问题在理论上看似十分简单，但把它放到实际生活中却又变得有些复杂。比如，在实际生活中，女性的人权相对于男性可能会大打折扣。由于种种原因，人们有时并没有把女性当作和男性享有同样人权的

---

① 李步云、李先波主编：《警察执法与人的合法权益保护》，湖南大学出版社2013年版，第252~254页。此部分主要参考笔者所执笔的第九章内容。

"人"，致使妇女的人权之路经历了诸多坎坷。为了确保妇女的权利得到保障，1993年联合国大会通过的《消除对妇女的暴力行为宣言》明确指出："对妇女的暴力行为是历史上男女权利不平等关系的一种表现。""对妇女的暴力行为侵犯了妇女的人权和基本自由，也妨碍或否定了妇女享有的这些人权和自由。"我国当前的诸多法律对妇女、儿童、老人等家庭暴力的主要受害者的权利保障等，也作出了明确的规定。

（二）从侵犯的客体看，家庭暴力侵犯了受害人的多种权利

家庭暴力所侵犯（直接或间接）的权利，几乎涉及人的权利的绝大部分，以侵犯人身人格权中的生命权、健康权、人身自由权、人格尊严权最为普遍和突出。"生命权是指公民享有的生命安全不被非法剥夺、危害的权利，是第一位的人权。""健康权是指公民保护自己身体各器官、机能安全的权利，是公民享有的一项最基本人权。"生命权和健康权统称为生命健康权。发生在家庭成员之间的家庭暴力，对受害方的生命健康权造成一定损害。如对妇女、老年人进行的打骂虐待甚至杀害；对女婴、残疾儿童的残害、遗弃和溺杀。轻者造成鼻青脸肿，重者残废死亡，这些无疑是对生命健康权的践踏。"人身自由权是指公民依法享有的本人的人身和行为完全自由支配，不受任何组织或个人非法限制或侵害的权利。"在严重的家庭暴力中，施暴者通过暴力行为控制受害人，轻者限制其社会交往的范围（如限制与异性交往），重者直接将受害人禁闭在一室之内，不许离开，这是对人身自由权的典型侵犯。"人格尊严权是指公民的名誉和公民作为一个人应当受到他人最起码的尊重的权利。"其中，名誉权是公民要求社会和他人对自己的人格尊严给予尊重的权利。家庭暴力中的精神暴力，施暴者以语言进行攻击，包括咒骂、诽谤、诬告等，无疑是对其人格尊严权的侵犯。同时，家庭暴力也涉及特殊群体权利，这里主要是指儿童的权利、妇女的权利、老年人的权利……家庭暴力的实质是家庭成员（包括其延伸成员）之间，强势一方对弱势一方的控制，暴力不过是达到控制的一种手段。而妇女、儿童和老人作为弱势群体，往往是家庭暴力的受害者。从这一点上看，家庭暴力同时侵犯了这些弱势群体的集体权利。

（三）从权利的存在形态看，家庭暴力侵害的是受法律保护的法定权利

家庭暴力所侵犯的人权主体和内容，无论是在国际法还是在国内法中，基本上都是得到确认和规范的。在国际法层面，《消除对妇女一切形

式歧视公约》首先谴责对妇女一切形式的歧视，认为歧视是根本不公平的，是对人格尊严的侵犯；同时要求采取措施，确保妇女在经济和社会生活方面享有与男子平等的权利。《禁止酷刑和其他残忍、不人道或有辱人格待遇或处罚公约》的起始段落写明，按照《联合国宪章》的表述原则，承认人类大家庭所有成员的平等和不可剥夺的权利，是世界自由、正义与和平的基础。在国内法层面，"尊重和保护人权"已写进了《宪法》，许多法律规定涉及家庭暴力的人权保护，并有诸多直接关于家庭暴力人权保护的法律条文。比如，《宪法》第三十七条规定"中华人民共和国公民的人身自由不受侵犯……"第三十八条规定"中华人民共和国公民的人格尊严不受侵犯……"第四十九条规定"……禁止破坏婚姻自由，禁止虐待老人、妇女和儿童。"《反家庭暴力法》《刑法》《民法典》《刑事诉讼法》《治安管理处罚法》等诸多法律均有相关规定。

二、以"以保护人的合法权益为干预目的"的正当性与限制

以保护人的合法权益为家庭暴力干预的目的，体现了家庭暴力干预既有正当性又有限制性，可以说，保护人的合法权益既是家庭暴力干预的起点，也是家庭暴力干预的终点。在人类漫长的历史长河中，家庭暴力并没有得到外界的干预。一直到 20 世纪 70 年代，国际社会才开始就"家庭暴力是一个社会问题"达成共识，并开始家庭暴力的防治。家庭暴力之所以在传统社会当中没有得到外界干预，一个重要原因就是公私领域之区分，国家将家庭暴力作为家庭内部事务交由了家庭自治。

如前所述，家庭暴力虽然发生在私人领域，但因为其失去了正义，也非家庭自治所能解决，完全超出了家务事之范围。家庭成员具有双重身份，在家庭私领域是家庭当中的一员，在国家公领域是国家公民。当家庭暴力在家庭中出现，以公权力为代表的外部力量可以代表国家介入私领域，矫正偏离正义的家庭自治，切实保障作为国家公民的家庭成员的合法权益，履行国家应有的责任和义务。因此可以说，只有当同时作为家庭成员的国家公民的权利在家庭当中受到侵犯之时，为了履行国家保障公民权利责任，外部力量才有了进入私人领域的理由。从这个意义上看，保护家庭成员的合法权益是家庭暴力干预的目的。

同时外界力量进入私领域干预是有限度的。保护人的合法权益是外部力量干预家庭暴力的起点，也应该是终点。当家庭成员合法权益得到应有的保护，家庭暴力加害人的违法行为得以惩治，偏离正义的家庭自治得以

矫正，这意味着国家的责任得以履行。此时，代表国家履行责任的外部力量就失去了继续停留在私领域的理由，理应撤出家庭并将家庭自治还给家庭。家庭暴力干预所否定的是偏离正义的家庭自治，而非家庭自治本身。家庭是社会细胞，家庭稳定是社会稳定的基础，家庭自治是社会秩序之所需，家庭自治有其正当性和合理性。

在家庭暴力干预实践中，以保护人的合法权益作为干预目的，要求干预人员在应该干预时及时介入，而在应该结束时及时撤出，准确把握家庭暴力干预的"度"。同时即使在干预的过程中，也应该始终贯彻保护人的合法权益这一目的，分清楚干预的边界，不能侵犯人的其他合法权益。这里所说的合法权益，既包括家庭暴力受害人的合法权益，也包括家庭其他成员的合法权益，甚至包括家庭暴力加害人其他应该尊重的权益。

三、家庭和谐是干预家庭暴力的"副产品"

我国传统文化主张"家和万事兴"，倡导家庭建设应以和为贵。这是应该传承的优良传统，尤其在建设社会主义和谐社会的当下，家庭之和谐关系到社会之和谐，具有更加重要的价值。而在家庭暴力干预中，不能直接将家庭和谐作为干预的目的。

从实际干预来看，很多时候干预后促进了家庭的和谐，表现为破裂的感情得到了修复，暴力沟通方式得到了改变，亲密关系恢复了正常等。这些表现一般也会被干预人员认为是干预有效和成功的表现。但要注意的是，也有家庭暴力干预没有促进家庭和谐的情形，比如当家庭暴力非常严重，已经无法保障受害者安全，如果不分开将出现严重的伤亡，那么选择将当事人分开可能是干预人员最佳的选择。这种干预的结果使得家庭结构分解，似乎并没有促进家庭的和谐。因此可以说，家庭和谐只是干预的"副产品"，而非干预成功的必然结果。

家庭暴力应该以保护人的合法权益作为干预的目的以及干预的起点和终点，如果将维护家庭和谐作为目的，"一味求和谐"则可能将导致干预偏离正确的方向。假如将"维护家庭和谐"置于"保护人的合法权益不受到侵害"之前，那么就可能造成在和谐表象之下继续对家庭暴力的宽容和姑息。例如，对达到致命危险的家庭暴力，一味地强调家庭结构的"圆满"，而不是让施暴者和受害者及时分开，最后的结果就可能出现重伤或死亡的情形。应该说，没有"保护人的合法权益"这一前提，维护所谓的家庭和谐不可能是真正的和谐。在现实生活中，以维护家庭和谐为由，强求受暴者忍耐原谅的情况并不少见，一些典型案例已经证明这种行为最后造成的是对暴力的姑息，最终可能给家庭带来更大的不幸。暴力无特区，只有平等才能和谐。

第二章　家庭暴力干预的基本原则

为了让家庭暴力干预过程始终保持正确方向，坚守一些基本原则是必要的。笔者认为，坚持对家庭暴力"零容忍"，坚持以受害人为中心，坚持尊重和保护人的合法权益，坚持男女公平，坚持教育与处罚相结合，是干预的基本原则。

第一节　对家庭暴力"零容忍"原则

"零容忍"，是指一切家庭暴力都应该被反对和制止，任何程度、任何形式、任何理由、任何人实施的家庭暴力都是不可接受的。家庭暴力干预需要根除社会成见，挑战传统不良习俗，深刻认识家庭暴力的根源、实质与危害，对待一切家庭暴力持反对态度。

一、坚持"零容忍"原则的必要性

联合国国际文书将家庭暴力视为全球性的社会问题、健康问题、发展问题和人的权利问题。我国的《反家庭暴力法》已经明确规定，国家禁止任何形式的家庭暴力，反家庭暴力是国家、社会和每一个家庭的共同责任。我国《宪法》《民法典》等对家庭暴力作了禁止性规定，各省、直辖市、自治区颁布的地方性反家庭暴力法规，也对家庭暴力作了禁止性规定。

坚持"零容忍"原则的一个重要原因是基于家庭暴力的危害性。家庭暴力危害面广，危害程度大，破坏家庭和谐稳定和社会稳定。家庭是社会的细胞，家庭暴力严重影响了家庭成员之间的感情，是造成家庭破裂的主要原因。家庭暴力还会引发犯罪，首先，家庭暴力行为本身就是违法犯罪。根据美国学者对妇女被杀案件的统计，有30%的犯罪嫌疑人是她们的丈夫、前夫或是男朋友。其次，长期遭受家庭暴力的受害者可能在沉默中爆发，由受害者变成犯罪人，现实中遭受配偶暴力的受虐妇女发生角色逆转的情况屡见不鲜。最后，对于家庭暴力施暴者的残忍和受害者的无助，会引起其他家人的愤怒与同情，可能因打抱不平而触犯法律，如受害妇女亲人伤害施暴者的犯罪也时常发生。

二、"零容忍"原则对干预人员的具体要求

家庭暴力干预人员坚持"零容忍"原则，需要树立干预家庭暴力的责任心和使命感，反对一切形式的家庭暴力，为受害者提供帮助和服务，预防和制止家庭暴力的发生。笔者认为，主要需要做到以下几点：

首先，自身不能成为家庭暴力施暴者。对家庭暴力的"零容忍"要从自身做起，作为家庭暴力干预者，如果自身还存在暴力行为，很难想象他（她）能将家庭暴力干预好。干预人员还应该带头宣传反对家庭暴力，从对身边人做起，让更多的人了解家庭暴力的性质，认识家庭暴力的错误，提高识别和应对家庭暴力的能力。

其次，"零容忍"各种不同的家庭暴力。一是"零容忍"不同形式的暴力。实践中比较常见的错误倾向是，对身体暴力行为能辨认和干预，但对精神暴力、性暴力和经济控制则可能产生相对较为宽容的态度。二是"零容忍"不同伤害程度的暴力。实践中的错误倾向是，对伤害程度严重的家庭暴力予以干预，但对情节轻微、伤情不重的家庭暴力行为则相对忽视。三是"零容忍"不同身份施暴者的暴力行为。实践中的错误倾向是，对普通身份的施暴者能及时予以干预，但对于身份地位高的施暴者则可能存在宽容。

最后，避免不区分具体情况的激进干预。"零容忍"要求对任何家庭暴力行为要一致反对，但并不意味着不区分具体情形的干预。"零容忍"是一种理性态度，而非对施暴者的情绪泄愤。针对不同家庭暴力，应该采取不同的处理方式，具体问题具体分析，采取更有针对性的措施干预，保证干预的效果。

第二节　尊重和保护合法权益原则

家庭暴力干预的目的是保护人的合法权益免受不法侵害，这意味着家庭暴力干预应该将保护受害者的合法权益放在重要位置。但在实践中，由于家庭暴力的复杂性，这一目的很容易偏离。

一、坚持尊重和保护合法权益原则的必要性

尊重和保护人的合法权益，是我国宪法和法律的规定。在家庭暴力干预时尊重人的合法权益，不仅是法律和道义上的必需，也是干预的实际要求。公权力机关尊重和保护人的合法权益，会得到公众的支持，有助于解决冲突，从而发挥更好的社会职能，增进公众对司法制度的信任，获得群众广泛的支持。

如前所述，家庭暴力是对人合法权益的侵犯，其侵犯的是受害人的生命权、不受酷刑及不人道或有辱人格待遇的权利、自由和人身安全权利、家庭平等权、身心健康权、公平有利的工作条件权利等多项权利。家庭暴力受害者及所有的人，享有法律面前平等保护权，干预人员如不能有效干预家庭暴力或在执法中偏袒施暴者，则违反了法律面前人人平等的原则。

二、尊重和保护合法权益原则对干预人员的具体要求

笔者认为，尊重和保护合法权益原则需要干预人员重点做到以下两方面：

（一）积极保护受害者的合法权益

避免由于没有把握好家庭暴力的规律、特点导致处理不当，使受害人的合法权益得不到有效保护。家庭暴力与公众暴力相比，有特殊的规律与特点，以处理一般暴力案件的常规模式进行干预，可能难以取得实效。家庭暴力的防治工作，不仅需要干预者有正确的立场态度，还需要有专业的知识和技巧。以下是这方面的几种常见错误：

1. 错误的"中立"。家庭暴力的发生必然有强弱不同的双方，家庭暴力的实质就是强势一方对弱势一方的控制，暴力是达到控制的手段。在双方力量对比悬殊的情况下，以绝对"中立"和"劝和不劝分"的态度来干预，最后的结果可能就是纵容施暴者，无法保护受害者的合法权益。

2. 不进行跟踪回访。家庭暴力有周期循环的规律，短暂的和好并不代表暴力已经结束。干预者不能将表面的和好作为干预的结束，要以暴力循环被打破作为家庭暴力的干预成功的标准，而暴力循环被打破检验的唯一方法就是跟踪回访。不进行跟踪回访，就不能确保受害者权益得到保护。

3. 低估风险和危害。如果缺乏相关专业知识，把家庭暴力简单地看成"打是亲，骂是爱""床头打架床尾和"，忽视其危害程度，不积极采取有效手段打破暴力循环，最后的结果可能就是其中一方遭到严重侵害。

（二）要避免在干预过程中侵害施暴者的合法权益

家庭暴力干预实践中对施暴者合法权益的侵害，主要表现在由于没有依照法律规定和正当程序处理，造成对施暴者的侵权。干预家庭暴力的主要任务，是阻止施暴者的暴力行为，但不能笼统地将对施暴者打击作为制止暴力的手段。在实际干预中，由于观念不到位、干预技巧缺乏、法律条文不熟悉等原因，可能会采取一些"特别手段"来阻止暴力。比如，把殴打当处罚，把责骂当教育。从保护人的合法权益角度看，任何人包括囚徒，除了被依法剥夺的权利外，其他权利都是其应该享有的。《世界人权宣言》规定："凡受刑事控告者，在未经获得辩护所需的一切保证的公开审判而依法证实有罪前，有权视为无罪。"从逻辑上说，当他还没有被判定为有罪之前，就应当将他视为无罪的人。家庭暴力施暴者受到的应该是依照法律规定、按照正当程序进行的制裁和惩处。而其他不符合法律规定或者没有按正当程序进行的打击，同样是对人的合法权益的侵犯。在阻止暴力的同时，应该充分尊重所有人的合法权益。

第三节　"以受害人为中心"原则

"以受害人为中心"理念是全球反家庭暴力的全球经验总结。全球的实践证明，只有坚持"以受害人为中心"，真正获得受害人信任和支持，才能取得良好的干预效果。

一、坚持"以受害人为中心"原则的必要性

与其他暴力受害者相比，家庭暴力受害者有其特殊性，比如内心矛盾冲突，与施暴者关系复杂等，有些受害者甚至不会向外界求助，故意隐瞒案情。受害者承受暴力多年，往往需要鼓起极大勇气才能把事情和盘托出，可能还会因为担心施暴者报复或子女受到伤害而出尔反尔。干预人员需要理解受害者的心理，理解其复杂甚至矛盾的言行。

受害者的信任是阻断暴力的基础。一般情况下，阻断暴力是家庭暴力干预人员和受害者共同的需求，但受害者并不一定完全信任和支持干预人员。比如，当干预人员站在施暴者角度说话或者批评指责受害者时，受害者可能会质疑干预人员的立场态度，甚至拒绝配合干预者的工作。以真诚的态度对待受害者，争取其支持是干预好家庭暴力的基础。此外，受害者身处特殊的困境，他（她）们受到身心双重伤害，处于施暴者的威胁和控

制之下，处于暴力的反复甚至循环之中，非常危险，无法摆脱又难以自救，特别需要外界多方面的支持和帮助。

二、"以受害人为中心"原则对干预人员的具体要求

笔者认为，"以受害人为中心"原则建立在对家庭暴力性质、特点及危害性深刻把握的基础上，家庭暴力干预人员在处置家庭暴力时，应当以维护受害者的利益、意愿和正当需求为本，做到以下几个方面：

一是理解受害者的心理和行为。干预人员应该设身处地地理解受害者的困境，即使干预人员认为受害者在言行上存在某些不足，也要避免指责受害者。干预人员必须以冷静态度对待受害者，不要将事件的责任归咎于受害者；要认识到指责受害者是对他（她）的二次伤害，避免站在所谓的"客观""中立"立场对受害者歧视和语言伤害。

二是争取受害者的信任和支持。以真诚的态度对待受害者，站在受害者角度思考问题，尽可能获得受害者的信任和支持。不论受害者的身份或行为，均应对受害者持接纳、开明和非批判的态度。

三是尊重受害者的真实意愿和选择。在阻断暴力、保障受害者安全的同时，干预人员要考虑干预的适度性，在不违反法律的强制性规定的前提下，首先要满足受害者的需求，不可罔顾受害者的意愿而强行干预。

四是给予受害者需要的帮助和服务。家庭暴力干预人员应该对受害者的需求进行评估，提供全方位服务，支持和帮助受害者。干预人员应尽可能确保受害者能够得到帮助，并鼓励和赋权受害者，避免受害者失望而放弃寻求帮助。

第四节　男女平等原则

男女不平等是家庭暴力产生的根源之一。"男尊女卑"的错误观念依然影响着当代人，只有突出强调男女平等，使家庭暴力干预人员完全摒弃男女不平等的观念，才能确保家庭暴力干预的效果。

一、坚持男女平等原则的必要性

男女平等指男性和女性在权利、责任和机会上的平等，根据男性和女性的不同需求给予公平待遇，包括为实现男女平等而有所不同的对待。我国有着灿烂的传统文化，而这种传统文化主要是传统的家文化。古代家文

化有许多积极因素，但其中的"男主女从""男尊女卑"等传统家庭伦理人为地拉开了男女之间的地位差距，使得男女不平等，甚至使女性成为男性的附属品，从观念和社会机制上纵容了男性对女性的家庭暴力。

在全国妇联的调研中，家庭暴力的受害者有九成以上是女性，国际社会对家庭暴力的定义，也主要指妇女为受害者的情形，可以说妇女是家庭暴力的主要受害群体。然而，妇女有资格公平享受男性同等的在所有领域的一切合法权益，包括生命权、平等权、人身自由和安全权、法律面前的平等保护权、免受歧视的权利、实现可达到的最高身心健康水准的权利、得到公正和有利的工作条件的权利，以及不受酷刑和其他残忍、不人道或有辱人格待遇或处罚的权利等。我国的诸多法律都明确规定保障妇女的各项权利，如《宪法》《反家庭暴力法》《民法典》《妇女权益保障法》等。坚持男女平等原则，切实尊重和保护妇女合法权益，是预防和制止家庭暴力的重要方面；同时，也是落实法律面前人人平等，贯彻国家男女平等的国策的需要。

二、男女平等原则对干预人员的具体要求

笔者认为，坚持男女平等原则，需要干预人员做到以下两点：

（一）秉持男女平等观念，切实维护女性的合法权益

男女不平等的观念是家庭暴力产生的根本原因之一，从某个角度讲，家庭暴力干预人员应该是男女平等的倡导者和推动者。干预家庭暴力，需要向传统"男尊女卑"的错误观念进行挑战，家庭暴力干预人员需要从自身做起，首先自身彻底根除男女不平等的错误观念，并积极倡导社会公众认识男女不平等观念的错误，改变男女不平等的观念，尤其是在多部门合作的过程中应该引导和帮助其他机构和部门的干预人员一同倡导男女平等。同时干预人员应该在家庭暴力的实际干预中，积极维护女性的合法权益。善于识别针对妇女的家庭暴力的思想根源，全面了解女性在家庭暴力中受到的种种不平等、不公正对待，切实保护受害妇女的权利。

（二）避免由于性别歧视，在干预中侵犯女性权利

在实际干预中，由于种种原因，对受害者进行指责甚至嘲讽等情况并不少见。在某些特殊的情形下，有些干预人员甚至会站在施暴者角度直接责备受害者。这种做法本身就是对女性的一种歧视，不但会给受害者再次造成心理伤害，也会失去受害者的信任和支持，使干预工作陷入僵局。同时在询问、取证等具体工作中，应该注意到性别因素，充分尊重受害妇女

的隐私权、名誉权等。应坚持实质意义上的男女平等，避免一切形式的隐性歧视。

第五节　教育与处罚相结合原则

实践证明，处罚和教育在家庭暴力干预中均是有效手段。但实际干预中，偏执一端的情况比较常见。只有根据家庭暴力的不同情况，将二者有机结合起来，才能取得家庭暴力干预的最佳效果。

一、坚持教育与处罚相结合原则的必要性

一是区别对待不同情形家庭暴力的需要。家庭暴力具有很高的相似性，但每个个案又各有不同。就施暴者来说，有些固执己见、冥顽不化，有些则能主动认错、及时改过，有些出手残忍、病入膏肓，有些则情节轻微、善听人言；就施暴行为来看，有些十分危险、伤情较重，有些则危险性小、伤情较轻，有些周期反复、循环升级，有些则尚属初次、易于阻断；就亲密伴侣暴力的双方关系来说，有些关系破裂已沦为生死仇敌，有些则有恨有爱仍然能彼此相依。对于以上种种情形，干预人员需要具体情形具体分析，不可一概而论。基于家庭暴力行为的违法性和危害性，处罚是必不可少的，没有强制性的处罚，家庭暴力得不到应有的惩戒，施暴者无法被震慑，暴力不可能被阻断；然而，基于家庭暴力的特殊性，教育亦是不可或缺的干预手段，好的批评教育，能引导施暴者认清家庭暴力的实质和危害，反思自身，彻底停止暴力。

二是维护家庭和谐和社会稳定的实际需要。在首先保障尊重和保护人的合法权益的前提下，可以兼顾维护家庭和谐，并促进社会稳定。在某些特殊情形下，让受害者离开施暴者，也是一种家庭和谐。处罚不是目的，通过教育与处罚并用，化消极因素为积极因素，消除施暴者的对立情绪，可以增进家庭和谐，维护社会稳定。

二、教育与处罚相结合原则对干预人员的具体要求

笔者认为，在实际干预中，干预人员要把握好教育与处罚的度，将教育与处罚很好地结合起来，避免两种不良倾向。

一是用教育替代处罚，导致对施暴行为的纵容。干预人员需要深刻认识到，家庭暴力虽然发生在家庭内部等私密空间，但它是危害家庭和社会

稳定的社会问题，国家禁止任何形式的家庭暴力。家庭暴力是对人的合法权益的非法侵害，应该受到法律的惩处。干预人员应该全面了解家庭暴力情况，积极维护受害者的合法权益，公权力干预人员应该开展调查取证，避免当作一般的家庭纠纷处理，确保家庭暴力行为受到应有的惩处。避免片面强调说服教育，以教代罚，放纵家庭暴力。从某个角度讲，处罚本身也是一种教育手段，依法对施暴者实施必要的处罚，可以震慑施暴者，使其更有效地反省。

二是缺乏治病救人理念，一味地进行处罚。家庭暴力涉及家庭甚至社会的稳定，针对不同严重程度、不同情形的家庭暴力，干预人员应该区别对待。对于情节较轻，能够承认错误并及时改正的情形，应该本着治病救人的理念，在对施暴者进行处罚的同时，特别需要进行正确引导，帮助其停止暴力，回归正常生活。在实际干预中，确实存在很多家庭暴力施暴者情节轻微，这些情形的家庭暴力施暴者除了需要受到处罚和震慑之外，还特别需要有人对他们进行教育引导，引导其真正看清家庭暴力的错误和危害，理性反思其思想和行为。

第三章　家庭暴力干预的
成功标准——阻断暴力

第一节　家庭暴力的复杂性

相对于其他暴力，家庭暴力更为复杂。只有全面了解家庭暴力发生的原因，熟悉家庭暴力的表现形式，把握家庭暴力的特殊规律，才能进一步理解和把握家庭暴力干预成功标准。

一、家庭暴力复杂的发生原因

从不同的角度看，家庭暴力发生原因各有不同：从某一个案的具体发生情况看，发生原因具有多重性；从家庭暴力总体发生情况看，影响因素具有多样性；而从家庭暴力发生的根本原因看，家庭暴力根源又具有深层性。以下从这三个方面分别进行阐述。

（一）个案原因的多重性

就某个具体的家庭暴力个案来看，其发生的原因由表及里大致如下：

1. 表面原因/直接原因。家庭暴力多由一些生活具体事件引发，这些生活的具体事件是家庭暴力发生的直接原因，大致包括以下几种情况：一是与受害者相关的原因，如施暴者对受害者做得不满意的事情，如家务事；二是与施暴者相关的原因，如施暴者酗酒、赌博后心情不好；三是与家庭相关的原因，如子女教育问题、父母赡养问题等。这些原因只是家庭暴力发生的导火索，然而它们只是家庭暴力发生的表面原因，并不决定家庭暴力是否发生，而是影响家庭暴力发生的时间和地点。

2. 背后原因/真实原因。在表面原因的背后往往隐藏着施暴者施暴的真实原因，家庭暴力是施暴者为了控制对方的一种手段，通过控制达到生活、经济和感情等方面的企图。世界卫生组织对暴力的定义是："蓄意地运用躯体的力量或权力，对自身、他人、群体或社会进行威胁或伤害，造成或极有可能造成损伤、死亡、精神伤害、发育障碍或权益的剥夺。"家庭暴力作为个人间的一种暴力形式，其实质也是权力控制。大多数时候，这种强弱差距很大，力量对比悬殊。这种强弱差距，可能是身体力量上的，也可能是家庭地位上的，还可能是年龄上的或精神上的。这种强弱差距最后造成的是一方可以完全控制住另一方，暴力不过是维持控制的一种手段。这些原因处在相对较深的层次，具有一定隐蔽性，它是施暴行为背后真实的原因，决定家庭暴力行为是否发生。

3. 根本原因/根源。控制作为家庭暴力施暴行为背后真实的原因，但还不是最深层的原因，还有更深层次的原因，这些被称为家庭暴力的根源。社会文化当中存在的不良思想观念等被认为是其中根本原因之一。比如，传统文化中的一些错误观念，如男尊女卑、重男轻女的传统思想。这种思想主张男性处于社会和家庭的绝对领导和支配地位，而女性处于被支配、被动服从地位的状况等。这些原因处在最深的层次，难以发现，并可能与其他因素相互交织，决定人会不会成为施暴者，影响社会中家庭暴力发生的总体情况。

（二）影响因素的多样性

家庭暴力影响因素概括起来，大致可以分为施暴者自身潜在的倾向性因素、外部环境中的促发因素和强化因素。[①]

1. 倾向因素。家庭暴力的倾向因素是指施暴者自身持续存在的容易导致暴力行为的潜在倾向，如生物性因素和心理因素。这些因素难以观察和辨别，但对施暴行为的发生有影响的力度。美国 2002 年的《科学》杂志有研究发现暴力倾向与基因有关系，同时也有研究证实，儿童早期的心理创伤和成长经历与暴力行为有关联。[②] 成长于暴力家庭的孩子对成年后的暴力态度不同，来自暴力家庭的妇女对待暴力的最初态度受到其原生家庭背景的影响，更容易认为家庭中的暴力是正常现象。童年遭受过家庭暴力的男性成年后在自己的婚姻中使用暴力的比例远远高于那些童年时代没有遭受过家庭暴力的男性。

对男性施暴者的研究显示，施暴者大多具有情绪不稳定的个性特征。对外界刺激反应强烈，容易情绪失控，倾向进攻。他们容易焦虑、紧张、

---

① 参见张亚林、曹玉萍主编：《家庭暴力现状及干预》，人民卫生出版社 2011 年版，第 14~19 页。

② 《科学家发现受虐男孩的暴力倾向与基因有关》，载新浪网，http：//www.sina.com.cn，2002-08-02。

易怒往往又有抑郁。他们人际关系敏感、抑郁、敌意、偏执，存在着较高的心理异常。还有的施暴人患有严重的精神疾病，不仅实施家庭暴力，还实施社会暴力。有研究显示，在家庭暴力中，有近 2/5 的受害者和 1/3 的施暴者都认为暴力的产生主要归因于施暴者的个性与行为问题，包括"脾气性格不好、嗜烟酒等"。有研究显示，农村地区有 60% 的家庭暴力主要归因于施暴者的不良性格习惯，严重施暴者可能具有人格障碍，遇事多以消极的应对方式去处理。

2. 促发因素。促发因素是那些可能使得家庭暴力潜在的倾向因素得以外现的因素。研究显示，由家庭经济问题诱发的家庭暴力，是最终导致家庭破裂的一个危险因子。家庭经济收入低，可能带来如孩子上学问题、家人就医问题，甚至基本生活需要问题，如此种种给人带来精神压力，均可能给人造成心理失衡而产生暴力行为。另外，家庭经济分配的分歧，如家庭少有固定经济收入、农村老人无退休福利、夫妻双方老人的赡养费、家庭成员的经济支配权等，也可能导致家人之间的关系紧张以致暴力发生。男女在经济上地位差距也是引发男性对女性施暴的重要原因。总体上，妇女在经济地位上处于弱势，由于"男主外、女主内"的传统分工，女人承担的主要工作是家务事，而男人承担挣钱养家的义务，这一点在农村妇女身上体现得尤其明显。子女教育问题是家庭暴力的重要促发因素，有研究发现，超过 40% 的家庭暴力缘于子女教育问题，包括对子女施暴、在孩子教养问题上因分歧而对配偶或其他家庭成员施暴。生活负性事件也是家庭暴力的促发因素，如家庭中如果有下岗、病残人员，也容易促发家庭暴力。一方面，这些成员本身可以直接成为施暴者；另一方面，这些成员给家庭带来的经济负担和精神伤害，可以间接增加施暴者的不良情绪，促发暴力产生。

3. 强化因素。家庭暴力行为发生之后，由于某些因素的影响，使其得不到遏制，而是被宽容甚至鼓励，这样的因素就是家庭暴力的强化因素。法制遏制不够是重要的强化因素之一。虽然法律规定禁止家庭暴力，但是受错误传统观念的影响，如果执法者认为家庭暴力是家务事、外界不该管，就会弱化法律的限制而强化家庭暴力行为。社会支持不够是一种强化因素。社会支持是受害者需求的重要方面，社会支持可以为受害人提供心理支持和社会帮扶，帮助其实现个人成长，同时也为施暴人提供治疗服务，使家庭暴力得到有效防治。社会支持的缺乏会在一定程度上任凭家庭暴力肆虐，从而强化施暴行为。此外，受害者的宽容也是家庭暴力行为的直接强化因素。研究显示有60%的受害者认为家庭暴力可以接受或在某些情况下可以接受，并以农村地区更甚，将近90%的受虐者持此看法。受害者的消极看法与态度会对施暴者的行为直接产生强化作用，有施暴者施暴后甚至在家中威望更高。这种"奖赏"无疑强化了暴力行为的再次发生。

（三）家庭暴力根源的深层性[①]

社会文化是家庭暴力的根本原因之一，就我国而言，传统文化当中的不良因素在深层影响着家庭暴力的发生。以下就传统家文化对家庭暴力的影响为例进行分析。

1. 从家庭观念上看，"长幼有序""男主女从"的传统家庭伦理宽容了家庭暴力。家庭暴力的发生一般有一个前提，即施暴者与受害人之间有明显的强弱之分，力量对比悬殊。而这种力量对比，首先表现在家庭生活中地位上的差距。"三纲五常"是古中国调整人伦关系的主要伦理准则，它人为地拉开了家庭成员之间的地位差距，为家庭暴力的发生提供了观念上的可能，主要表现在两个方面：

其一，长辈与晚辈之间地位悬殊。传统家文化过分强调长辈的地位和权威，使家庭成员地位差距超出了应有的限度，导致晚辈的合法权益在家庭中得不到有效保障，从观念上为家庭暴力创造了条件。直至现在，这种观念依然影响着当代人，是许多父母对子女实施家庭暴力的重要原因之一。

其二，男性与女性之间地位悬殊。"夫为妻纲""男主女从"是传统家文化家庭伦理对男女性别角色的定位。在传统家文化中，不论是在家庭还是在社会，男性都处于绝对的主导地位；女性的地位大大低于男性，在家庭中处于被支配的地位，在社会中几乎没有参政议政等参与社会活动的权利，男性甚至可以将女性作为物品处理，当作商品买卖。这些对女性的要求是以为男性服务为目的的，是一种彻头彻尾的男权主义，使男性可以完全凌驾于女性之上。

家庭暴力案件中女性是主要受害群体，因此有学者直接将矛头指向了这种男女不平等的家庭伦理，认为男尊女卑的思想观念和相应的社会结构就是家庭暴力发生的根本原因。当前"嫁出去的女，泼出去的水""嫁鸡随鸡，嫁狗随狗"等观念与传统家文化中的"三从四德"是一脉相承的。由此所导致的大男子主义和女性在暴力面前的屈服，确实影响着男性对女

---

① 此内容主要参考欧阳艳文、林少菊：《传统"家文化"与家庭暴力》，载《江西社会科学》2012年第12期，第184～187页。

性实施家庭暴力。全国妇联和国家统计局曾在 21 个省进行了一次"中国妇女社会地位的调查"，显示有 0.9% 的女性经常被丈夫殴打，8.2% 的女性有时被殴打，丈夫对妻子实施暴力的占绝对多数，家庭暴力的受害者近95% 是女性。[①]

2. 从家庭制度上看，传统父权制的家庭权力结构和侵犯人的合法权益的家法族规纵容了家庭暴力。如果说家庭伦理是从观念上包容了家庭暴力，那父权制则是从制度上纵容了家庭暴力。这种"制度上的纵容"主要涉及两个方面：

其一，以家长为绝对权威的家庭权力结构。在这种家庭权力结构中，家长的权力大到了极致。在他拥有了家庭的种种权力的同时，必然导致其他家庭成员权利的丧失，不仅是家庭财产权，甚至涉及人身自由和生命健康权等。这种父权制，实际上就是男性对女性、长辈对晚辈的一种霸权。家庭暴力的实质是"强势一方对弱势一方的控制"。在父权制的家庭权力结构中，父权和男权被强化，子权和女权被弱化，也造成了长辈对晚辈的权力控制和男性对女性的权力控制，从这点说，父权制从家庭机制上为家庭暴力创造了条件。

其二，无视人的合法权益的家法族规惩罚。家法族规是传统家文化中一项十分重要的内容，其重要性甚至可以与"国法"相提并论，古之大家庭大家族，无不重视家法。应该说，家法对于规范家庭成员的言行，教育子女，稳固家庭有积极的作用。但是有些家法族规要求之苛刻、惩罚之严厉，令人瞠目结舌。这些惩罚措施，轻者叱责、罚跪、笞杖，重者活埋、沉潭。这些家法族规的惩处方式和手段，可以说大多数都是对人的合法权益的侵犯。

3. 从家庭治理上看，家长一人之治的传统家庭自治方式默许了家庭暴力。中国人历来就有"家国"的观念，古中国家族以"齐家治国平天下"为理想，将"齐家"与"治国"相提并论。所谓"齐家"，即通过治理家庭，让家庭成员和睦相处、齐心合力，为家庭家族理想而共同奋斗。因为国家将家庭管理权交给家庭，并有"法不入家门"的观念，这样家庭治理自然就是一种家庭自治。家庭自治有其合理性与正当性，但家庭自治的范围具有相对性和限制性。在现代社会，任何组织与团体都不具有绝对的自

---

① 参见侯召迅：《"反对家庭暴力"系列述评之一：警惕"家暴正常化"》，载《法制日报》2002 年 4 月。

治权利，家庭也不例外。

家庭自治的相对性来源于家庭与社会的关系。家庭是基于血缘的集体，同时也是社会的细胞；家庭成员既是家庭的一员，也是社会的一员。正因为与社会有千丝万缕的联系，为维护社会治理的公平正义，家庭中发生的事务并不能统统归于"家务事"，尤其是涉及违反法律和侵犯人的合法权益的事务，不能归于"家务事"。家庭暴力虽然发生在家庭却不是"家务事"，但是传统社会的家庭自治，将包括家庭暴力在内的所有发生在家庭的事务，统统纳入家庭自治的范围。这种做法，无异于将阻止暴力的权力交给了施暴者，其结果不言而喻。可以说，当国家默许家庭将家庭暴力作为"家务事"纳入家庭自治的范围，它就已经默许了家庭暴力的存在。

四、家庭暴力的表现形式①

现在国家社会和学术界有一致共识的家庭暴力表现形式有四种，即身体暴力、精神暴力、性暴力和经济控制。在实际家庭暴力中，这四种家庭暴力形式可能单独存在，也可能多种形式同时存在。

（一）身体暴力

身体暴力是最常见的暴力，包括所有施暴者对受害者身体各部位的攻击行为，如推搡、打耳光、扯头发、脚踢、使用凶器攻击等。从施暴程度来看，轻则打巴掌，重则杀害。身体暴力是一种显性暴力，暴力行为和伤害的结果都显而易见。

【案例1】

39岁的马某某，因犯罪有13年是在监狱里度过的，后被假释。在假释期间，马某某竟然将毒手伸向了自己的妻子，为了逼妻子交出钱并说出他认为存在的"外面的男人"，马某某用打巴掌、捆绑、吊打、针刺、火烫等种种残忍手段折磨妻子。

（二）精神暴力

精神暴力包括精神伤害和控制自由。精神伤害包括：（1）施暴者以某种语气、神情或言词威胁恫吓、诽谤辱骂或展示凶器等物品，使受害者感

---

① 此内容主要参考李步云、李先波主编：《警察执法与人的合法权益保护》，湖南大学出版社2013年版，第249~250页。

到害怕；（2）施暴者以自残、自杀等行为威胁受害者或强迫受害者做其不愿意做的事情；（3）施暴者通过心理和情感上的伤害等引起受害者精神上痛苦的行为，如让受害者目睹其虐待动物等。控制自由是指施暴者以语言、行为或者借助某种工具，控制受害者的行动自由，如干扰睡眠、饮食，定规矩、下命令，禁止出门或与外人接触，限制工作，限制与亲人、朋友的联系时间、地点、范围、频率等。精神暴力一般不会对受害人的身体造成明显的直接伤害，因此在生活中不容易被人所认知。其实精神暴力的伤害不亚于身体暴力。精神暴力的方式比较多，有些情况下还难以辨认。

【案例2】

在外人眼中，李女士拥有幸福美满的生活——自己有稳定的职业，丈夫是公务员，家境宽裕。但她却向心理医生道出了她的痛苦：丈夫这些年变得越来越不正常，除了工作，她基本上必须待在家里不能出门，尤其不许和异性接触。丈夫虽然没有打她，但让她非常害怕，丈夫发起脾气来，不仅会砸坏家里的家具，还经常当着她的面伤害她的宠物，最近丈夫威胁说，如果她不听他的话，他就要死给她看，说完拿刀就要割腕。她因此得了抑郁症，最近发展到了无法正常生活和工作的程度。

（三）性暴力

性暴力是发生在夫妻之间以及亲密伴侣之间常见而又具有隐蔽性的暴力，是对受害者性自主权的剥夺。性暴力包括攻击受害者性别、隐私部位、强迫受害者发生性关系或强迫与他人发生性关系等行为。

【案例3】

被告人白某与被害人姚某婚后经常吵架，感情不好。姚某不堪忍受回到娘家居住，并向白某提出了离婚，经调解未达成协议。之后的某日晚上，白某来到姚家找姚某要彩礼，双方发生了口角，白某强迫姚某发生性关系，姚某拒绝，遭到白某的殴打致抽搐昏迷，经过医院抢救才苏醒。

（四）经济控制

经济控制是限制或控制受害者的财产决定权和使用权，包括限制或控制受害者用钱的时间、方式、数量，限制受害者对物品、住房等的使用。

【案例4】

婚后，丈夫要求杨女士将所有薪水都交给他，说是要攒钱买房。孩子出生后，杨女士为照顾孩子辞去了工作。但杨女士很快发现自己每花一分钱都要经过丈夫的同意与严格审核，最近，她发现丈夫越发严重了，她生理期需要买些卫生用品，丈夫竟然都不给她钱，这让杨女士特别难过，觉得这日子没法过下去了。

五、家庭暴力的规律[①]

1. 暴力循环。亲密伴侣之间的暴力往往不是一次性的，而是可能呈现为周期性循环过程。如果截取其中一段时期，可能存在"愤怒积蓄""暴力发生""道歉原谅""蜜月和好"几个阶段：（1）愤怒积蓄。在暴力发生前，施暴者一般有一个情绪积蓄的过程。这种情绪的积蓄可能是施暴者单方面的负面情绪积累，也可能是双方矛盾不断加剧所造成的。（2）暴力发生。经过关系紧张和愤怒的积累，家庭暴力发生的可能性不断增大，施暴者的情绪控制接近失控的临界点，最后因为生活当中某件具体事情而引发。（3）道歉原谅。暴力发生过后，施暴者的情绪得到宣泄，理性也得以恢复。施暴者此时可能后悔，为了表达自己的悔意，施暴者会通过检讨、道歉、写保证书、买礼物等口头或实际行动向受害者道歉，而受害者在施暴者真诚的悔改言行的感化下，一般会选择原谅施暴者。（4）蜜月和好。在悔讨之后，施暴者与受害者会重归于好，施暴者一般会表现出对受害者更多的关心、更好的态度，使得受害者感觉回到了新婚度蜜月一样幸福的时期。但施暴者愤怒会再一次积蓄，关系会再次紧张，进入下一个周期的反复。

暴力循环不是简单的重复，而是在循环中升级。随着时间的推移，暴力行为会愈加残忍，暴力危害会愈加严重，暴力发生会愈加频繁，暴力周期间隔会缩短，周期中的阶段会减少，到后期，道歉原谅和蜜月和好的阶段可能不复存在。

2. 受害妇女的习得无助。针对妇女的家庭暴力在家庭暴力当中占比非

---

① 此内容主要参考欧阳艳文著：《帮助家庭暴力受害妇女工作手册》，法律出版社2017年版，第10~12页。

常大，这种家庭暴力的一个重要规律是"受害妇女习得无助"。在暴力循环中，伴随着暴力严重程度的增加和周期间隔的缩短，会导致受害妇女习得性无助的严重后果。

所谓"习得无助"，是说受害者的"无助感"不是天生的，而是在长期承受家庭暴力的过程中"习得"的。家庭暴力不会自动停止，妇女在家庭暴力的循环中，处于与世隔离状态，如果缺乏社会支持，挨打不被同情，会导致她们更加自卑、无助，甚至丧失自我和思考能力。随着暴力的升级，会愈加孤立无助，使她继续停留家中受虐，反过来又会使她更加与社会隔绝。

有这样一个实验。实验者将一条狗关在一个铁笼子里面，然后不定时地给其以电击。他发现，最初的一段时间，受到电击时狗会不停地乱蹦乱跳，试图以此逃避电击。时间长了，当它发现无论怎么蹦跳都无济于事以后，它就不再乱蹦乱跳了，而选择安静地趴在铁笼的底部并耷拉着双耳来承受电击。

3. 受虐妇女综合征。这一概念最早是由美国临床法医心理学家雷诺尔·沃柯（Lenore Walker）博士提出的，指的是长期受丈夫或男友虐待的妇女表现出的一种特殊的心理和行为模式。相同的心理模式是，没有人愿意生活在暴力中，受暴妇女并非甘愿忍受家庭暴力，而是因为缺乏资源和支持，导致受暴妇女不得不逆来顺受，在无数次挨打中，她们"认识"到自己无力阻止丈夫或男友对其实施的暴力。在这种心理状态下，她们变得越来越被动顺从、越来越无助。相同的行为模式是，当在忍无可忍时，便会自伤、自杀乃至"以暴制暴"，用自己的方式结束暴力。

在受虐妇女以暴制暴，将施暴者伤害致死的过程中，其行为往往十分疯狂和残忍，事后有些妇女还可能对此情节失去记忆。但这并非受害妇女主观恶性，之所以杀人手段会如此残忍，主要是因为其在杀人过程中同时在宣泄自己多年积累的负面情绪，以暴制暴杀人后的妇女倾向于自杀或主动到警方自首。在国外，受虐妇女综合征由一个心理概念变成了一个法律概念，得到了广泛认同，在对受虐妇女的审判过程中可以将其作为减刑或免予处罚的重要证据。

第二节　家庭暴力干预的成功标准及表现

一、家庭暴力干预成功的标准

家庭暴力干预是否成功，应该有一个判断的基本标准。何谓干预有效、何谓干预成功，是家庭暴力干预首先应该明确的。只有准确把握干预成功的标准，才能有的放矢，确保干预效果。

（一）关于家庭暴力干预成功的常见误区

在实际干预中，如果对家庭暴力的复杂性不了解，很容易将错误的表象当作干预成功，以下是常见的认识误区。

误区之一：干预后施暴者承诺不再施暴，即为干预成功。对于社会公众暴力来说，暴力的停止可能就是暴力的结束，但家庭暴力不同于发生于社会公众之间的暴力，家庭暴力具有反复性。在实际干预中，干预后施暴者承认错误并承诺不再施暴的情况并不少见，但最后真正兑现承诺的并不多。干预人员可能会根据施暴者态度的真诚度来判断，但从实际情况来看，施暴者在施暴之后恢复理性，大部分能够承认错误，要让他（她）做出不再施暴的承诺也并非难事，但即使主观上能够承诺，也很难在行为上真正停止暴力。

误区之二：干预后双方"和好"，即为干预成功。家庭暴力干预成功与否的判断，需要考量干预目的是否达到，即人（主要是受害者）的合法权益是否得到有效保护。家庭暴力干预目的并不是维护家庭和谐，和谐只是干预之后可能出现的"副产品"，并不能作为干预的目的，因此达到双方和好并不能算成功。从实际情况看，经过干预后出现双方和好的情形并不少见，但最终结果并不一定令人满意。"和好"往往是暂时的表现，随着施暴者愤怒的积蓄，过一段时间之后可能再次反复。

误区之三：干预后施暴者停止打人，即为干预成功。在实际干预中，一般比较重视身体暴力的干预，而相对忽视其他形式的暴力。家庭暴力的形式包括身体暴力、精神暴力、性暴力和经济控制四种形式。相对来说，身体暴力行为看得见，伤口清晰可见，比较好辨认，也容易被社会公众广泛认同为家庭暴力的形式之一。但是其他暴力形式也不可忽视。精神暴力在家庭暴力当中也非常普遍，伤害结果也往往比较深入，难以恢复。性暴力则是一个高度危险的信号，往往造成受害者身心两方面的伤害，甚至造成受害者基本人格尊严方面的伤害。经济控制涉及对受害者经济全方位的封锁，对受害者生活造成严重影响。

（二）家庭暴力干预成功的标准——阻断暴力

家庭暴力的反复和循环特点使得家庭暴力干预变得更为复杂，只有确认暴力被真正阻断了，才能认为是干预成功。笔者认为，一般来说暴力被阻断需要达到以下基本要求：

一是暴力的阻断不只是表现在语言等表面形式上，而是行为上的改变。一般情况下，有效的干预会促进施暴者在某些方面的改变，但要区分是实质性的改变还是表面的改变。如果施暴者的变化只是表面上的，没有触及施暴者内心深层的变化，很可能在一段时间之后恢复到原来的状况，这样就不会最终在行为上做出改变，甚至即使在主观上有所改变，也需要施暴者继续努力，才能最终达到行为上的变化。

二是暴力的阻断不是暂时的，而是长期甚至永远的。在亲密伴侣暴力中，根据暴力循环规律，初始阶段施暴者在施暴之后多数都会进行道歉，这种道歉多数情况也是真诚的，因此受害者也往往会予以原谅，两个人能达到暂时的和好。但干预人员需要注意的是，这种短暂和好亦不能视为干预成功。如前所述，无论是从理论还是实际情况看，施暴者的真诚道歉并不意味着他（她）真的能够做到停止暴力。

三是暴力的阻断不只是某一种形式暴力的停止，而是所有形式的暴力都停止。在实际干预中，迫于干预人员施加的压力，施暴者在短期内可能会做出一些改变，如停止身体暴力。但需要同时观察是否有其他形式的暴力情况，如果其他形式的暴力没有停止，则亦不能算作成功。如果一种暴力停止了，而另一种暴力增加了，这只意味着暴力形式发生了变化。有些情况下，一种暴力停止，而另一种暴力加重，不仅不是成功的表现，反而会导致更加严重的结果。干预人员应该全面了解情况，确认各种暴力形式都被阻断。

二、家庭暴力干预成功与干预有效的表现

（一）干预成功的表现

在实际干预中，家庭暴力被真正阻断常常表现为以下几种情形：

情形之一：干预后，施暴者从主观上有深层变化，并在行为上做出改变，主动停止了暴力。这种情形一般是在干预之后，施暴者深刻认识到家庭暴力的错误，主观上愿意停止暴力，并在行为上做到停止暴力，且这种

改变是长期的，不再出现反复，各种形式的暴力都消失了。

情形之二：干预后，施暴者虽然没有实质性改变，但已经被依法限制人身自由，不可能再伤害到受害者。这种情形一般是施暴者已经触犯了刑法，司法机关（警察开展侦查、检察院批准逮捕、法院进行审判）找到了确凿证据，依法对施暴者进行羁押或者已经在监狱服刑，不可能继续对受害者实施伤害。但是这种情形下的暴力阻断是暂时的，当施暴者恢复自由以后，暴力可能再次出现。

情形之三：干预后，施暴者没有实质性改变，但受害者离开施暴者，暴力失去了受害对象。这种情形一般是施暴者已经"病入膏肓"，无法通过辅导和强制矫正等方法进行改变，同时对于受害者又存在严重危险，使其分开是最佳选择。通过干预后，受害者成功离开，不再受到施暴者伤害。这种情形的暴力阻断也可能是暂时的，如果施暴者再次找到受害者，则暴力阻断失败。

（二）干预有效的表现

从实际干预来看，要做到干预成功并非易事，但条件不具备时，只能做到干预有效。干预有效与干预成功的方向是一致的，都是为了保护人的合法权益，但干预有效与干预成功在效果上存在差别，由于某些方面条件限制，干预有效无法达到干预成功的标准。

从实际干预来看，干预有效的常见表现主要有以下三个方面：

表现之一：干预后，施暴者有积极变化，但未完全停止暴力。施暴者的积极变化主要包括两个方面：一方面是主观方面的积极变化，如开始反省自己，认识到暴力的错误，计划做出行为上的改变等，这些积极的内心变化是停止暴力的一个前提；另一方面是客观方面的积极变化，主要表现在行为上暴力的减少或者减轻。这种客观方面的变化，一般是由于主观上受到教育或震慑等原因所导致的。

表现之二：干预后，受害者有积极变化，但仍然无法逃避施暴者的暴力。一方面是主观内心方面的积极变化，如认识家庭暴力的性质，了解家庭暴力的危险性，主动选择抗拒暴力而不是默默忍受，开始选择正确的方式来面对家庭暴力等。另一方面是客观行为方面的积极变化，如开始学会进行危险评估和排除危险因素，选择更加理性的方式面对施暴者，开始收集证据等，这些变化将十分有利于走出暴力。

表现之三：干预后，有更多的社会资源提供支持，但还不足以帮助受害者走出暴力。社会资源支持是家庭暴力受害者成功走出来的重要条件，没有社会资源的支持，受害者很难独自成功抗拒家庭暴力。因此，干预者的一项重要任务是帮助受害者链接社会资源，有些社会资源是可以指导受害者自身进行链接的，如亲友的支持、申请人身安全保护令、申请临时庇护等，也有些社会资源则需要干预者帮助才能链接，如法律援助等。只要这些资源能够在一定程度上帮助到受害者或者震慑到施暴者，都可以认为是干预有效。

第四章 家庭暴力干预的模式——多部门合作

第一节 多部门合作的必要性

家庭暴力现象虽然出现非常久远，但对家庭暴力干预只有一百多年的历史。在这一百多年的探索中，许多国家总结经验，形成了干预家庭暴力的有效模式——多部门合作，又称多机构合作。多部门合作是指政府各职能部门之间、政府部门与非政府组织之间、政府各部门与研究机构及专家学者之间的全方位、多学科合作干预家庭暴力。

多部门合作的干预模式是由英国首创的，英国伦敦曾以哈默史密斯和富尔海姆区为试点，经过长达 4 年的努力，创建了多部门合作处理家庭暴力的运作机制，总结了一系列有成效的经验并开始作为应对家庭暴力的最佳途径而被人们接受。① 如医院的医护人员应协助尽早识别家庭暴力的受害人，除提供医疗服务之外作出专业服务的转介。它突破了家庭暴力是私事、公权力不能介入的理念，要求与反家庭暴力相关的机构均应在各自职责范围内予以重视并开展多部门合作，将接到的家庭暴力案件及时有效地转介至相关的机构，为家庭暴力受害者提供有效的帮助。

我国香港地区于 2001 年成立了由社会福利署署长召集的跨部门"关注暴力工作小组"，并于 2004 年出台了《处理虐待配偶个案程序指引》，就不同部门处理家庭暴力的程序作出了指引性规定。相关工作人员均应遵循该程序指引处理家庭暴力个案，如警务人员应根据受害人意愿，向受害人提供法律服务或者将案件转介给社会福利署，亦会根据案件严重程度向家庭暴力施暴人发出家庭事件通知书或将之拘捕等；医生和护士可凭检验

---

① 参见刘晓梅：《英国反家庭暴力的立法、实践及其启示》，载《法学杂志》2006 年第 3 期，第 127~129 页。

结果及情绪评估，在给予家庭暴力受害人适当治疗后，将受害人转介给社工，必要时也可以建议受害人向警方举报有关事件等。该指引大大促进了香港地区多部门合作处理家庭暴力事件。①

我国台湾地区在多部门合作干预模式下，建立了家庭暴力干预联动机制，定时召开家庭暴力干预多部门多机构的联席会议，家庭暴力处置效果良好。联席会议参与机构包括法院、检察署、警务部门等公权力机关，还有医疗、教育、社会组织等与家庭暴力相关的各个部门和组织，由各个机构轮流做联席会议主席。联席会议平均1~2个月召开一次，除了对近期发生的家庭暴力总体情况进行通报之外，还会对以往高危家庭暴力案件和新发高危家庭暴力案件进行商讨，研究最佳解决方案并协作执行。这种联席会议制度是多部门合作干预模式的一种具体体现，既提高了工作效率，也提升了干预效果。

家庭暴力干预靠一个部门或者一个机构单打独斗，很难起到良好的干预效果，从实践经验来看，多部门多机构开展合作才是干预家庭暴力的有效模式。选择多部门合作模式主要是基于以下理由：

首先，预防和制止家庭暴力是全社会的共同职责。家庭暴力作为一种侵犯家庭成员特别是妇女、儿童、老人合法权益的违法行为，不仅侵害公民的人身安全、自由和合法财产，破坏家庭的和谐与幸福，而且危害社会的稳定和人们赖以生存的社会秩序。政府作为国家法律的执行机关，在预防和制止家庭暴力方面负有不可推卸的职责。根据我国《宪法》《民法典》《反家庭暴力法》《妇女权益保障法》《未成年人保护法》《治安管理处罚法》《全国妇联等七部委关于预防和制止家庭暴力的若干意见》等规定，各部门均有职责预防和制止家庭暴力。

其次，家庭暴力受害者需要多元化服务。受害者在遭受家庭暴力之后，生命权、健康权、身体权、财产所有权等多种权利受到侵害，可能产生多种需求。从满足家庭暴力受害者的诸多需求看，需要多部门多机构共同解决。比如，家庭暴力受害者不仅涉及身体上的伤害，往往还涉及精神上的伤害，相对应地需要医疗机构和心理机构的干预。就法律援助方面来看，可能涉及法律知识的普及、诉讼支持，则需要司法机关、法律从业人员还有社会组织的参与。这些权利的救济与需求的满足不是一个部门能够单独承担的，需要多部门合作完成。

---

① 参见全国妇联权益部：《预防和制止家庭暴力多部门合作工作手册》，第44页。

再次，预防和制止家庭暴力需要多部门合作。家庭暴力是一个复杂的社会问题，相对于其他社会公众暴力，家庭暴力的干预涉及社会教化、法律惩处、安全保障、医疗求助、心理辅导、就学就业等方方面面，需要多部门多机构协调联动、共同协作。只有多部门合力救助家庭暴力受害者，才能为其提供法律、情感、心理、物质等多方面的支持和服务。就危险情况来看，针对不同的危险情形（轻度危险、中度危险、高度危险），采取相对应的处理方式，如公安机关出具的告诫书适合情节较轻的情形，人民法院核发的人身安全保护令适合相对较严重的情形，民政部门提供的临时庇护适合高度危险的情形。就可能存在的间接受害者来看，可能还存在目睹家庭暴力少儿的心理辅导问题、子女转学问题，涉及教育部门、学校等。

最后，多部门合作预防和制止家庭暴力是全球的共同经验。从 20 世纪 70 年代全球开始关注和干预家庭暴力以后，各个国家的探索一致表明，反家庭暴力需要多部门合作。国际社会倡导采用多部门合作的模式干预家庭暴力，联合国在多部门合作的框架下开发了诸多适用于各个国家的工具包。联合国社会发展和人道主义事务部 1993 年发行的《对付家庭暴力的战略：材料手册》有关于多部门合作的表述，"机构间合作：家庭暴力是一个复杂的问题，要求来自不同专业背景的人和广大人民群众共同努力。这一般涉及的包括：教育工作者、宗教组织的人员、社会工作者、卫生保健工作者、住房机构工作人员、妇女团体成员，以及在家庭暴力受害者接待处和庇护所工作的人员。"在当前各个国家，特别是有成熟经验的国家的家庭暴力干预实践中，采用的干预模式基本上都是多部门合作，如美国、英国、加拿大、丹麦、瑞典、挪威等，有些国家和地区在这方面已经探索出了一些良好的经验和做法。

第二节 合作的部门及其职能

全球的经验已经证明，多部门多机构合作是干预家庭暴力的有效模式。我国的《反家庭暴力法》明确规定了相关机构和部门的职责，为家庭暴力的干预确立了多机构合作的基础。干预人员在进行多机构合作过程中，需要深入了解各个部门的工作职责，熟悉相关工作流程，提升合作转介的相关能力。

根据中国法学会《受暴妇女需求调查报告》的数据，受害妇女在暴力发生后求助的机构依次是妇女联合会，公安派出所（110），居民委员会、村民委员会、乡镇政府，人民法院，热线电话/心理咨询机构，施暴者工作单位，庇护所/妇女救助站，法律援助中心。综合家庭暴力的危害和求助人的诉求，我国能为家庭暴力受害者提供服务的机构主要包括妇女联合会，公安机关，司法行政机关，居民委员会、村民委员会，民政部门，卫生部门，社会组织等。

笔者对这些相关部门的职能进行如下梳理：

（一）公安机关

公安机关代表国家行使职权，并赋有采取法律强制措施的法定权限，对预防和制止家庭暴力中的施暴者有很强的震慑作用，对家庭暴力案件的法律处理起着至关重要的作用，其主要相关职能如下：

1. 接受家庭暴力报案。依照《反家庭暴力法》的规定，公安机关接到家庭暴力报案后应当及时出警，制止家庭暴力，按照有关规定调查取证，协助受害人就医、鉴定伤情。

2. 执行告诫。针对情节较轻、依法不给予治安管理处罚的家庭暴力，依照《反家庭暴力法》的规定，公安机关可以进行告诫。

3. 协助执行人身安全保护令。依照《反家庭暴力法》的规定，人民法院作出人身安全保护令后，在送达申请人、被申请人的同时会送达公安机关，公安机关有协助执行的职责。

4. 接受强制报告。依照《反家庭暴力法》的规定，公安机关是接受强制报告的主体，学校、幼儿园、医疗机构、居民委员会、村民委员会、社会工作服务机构、救助管理机构、福利机构及其工作人员在工作中发现无民事行为能力人、限制民事行为能力人遭受或者疑似遭受家庭暴力的，应当及时向公安机关报案。公安机关应当对报案人的信息予以保密。

5. 进行紧急安置。依照《反家庭暴力法》的规定，无民事行为能力人、限制民事行为能力人因家庭暴力身体受到严重伤害、面临人身安全威胁或者处于无人照料等危险状态的，公安机关应当通知并协助民政部门将其安置到临时庇护场所、救助管理机构或者福利机构。

6. 治安管理处罚。依照《反家庭暴力法》和《治安管理处罚法》的规定，加害人实施家庭暴力，构成违反治安管理行为的，公安机关可以依法给予治安管理处罚。

7. 调查取证。依照《反家庭暴力法》、《刑事诉讼法》和《治安管理处罚法》的规定，公安机关依法行使侦查权，为刑事案件、行政案件的处理收集固定证据。

8. 伤情鉴定。在家暴案件中，受害人报案后，可由当事人申请伤情鉴定或由公安机关为了查明案件主动做鉴定，以判断受害人的伤情，鉴定意见可作为证据使用。

（二）人民检察院

人民检察院在反家暴过程中作为国家检察机关代表国家行使检察权，在受害者对家暴事件寻求救济过程中对其他司法机关的行为进行检察监督，其主要相关职能如下：

1. 批准逮捕。人民检察院对于公安机关提请批准逮捕，应及时审查，区分不同情况依法作出处理。符合逮捕条件的，应依法及时批准逮捕。

2. 提起公诉。在家庭暴力案件中对受害人造成的损害结果达到轻伤及以上时，或者罪行较重、社会影响较大且得不到被害人谅解的，检察院依法应当追究刑事责任，符合起诉条件的，可向法院提起公诉。

3. 检察监督。对人民法院在审理涉及家庭暴力案件中作出的确有错误的判决和裁定，人民检察院应当依法提出抗诉。此外，未成年人检察工作涉及对强制报告等与未成年人相关制度的落实。

（三）人民法院

人民法院作为审判机关在反家暴过程中依法履行国家审判，其与反家庭暴力相关的主要职能如下：

1. 执行人身安全保护令。依照《反家庭暴力法》的规定，人民法院是人身安全保护令的执行主体，基层人民法院具有根据核发人身安全裁定，并予以执行的职能。

2. 监护资格撤销审理。依照《反家庭暴力法》监护资格撤销制度之规定，人民法院根据申请审理是否撤销家庭暴力施暴者的监护资格。

3. 离婚诉讼案件审理。对于因家暴引起的离婚诉讼，受害人在不能通过协议解除婚姻关系的情形下，可以向法院起诉离婚，并以承受的暴力所造成的生理与心理的损失请求损害赔偿。

4. 刑事自诉案件审理。对于家庭暴力刑事案件，受害人在家庭中受到侮辱、被遗弃或者虐待造成了严重后果，可以通过自诉进行自我权利的救济与维护。

（四）司法行政机关

司法行政机关在我国司法体系和法制建设中占有重要地位，主管监狱和法律服务等领域的司法行政事务，其相关的主要职能如下：

1. 提供法律援助。为家庭暴力受害者提供法律援助服务，经济困难者减免法律服务费用。

2. 进行司法鉴定。鉴定机构根据相关规定为家庭暴力受害者提供鉴定，对于经济困难者减免相关费用。

3. 提供调解服务。司法所根据申请，对情节较轻、适用于调解的家庭暴力的当事人提供调解服务。

（五）民政部门

民政局作为政府主管社会行政事务的职能部门，履行着"上为政府分忧，下为群众解愁"的重要职能，其主要相关职能如下：

1. 办理协议离婚。受害者受到家庭暴力涉及夫妻双方关系破裂，要协议离婚的，可以通过民政部门办理相关手续。

2. 协助执行紧急安置。依照《反家庭暴力法》的规定，民政部门是协助执行主体，对于因家庭暴力受到严重伤害、面临人身安全威胁、处于无人照料状态的无民事行为能力人、限制民事行为能力人，公安机关可以联系民政部门，安置到救助管理机构、社会服务机构或者福利机构。

3. 提供临时庇护。依照《反家庭暴力法》的规定，县级或社区的市级人民政府单独或依托救助管理机构建立临时庇护场所，为家庭暴力受害者提供临时生活帮助。

4. 进行强制报告。依照《反家庭暴力法》的强制报告制度规定，救助管理机构、社会福利机构及其工作人员是强制报告之报告主体，在工作中发现无民事行为能力人、限制民事行为能力人受到家庭暴力，需要向公安机关进行报告。

5. 提供社会扶助。建立社会帮扶机构，利用社会公共资源与相关社会机构资源帮助家庭暴力受害者；建立社会扶助专项资金，给予没有经济能力的家庭暴力受害者医治或继续生活的社会救济；为脱离家庭后没有工作的家庭暴力受害者提供职业技能培训和就业机会。

（六）卫生部门

卫生部门在反家庭暴力工作中的主要相关职能如下：

1. 提供医疗救助。医疗机构应该为家庭暴力受害者提供医疗救助，做好诊疗记录，妥善保管医疗资料，为家庭暴力受害者提供相关医疗证据。

2. 进行强制报告。依照《反家庭暴力法》的强制报告制度规定，医疗机构是强制报告之报告主体，医疗机构工作人员在工作中发现无民事行为能力人、限制民事行为能力人受到家庭暴力的情形，需要向公安机关进行报告。

3. 提供心理服务。针对心理受到创伤的家庭暴力受害者或者目睹家庭暴力少儿，提供心理创伤鉴定与心理咨询服务。鉴定在家庭暴力中受到的心理伤害程度，为受害者提供心理康复治疗。举办妇儿生理、心理健康讲座，为家庭暴力受害者讲授相关心理健康知识。

（七）教育部门

教育部门在反家庭暴力工作中的主要相关职能如下：

1. 进行强制报告。依照《反家庭暴力法》的规定，学校、幼儿园是强制报告之报告主体，学校和幼儿园教职员工在工作中发现无民事行为能力人、限制民事行为能力人受到家庭暴力的情形，需要向公安机关进行报告。

2. 开展反家庭暴力宣传。依照《反家庭暴力法》的规定，国家开展家庭美德宣传教育，普及反家庭暴力知识，增强公民反家庭暴力意识。学校、幼儿园有开展家庭美德和反家庭暴力教育的重要职责，要向学生、家长以及社会公众进行反家庭暴力的宣传。

3. 其他职能。比如，为家庭暴力受害者子女提供转学服务，为受到家庭暴力的学生提供心理辅导等。

（八）居民委员会、村民委员会

1. 反家庭暴力预防。依照《反家庭暴力法》的规定，乡镇人民政府、街道办事处应当组织开展家庭暴力预防工作，居民委员会、村民委员会应当予以配合协助。

2. 进行强制报告。依照《反家庭暴力法》的强制报告制度规定，居民委员会、村民委员会及其工作人员是强制报告之报告主体，在工作中发现无民事行为能力人、限制民事行为能力人受到家庭暴力的情形，需要向公安机关进行报告。

3. 协助执行告诫。依照《反家庭暴力法》的规定，公安机关将告诫书送交加害人、受害人的同时会通知居民委员会、村民委员会。居民委员会、村民委员会应当对收到告诫书的加害人、受害人进行查访，监督加害人不再实施家庭暴力。

4. 协助执行人身安全保护令。依照《反家庭暴力法》的规定，人民法院作出人身安全保护令后，在送达申请人、被申请人、公安机关的同时，送达居民委员会、村民委员会，居民委员会、村民委员会有协助执行的职责。

5. 其他职能。比如，对辖区的家庭暴力进行筛查、个案跟踪；在某些情形下，可以向人民法院代为申请人身安全保护令、申请撤销监护人资格；对施暴者进行法制教育，对施暴者和受害者进行心理辅导。

（九）妇女联合会

妇女联合会作为党和政府联系妇女群众的桥梁和纽带，在维护妇女儿童的合法权益和反家庭暴力工作中发挥着不可或缺的作用，其主要相关职能如下：

1. 组织、协调、指导、督促反家庭暴力工作。依照《反家庭暴力法》的规定，县级以上人民政府负责妇女儿童工作的机构，负责组织、协调、指导、督促有关部门做好反家庭暴力工作。

2. 反家庭暴力宣传。依照《反家庭暴力法》的规定，国家开展家庭美德宣传教育，普及反家庭暴力知识，增强公民反家庭暴力意识。妇女联合会应当在各自工作范围内，组织开展家庭美德和反家庭暴力宣传教育。

3. 接受家庭暴力投诉。妇女是家庭暴力的主要受害群体，妇女联合会是妇女的"娘家"，有维护妇女权益的重要职责。妇女联合会接受家庭暴力受害妇女的投诉和求助，并根据情况给予受害妇女需要的帮助和服务。

4. 其他职能。比如，在某些情形下，可以向人民法院代为申请人身安全保护令、申请撤销监护人资格；对施暴者进行法制教育，对加害人、受害人进行心理辅导。

（十）社会组织

社会组织是政府有效的"减压阀"和"稳定器"，其服务功能十分强大，可以给予家庭暴力受害者诸多方面的专业服务，其主要相关职能如下：

1. 反家庭暴力宣传。依照《反家庭暴力法》的规定，社会工作服务机构等社会组织可以开展心理健康咨询、家庭关系指导、家庭暴力预防知识教育等服务。

2. 进行强制报告。依照《反家庭暴力法》的规定，社会工作服务机构及其工作人员在工作中发现无民事行为能力人、限制民事行为能力人遭受或者疑似遭受家庭暴力的，应当及时向公安机关报案。

3. 其他职能。不同社会组织可以根据其职能，为反家庭暴力提供不同的服务，如心理咨询、危险评估、法律援助等。

第三节　多部门合作的一般机制、流程

让多机构合作模式得以落实、发挥作用，需要建立本地的反家庭暴力合作机制、工作流程。虽然因为各地情况不同，反家庭暴力的机制和流程

会有所差异，但总体上来说，还是有不少共同之处。笔者认为，我国当前各地建立反家庭暴力的多部门合作模式，可以参考如下一般机制、流程及工作要求。

（一）多部门合作模式的一般机制

多部门合作预防和制止家庭暴力既需要明确各部门在反对家庭暴力行动中的职责，也要建立多部门合作的有效联动机制，加强协商与交流，相互支持，积极发挥各自在预防和制止家庭暴力中的作用。建立多部门合作机制必须要做好以下几项工作：

1. 成立领导小组。领导小组是多部门合作网络中的协调者、主角，主要是基层政府机关。这就在行政方面保证了这项工作的有效性，使得工作更加有力。基层政府机关在干预家庭暴力中扮演着领导、监督等重要角色。

（1）它可以充分行使执行权，坚决执行《宪法》《婚姻法》《妇女权益保障法》等法律中有关反对家庭暴力的规定，确保有关法律的落实。

（2）它能够充分行使行政工作领导和管理权，在辖区内建立公检法司、工青妇、多部门干预家庭暴力网络，领导所属各工作部门促进男女平等、反对家庭暴力的工作；将是否认真履行干预家庭暴力的职责纳入机关工作人员的考核指标体系；积极将男女平等国策、社会性别和反对家庭暴力观念列入干部培训内容；宣传教育公众树立男女平等的观念，反对家庭暴力、建立和睦家庭，预防家庭暴力的发生；创造倡导男女平等、家庭和谐的区域文化环境。

（3）它还可以充分行使监督权，指导和监督所辖地区公检法司、工青妇及各有关职能部门和工作机构行使职责，有效干预家庭暴力。

2. 明确部门职责。多部门干预家庭暴力网络建立后，必须要确定自己的职责。一般来讲，网络职责主要在于以下几个方面：

（1）向地区群众做好反对家庭暴力的宣传工作，利用多种形式提高社区居民预防和制止家庭暴力的意识，在社区、村开展《公民道德建设实施纲要》的学习，提高每个公民的自身素质，促进家庭和睦、社区稳定。

（2）组织指导社区多部门干预家庭暴力网络成员单位学习有关反对针对妇女的家庭暴力知识，学习掌握新的工作方法，讲究工作措施。

（3）做好社区、村情况调查，对本地存在家庭暴力的情况，做到底数清、情况明，加强对曾经或目前有过家庭暴力家庭的走访，做好预防工作。

（4）对出现家庭暴力的家庭，及时介入进行干预，各成员单位进行联动，对问题严重的与派出所民警、医疗单位、法院等及时取得联系，对受害者采取保护措施。

3. 建立工作制度。多部门干预家庭暴力工作网络还需建立自己的工作制度，以使多部门合作干预家庭暴力网络可以有效运转，达到治理家庭暴力的目的。这些制度主要包括：

（1）定期召开工作会制度。定期召开各级反对家庭暴力工作会议，各网络成员单位也应召开不定期的工作会议。会议内容应包括：工作总结；对工作中遇到的困难和问题及时通告、沟通，探讨解决方式；制定下一步工作的目标和实现的方法。

（2）培训制度。制定对社区、村各部门工作人员进行多层面的、连续的、滚动式的社会性别与反对家庭暴力培训的预期目标和计划。通过问卷调查等方式评估培训效果，使相关工作人员在反对家庭暴力工作的理念与方法上达成一致。

（3）信息交流制度。对反对家庭暴力工作中的经验、成果以及问题及时进行交流与分享，探讨解决的途径，将效果显著的经验向各机构部门推广，不断提高反对家庭暴力的力度。

（4）评估制度。各部门分别制定反对家庭暴力工作目标及达到目标的方法、时间安排，以及应对问题的手段；对家庭暴力干预工作作定期的内部与外部的检查与评估，对未达到评估指标的要进行分析，找出问题，解决问题。

4. 提升合作能力。合力干预家庭暴力，要求各部门接受相关知识培训、案例研讨、经验交流，使各部门能够做到：

（1）明确针对家庭暴力应有的态度与立场。即强调家庭暴力不是个人私事；明确各部门干预家庭暴力的责任；强调负责的态度和严格执法，杜绝不作为和推诿。

（2）掌握家庭暴力的相关知识。认识到家庭暴力的隐蔽性、周期性、反复性等特点，制定有针对性的干预策略。认识到家庭暴力的受害者的特殊的心理和行为特征，理解、尊重受害者，并给予及时的救助。认识到家庭暴力受害者的多元需要和基本权利，尊重家庭暴力受害者的基本权利。

（3）明确预防与干预家庭暴力的基本原则和要求。在预防和干预家庭暴力工作中，应遵循前述基本原则和要求：尊重人的合法权益、男女平等公正、以受害人为中心、预防矫治惩罚相结合等原则；积极介入、不推诿，依法切实履行职责，尽可能提供一站式服务，建立合作机制、规范合作流程等要求。

（二）多部门合作模式的一般流程

1. 各部门干预家庭暴力的一般工作流程。尽管各部门在处理家庭暴力案件时因职责不同，工作内容、工作方法各有不同，但是鉴于家庭暴力的共性，各部门在处理家庭暴力案件时的工作流程大致相同。相关部门在接到家庭暴力案件后，一般应依照了解案情、询问当事人需求、评估风险和需求、依法处理、必要时提供转介服务、案件追踪评估的基本流程来处理案件。具体流程如下：

（1）接待当事人、了解案情。各部门和机构在接受家庭暴力受害者或其他人员的求助或投诉之后，应该首先了解暴力的具体情况，包括受害者、施暴者的基本信息、家庭暴力的形式和程度、发生暴力当事人之间的关系、案件发生的时间和地点、受害者受伤害情况等，并将了解到的情况记录在案。特别是首个接案部门应认真填写《家庭暴力个案登记表》。若有的部门已有类似登记表，可不重复填写，只填写本部门的登记表即可，如公安机关只需填写《报警案件登记表》。

（2）了解当事人的需求。受害者与施暴者之间千丝万缕的联系决定了该类案件的处理方式要区别于一般案件，当事人的需求是相关部门处理家庭暴力必须要考虑的因素，也是相关部门提供转介服务的基础之一。

（3）评估案件的风险和需求。接案部门首先要评估案件的风险，包括受害人和相关工作人员的风险。工作人员要深刻地认识到危险的复杂性，有些危险显而易见，有些则是隐蔽的；有些危险是暂时的，有些可能是长期的——工作人员应当具备较强的观察和判断能力。根据家庭暴力风险评估表列出的评估危险的相关因素来判断，然后根据风险的程度和性质，采取有效的方式和手段处理。其次要评估受害者的需求。一方面评估需求是否合理，另一方面评估哪些部门可以满足求助，应尽量满足受害者的合理请求。任何违法的、不合理的需求或者可能给受害者及其家人造成危险的需求不应被满足。

（4）履行部门职责。各部门在处理家庭暴力个案时应依法依规履行职责，并坚持本部门优先处理的原则，尽可能在本部门或本机构内完成对受害人的帮助，减少由于向其他部门或机构转介带来的处理时间长、受害者不断复述导致的二次伤害等不利情况。对超出本部门职责范围的合理需求，应及时转介至相关部门或机构。

（5）结案、回访、存档。各部门对本部门职责范围内的案件，按法定程序处理完毕后结案；转介至其他部门的，收到转入单位书面回复后结案。回访是指各部门的案件纠纷具体办理人员在受理、处理过程中或办结后，对当事人进行定期或不定期回访，听取当事人意见，掌握动态，有针对性地开展工作，防止矛盾恶化的制度。有条件的部门要建立回访制度，对工作中接触到的家庭暴力案件纠纷当事人及时跟踪回访，根据回访反馈的信息，总结评估，巩固工作效果。各部门处理过的每一起家庭暴力案件的受案及处理结果和相应文件应做好登记并建档，按时间次序装订存档，附卷备查。

2. 多部门干预家庭暴力工作的合作流程。针对具体案情，结合受害人的合理合法需求，超出接待部门或机构的职责范围的，应及时转介至有管辖权的部门或机构。具体流程如下：

（1）转介时填写相关表格，转出与转入部门相互提供书面单据，以便明确职责，避免相互推诿的情况发生。首个接案部门填写《家庭暴力个案登记表》，被转介部门填写《转介接收单》，并以适当方式回复。

（2）首个接案部门将案件转出时，保存《家庭暴力个案登记表》原件，复印件交至转入部门，以便后者了解案情。

（3）转入部门若需要再转介时，保存《家庭暴力个案登记表》复印件和本部门填写的《转介接收单》原件，但需将上述两表之复印件交至再转介部门，以便后者了解案情。

（4）在转介过程中，相关责任人要签字交接，确保转入部门切实履职，为后续的责任倒查提供依据。

（5）若转入部门书面回复不受理且有正当理由的，转出部门应继续协调处理。

（三）多部门合作模式的一般工作要求

1. 对各部门的一般工作要求。

（1）积极介入，不推诿。相关部门和机构在受理了家庭暴力个案后，应积极介入，不推诿。受传统文化和社会观念的影响，家庭暴力受害者往往长期被控制在暴力关系之中，不敢或不知道向外界求助，经常是在走投无路的情况下才鼓起勇气向某个部门投诉或求助。若所接部门处理不当，只会令受害者强化无助感，助长施暴者的气焰。特别是首个接案部门，应尽可能为求助人提供及时、专业的服务和帮助。当案件的性质或受害者的需求超出接待部门的职责范围时，则应及时转介至相关部门或机构。

（2）依法依规履行职责。各部门处理家庭暴力案件必须以法律法规为依据，只要是本部门法定职责范围内的事项，必须依法处理。工作人员应熟悉并掌握家庭暴力的相关知识，对受害者和施暴者采用正确的言行和态度，避免因自己的错误言行导致暴力事态进一步恶化。工作人员还应把处理家庭暴力案件的过程及时记录下来，如伤害程度、受害者精神状况、治疗情况等。

（3）尽可能提供一站式服务。为家庭暴力提供服务的部门，应尽可能提供一站式服务，即服务尽可能在一个部门内完成，如临时庇护、心理辅导、法律咨询、技能培训等，以简化程序，减少受害人不断复述和回忆家庭暴力情景的次数，避免对受害者的二次伤害，减少受害者求助的成本。为实现这一目标，可以拓展本部门服务范围，也可以联合其他相关部门共同提供服务。

2. 对工作人员的一般工作要求。

（1）树立多部门合作的联动意识。我国《反家庭暴力法》基本确立了多部门合作，多部门合作的牵头机构是县级以上人民政府妇儿工委，参与机构有县级以上人民政府有关部门、司法机关、人民团体、社会组织、居民委员会、村民委员会、企事业单位等。相关部门和机构有职责做好相关工作，而干预人员就是做好这些工作的具体执行者。为真正发挥出多部门合作的优势和效果，干预人员应该树立多部门合作的联动意识。各部门的干预人员对接到每一起家庭暴力都应该积极介入，不推诿，并以法律为依据，完成法定职责范围内的事项。

在实际干预中，可能会遇到一些难以开展多部门合作的情形，如当地缺乏建立多部门合作的联动机制，各个相关机构和部门职责还不清晰，工作流程尚不健全等。这些条件如果不具备，会使得多部门合作缺乏基础，影响多部门合作干预的实际效果。面对这种类似情况，干预人员应该立足实际情况，尽可能创造条件，开展部门合作，提高干预效果。总而言之，多部门合作是家庭暴力干预的有效途径，干预人员应该摒弃单打独斗的做法。

（2）具备多部门合作的联动能力。多部门合作的优势是机构与部门之间的协调联动，合作得好可以发挥"1+1>2"的效果，但如果合作不佳则可能变成相互推诿，多部门合作反而变成了相互"踢皮球"，最后的干预效果可能变成"1+1=0"。而在多部门合作过程中，合作的一个重要具体环节就是进行转介，干预人员具有处理个案和进行转介的联动能力，保障干预的效果。

一是熟悉相关机构和部门的工作职责。家庭暴力干预是一个复杂的社会系统工程，多部门合作的干预模式需要各级政府部门建立相关的联动机制，明确相关机构和部门的工作职责，规范家庭暴力响应的工作流程。干预人员不仅应该熟知本机构和部门的工作职责，对其他相关机构和部门的职责也需要了如指掌，做到在任何情形之下，都能及时进行联动。

二是掌握进行转介的基本方法。多部门合作干预模式是将反家庭暴力的相关机构和部门编织成一张"网"，一经触动则全网合作，发挥一种"1+1>2"的作用。相关部门和机构要有合作联动的具体途径，从实际干预来看，基于多部门合作联动机制的联席会议制度是有效方式，同时各个部门和机构还需要有可操作性的合作途径与方式，如配备相关的工作人员，开发包含"合作转介"在内的工作流程等。在多部门合作机制下开展工作的家庭暴力干预人员，不仅需要在职责范围内完成相关工作任务，还需要根据受害者需求和个案具体情况，以及其他机构和部门所能提供的支持服务，及时通报情况和进行转介。

下篇　家庭暴力干预的实践探索

第五章　家庭暴力判定

判定家庭暴力是干预家庭暴力的前提，需要有严谨、统一的标准。本书所依据的家庭暴力判定标准是《反家庭暴力法》中关于家庭暴力的规定。《反家庭暴力法》第二条规定："本法所称家庭暴力，是指家庭成员之间以殴打、捆绑、残害、限制人身自由以及经常性谩骂、恐吓等方式实施的身体、精神等侵害行为。"①

第一节　家庭暴力的主体范围

此处所说家庭暴力主体主要指家庭暴力的施暴者和受害者。在《反家庭暴力法》中，家庭暴力主体包括两类人：一是家庭成员，二是其他共同生活的人。

一、关于家庭成员

关于家庭成员具体涵盖哪些人，在《民法典》之前，我国法律没有进行明确规定。在《民法典》之前就已经出台的《反家庭暴力法》也没有对家庭暴力成员的范围进行明确规定，但由全国人大常委会法制工作委员会和全国妇联编写的《〈中华人民共和国反家庭暴力法〉简明读本》对"家庭成员"的范围进行了解释，"家庭成员包括配偶、父母、子女、祖父母、外祖父母、孙子女、外孙子女，兄弟姐妹，养父母子女、继父母子女、岳父母公婆等"②，并且这些成员之间并不以共同生活为认定为家庭成员的必要条件。

《民法典》第一千零四十五条（婚姻家庭编）第三款对家庭成员范围

---

① 参见《中华人民共和国反家庭暴力法（主席令第37号）》，载中国政府网，https://www.gov.cn/zhengce/2015-12/28/content_5029898.htm，2023-10-03。

② 参见阚珂、谭琳主编：《中华人民共和国反家庭暴力法简明读本》，中国民主法制出版社2016年版。

进行了规定，"配偶、父母、子女和其他共同生活的近亲属为家庭成员"。第二款对"近亲属"进行了规定，"配偶、父母、子女、兄弟姐妹、祖父母、外祖父母、孙子女、外孙子女为近亲属"。也就是说，按照《民法典》之规定，家庭暴力成员包括两类人：一类是配偶、父母和子女，这类人的家庭成员身份认定不需要以共同生活为基础；另一类是近亲属，即配偶、父母、子女、兄弟姐妹、祖父母、外祖父母、孙子女、外孙子女，这类人的家庭成员身份认定需要以共同生活为基础。

具体来说，《民法典》婚姻家庭编中的父母子女关系包括三类：一是生父母子女关系；二是养父母子女关系（第一千一百一十一条规定，自收养关系成立之日起，养父母与养子女间的权利义务关系，适用本法关于父母子女关系的规定）；三是具有抚养关系的继父母子女关系（第一千零七十二条第二款规定，继父或者继母和受其抚养教育的继子女间的权利义务关系，适用本法关于父母子女关系的规定）。可以理解为，《民法典》婚姻家庭编中的"父母"，包括生父母、养父母和有抚养关系的继父母；"子女"包括生子女、养子女和有抚养关系的继子女；"兄弟姐妹"，包括同父母的兄弟姐妹、同父异母或者同母异父的兄弟姐妹、养兄弟姐妹、有扶养关系的继兄弟姐妹（参照继承编）。

总体来说，相对于《〈中华人民共和国反家庭暴力法〉简明读本》规定的家庭成员范围，《民法典》规定的家庭成员范围稍窄一些。比如，在《〈中华人民共和国反家庭暴力法〉简明读本》当中，属于家庭成员的"公婆、儿媳、岳父母、女婿"在《民法典》中被剔除出去了。在《民法典》出台以后，有关家庭暴力的部门规章也作出了相应调整，将这部分人以"其他共同生活的人"名义重新纳入了家庭暴力主体范围，如2022年6月7日最高人民法院审判委员会第1870次会议通过《最高人民法院关于办理人身安全保护令案件适用法律若干问题的规定》第四条规定，"反家庭暴力法第三十七条规定的'家庭成员以外共同生活的人'一般包括共同生活的儿媳、女婿、公婆、岳父母以及其他有监护、扶养、寄养等关系的人。"这一条规定，实际上将《民法典》未纳入家庭成员范围的儿媳、女婿、公婆、岳父母，以"其他共同生活的人"名义纳入家庭暴力主体范围。再如，公安部、中央政法委、最高人民法院、教育部、民政部、司法部、国家卫生健康委、全国妇联、国务院妇儿工委办公室2025年12月6日联合印发的《关于加强家庭暴力告诫制度贯彻实施的意见》第二十四条规定，家庭成员以外共同生活的人之间实施的暴力行为，参照本意见规定执行。"家庭成员以外共同生活的人"一般包括共同生活的儿媳、女婿、公婆、岳父母以及其他有监护、扶养、寄养、同居等关系的人。

笔者认为，从家庭暴力干预实践来看，公婆、儿媳、岳父母、女婿之间的暴力比较常见，并且与其他家庭成员之间发生的暴力并无实质不同，应该纳入家庭暴力主体范围。

二、关于其他共同生活的人

有些人虽然不属于家庭成员，但他们之间的暴力行为与家庭暴力无本质区别，同样具有普遍性、隐蔽性、反复性等特点。他们之间往往具有某种特殊的亲密关系或者法律规定而产生类似家庭成员之间的生活关系和权利义务，因此有些国家和地区的法律将这些人也纳入家庭暴力主体范围。

在《反家庭暴力法》出台之前颁布的《最高人民法院、最高人民检察院、公安部、司法部关于依法办理家庭暴力犯罪案件的意见》（法发〔2015〕4号）规定，家庭暴力不仅包括家庭成员之间的暴力，还包括监护、抚养、寄养、同居等关系的共同生活的人员之间的暴力，这些为《反家庭暴力法》将"家庭成员以外共同生活的人"纳入家庭暴力主体范围打下了基础。

《反家庭暴力法》将这部分人也纳入规制范围，其中第三十七条规定，"家庭成员以外共同生活的人之间实施的暴力行为，参照本法规定执行。"这里的"家庭成员以外共同生活的人"大致包括四种关系的人：监护关系、扶养关系和寄养关系、同居关系。

（1）监护关系。监护人，是指对无民事行为能力人和限制民事行为能力人的人身、财产和其他一切合法权益负有监护职责的人。在许多情况下，被监护人并非监护人的家庭成员。根据《民法典》第二十七条的规定，在未成年人的父母已经死亡或者没有监护能力的情况下，除了祖父母、外祖父母、兄、姐之外，经未成年人住所地的居民委员会、村民委员会或者民政部门同意后，其他愿意担任监护人的个人或者组织也可以担任监护人。在委托监护的情况下，被委托人也可能不是被监护人的家庭成员。还有的情况下被监护人是由福利机构进行监护。这些情况都属于被监护人不是家庭成员的情形，在这种情形下，监护人对被监护人实施的暴力适用《反家庭暴力法》的规定。

（2）扶养关系。扶养是指依法发生的经济供养和生活扶助的权利义务关系，它可以发生在家庭成员之间，如《民法典》第一千零五十九条规定，夫妻有相互扶养的义务；扶养关系也可以发生在家庭成员关系之外，根据《民法典》继承编，公民可以与抚养人签订遗赠扶养协议。抚养人按照协议承担扶养义务，并享有遗赠权利。根据《老年人权益保障法》的规定，老年人可以与集体经济组织、基层群众性自治组织、养老机构等组织或者个人按照遗赠扶养协议，承担该老年人生养死葬的义务，享有受遗赠的权利。家庭成员之外具有扶养关系的人之间发生的暴力，受《反家庭暴力法》的调整。

（3）寄养关系。寄养是安置孤儿、弃婴、流浪乞讨未成年人等人员的重要途径。根据《家庭寄养管理办法》的规定，家庭寄养是指经过规定程序，将民政部门监护的儿童委托在符合条件的家庭中养育的照料模式。未满十八周岁、监护权在县级以上地方人民政府民政部门的孤儿、查不到生父母的弃婴和儿童，可以被寄养。被寄养人虽然在法律上不属于寄养家庭的家庭成员，但寄养家庭依法承担未成年人的抚养义务，寄养家庭是未成年人生活成长的重要场所，为了充分保护其合法权益，其寄养家庭遭受的暴力受《反家庭暴力法》调整。

（4）同居关系。这里的同居关系包括两种：一是合法同居。例如，年轻男女出于结婚目的的婚前同居，可以视为合法同居；老年人丧偶后，遇到合适的对象，共同生活而不办理结婚手续，生活中相互有个照应，可视为合法同居；还包括不办理婚姻登记手续而形成事实婚姻的情况，在农村和少数民族聚居地区比较常见，如年轻男女尚未达到结婚年龄，根据父母意愿和当地习俗举办婚礼并生活在一起，事实上已经成为家庭关系，只是由于没有办理相关手续而不具有法律所承认的法律关系。以上这些同居关系者之间的暴力，纳入家庭暴力范围进行调整。二是非法同居。《民法典》第一千零四十二条规定，禁止有配偶者与他人同居。《反家庭暴力法》是为了预防和制止家庭暴力，这种情况下对暴力受害者的合法权利仍要进行保护。但即使监狱的囚徒，除了被剥夺的权利，其他权利都是应该得到尊重和保护的，非法同居者的生命健康权等是仍然应该受到尊重和保护的。实践中还有一些与同居相似的情形，不在《反家庭暴力法》的调整之内。比如，同寝室的学生，同车间的工人，出租屋里面的合租人以及住家的保姆，这些人可能有同居的表面形式，并无同居之实。

第二节　家庭暴力的侵害形式

家庭暴力的侵害形式是判定家庭暴力的重要维度，根据《反家庭暴力法》的规定，家庭暴力不仅包括身体侵害行为，还包括精神侵害行为。如果按照国际社会和学术界当前的共识，家庭暴力的侵害形式还包括性侵害和经济控制。

一、《反家庭暴力法》规定的两种侵害形式：身体侵害与精神侵害

身体侵害与精神侵害是《反家庭暴力法》明确提出的两种家庭暴力侵害行为方式，分别对应身体暴力和精神暴力两种家庭暴力形式。身体侵害行为指的是家庭暴力施暴者对受害者身体上的侵害，相对的家庭暴力形式是身体暴力，包括徒手和使用其他凶器进行的伤害。身体暴力的发生非常普遍，其侵害行为和伤害结果大多看得见，相对容易判定。值得注意的是，身体侵害行为发生的同时往往伴随着精神侵害。家庭暴力干预人员在评估家庭暴力受害者的伤情时，既需要看到身体上的伤害结果，还要看到伴随的精神侵害结果。

精神侵害行为，是指家庭暴力施暴者对受害者心理上、精神上造成的伤害，相对应的家庭暴力形式是精神暴力。但这里的精神暴力是指那些纯粹的精神侵害行为，而不是伴随身体侵害行为的精神侵害结果。一直以来，精神暴力都被认为是家庭暴力的一种重要形式，在2001年12月24日颁布的《最高人民法院关于婚姻法若干问题解释一》当中对家庭暴力的界定，就非常明确地将精神侵害行为作为了家庭暴力认定的形式之一。《反家庭暴力法》第二条对家庭暴力的界定中，不仅同样认定精神侵害行为是家庭暴力行为，而且增加了"经常性谩骂、恐吓"的表述，作为精神侵害行为的列举。

将精神侵害行为纳入家庭暴力当中，是有充分理由的。相对于身体侵害行为，精神侵害行为有时甚至更为严重。身体上的病好治，精神上的病难医。精神侵害行为造成的精神侵害结果，相对于身体侵害行为造成的身体侵害结果，具有隐性特征，容易被忽视。精神侵害在家庭暴力当中非常普遍，伤害程度也非常深。精神侵害行为造成的精神侵害结果，不仅发生在侵害的那一刻，还可能持续很长时间甚至一生。伤害的结果不会像身体

暴力那样随着时间的推移而慢慢减轻，而可能是相反，在心理上出现"反刍"而加重。因此在家庭暴力干预时，对家庭暴力造成的精神侵害不能小觑。

精神侵害行为的辨认，相对身体侵害行为来说更有难度。比较常见的精神侵害行为，是经常性谩骂、恐吓、威胁等。还有一些精神侵害行为，可能不易辨认，如家庭暴力施暴者不直接伤害受害者，但是通过砸坏家具、家电的方式，达到让受害者恐惧而服从的目的；又如，当着受害者的面对家中的宠物进行残忍伤害，更加极端的是，施暴者通过伤害自己，达到让受害者屈服的目的。这些做法五花八门，但其实质都一样，即在不对受害者造成直接身体伤害的情况下，通过其他暴力行为使得受害者服从，从而达到控制受害者的目的，这正是家庭暴力的实质——控制。

拓展阅读

- -

有一种家庭暴力叫作伤害自己

丈夫和妻子是高中同学，同时考入某一所大学后相恋，毕业后又双双进入某公司工作。两年后，步入婚姻殿堂，婚后有一女。随着妻子职位的提升和薪水的增加，丈夫的心理逐渐失衡。每天要求妻子回家后"汇报"当天跟哪些人接触过、说过什么话，但不管妻子如何汇报，他都不相信妻子。有一回妻子和公司男领导出差，丈夫再也无法遏制心中的怒火，出手打了妻子。

有人说，家庭暴力只有0次和无数次。在后来的一年时间里，丈夫的暴力愈加严重。妻子已经全身是伤，她有多次离婚的冲动，但想到孩子，还有曾经浪漫的爱情经历，她放弃了。她期待丈夫在某一天停止暴力，回到以前的幸福生活。但她没有等到那样的结果，等来的还是丈夫更加的变态和疯狂。

妻子终于报警了。当警察来到家里，丈夫像其他很多家庭暴力施暴者一样，说："我打自己的老婆，关你们警察什么事？"

民警告诉他，"你这是家庭暴力，是违法犯罪！"

"家庭暴力？好吧。"他转身冲向厨房，拿了一把菜刀。

民警以为他要袭警，警告他不要乱来，并做好控制现场和保护其妻子的准备。

但该男子并没有袭击警察，也没有伤害妻子。只见他呼吸急促、怒目圆睁，将左手的小手指慢慢伸出来，放到餐桌边沿，然后用菜刀迅速一刀剁下……

见此情境，妻子吓得浑身哆嗦，不敢言语。办案的两名民警也十分震惊。他们非常清楚如何应对袭击警察和伤害他人的情形，但面对家庭暴力施暴者在现场伤害自己，一时不知所措。

分析：这是一种家庭暴力精神侵害行为，丈夫通过伤害自己，达到控制妻子的目的。

另外值得一提的是，冷暴力与精神暴力的关系。首先，冷暴力不是一个法律概念，是一种民间说法。其次，冷暴力的边界并不清楚。不同的人对冷暴力的看法不一样，有的人认为，冷暴力就是施暴者对受害者心理上而非身体上的伤害；也有人认为，冷暴力是亲密关系的人之间，将交流互动降到最低的程度，以让对方感到不舒服。前一种说法中的冷暴力，属于家庭暴力中的精神暴力，而后一种说法中的冷暴力，并不属于家庭暴力的范畴。如果只是将交流降到很低，不具备家庭暴力"权力控制"的实质，也达不到"暴力"的程度。所以不能简单说，冷暴力是家庭暴力或者不是家庭暴力。

二、国际社会与学术界均已认定的另外两种侵害形式：性暴力与经济控制

除了《反家庭暴力法》规定涉及的身体侵害行为和精神侵害行为，在实践中常见的家庭暴力行为，还有性侵害和经济控制两种行为，分别对应性暴力和经济控制这两种暴力形式。

性暴力指的是家庭暴力施暴者对受害者性方面的侵害行为，包括强行发生性行为、攻击伤害性别部位、隐私部位，以及逼迫做出与性相关的侮辱性行为等表现。性暴力是从身体暴力中分化出来的，对性别和隐私部位的伤害与对其他身体部位的伤害是不同的，研究发现，性暴力是一个高危信号，性暴力的出现可能意味着家庭暴力已经达到非常严重甚至致命的程度。

【案例5-1】

深夜，丈夫酒足饭饱回家后，看到已经睡熟的妻子，毫无缘由地将其

拖下床来，一顿拳打脚踢。妻子从睡梦中惊醒，早已惊慌失措，虽然结婚不到一年，但她已经被丈夫的暴力折磨得伤痕累累。丈夫似乎有些累了，歇了会儿。但没过多久，他做出了更加惊人的举动。他扒光了妻子的衣服，强迫妻子贴着落地窗的玻璃，站着向外"展示"。凌晨过后的马路上依然有路人和过往的车辆。为了让路人都能看到，变态的丈夫还弄了一个大灯照亮了房间……这种状态维持了整整两个小时。妻子始终没有拿起法律的武器保护自己，几个月后，被丈夫打得内脏器官功能衰竭而亡。

性暴力是一个高度危险的信号。从施暴者角度看，当他/她开始采用性暴力时，可能意味着他/她已经没有再把受害者当作一个完全意义上的人来看待，而可能是一种泄欲的工具，这也意味着施暴者完全不在乎对受害者造成何种程度的伤害。从受害者角度看，诸多反杀的案例都说明，性暴力是让他们反过来杀人的重要原因之一。所以无论从哪个角度看，性暴力都可能成为案件发展为致命危险的重要原因。

经济控制又叫经济封锁，是指家庭暴力施暴者对受害者经济方面的一种控制行为，包括收入和支出两方面，在收入方面，要求受害者将收入一分不少地交给自己；在支出方面，让受害者经济生活需要得不到满足。经济控制是家庭暴力的控制特征在经济方面的一种体现，但在家庭暴力干预时，不要扩大这个范围，如家庭里面总有一位主管财务，不能说主管财务的人即为经济控制者。

虽然性暴力和经济控制并没有在《反家庭暴力法》中明确进行规定，但《反家庭暴力法》在对家庭暴力进行界定时，在"身体侵害和精神侵害"之后有一个"等"字。这也为《反家庭暴力法》未来与国际接轨，进一步修改完善留下了空间。笔者认为，在实际干预中，性暴力一般会同时伴有身体或精神上的伤害，因此虽然不能进行纯粹的性暴力的认定，但依然可以依据法律规定，从身体侵害或精神侵害进行认定。经济控制亦是如此，经济控制经常伴随身体侵害和精神侵害出现，实际干预时可以通过身体侵害和精神侵害来认定家庭暴力。

第三节　家庭暴力的侵害结果

在我国的法律当中，侵害结果作为侵害行为的客观方面，经常会作为对某种行为的考量，但《反家庭暴力法》并没有将侵害结果作为家庭暴力认定的构成要件。

一、"侵害结果是否作为家庭暴力判定构成要件"之立法演变

国际社会对家庭暴力的界定，主要是从暴力形式和主体范围两个方面进行规定，而很少有将侵害结果进行明确规定的。比如，第四次世界妇女大会通过的北京《行动纲领》（1995），对"对妇女的家庭暴力"（前已述及，联合国关于家庭暴的规定主要是基于针对妇女的暴力）作出界定："家庭中发生的身心和性方面的暴力行为，包括殴打、对家中女孩的性虐待、与嫁妆有关的暴力、配偶强奸、切割女性生殖器官和对妇女有害的其他传统习俗、非配偶的暴力行为以及与剥削有关的暴力行为"。可以看出，这一关于家庭暴力的界定也基本是从行为的主体范围和暴力形式上进行规定，而没有对侵害结果的程度作出明确规定。

又如，《联合国消除对妇女的暴力行为宣言》（1993）第一条指出，"对妇女的暴力行为"系指对妇女造成或可能造成身心方面或性方面的伤害或痛苦的任何基于性别的暴力行为，包括威胁进行这类行为、强迫或任意剥夺自由，而不论其发生在公共生活还是私人生活中。此处对暴力行为之侵害结果的表述，包括"造成"和"可能造成"两个方面，换言之，侵害程度并不是家庭暴力的构成要件。

我国关于家庭暴力的最早的法律概念，是 2001 年 12 月 24 日最高人民法院《关于适用〈中华人民共和国婚姻法〉若干问题的解释（一）》（以下简称《关于婚姻法若干问题解释一》）中对家庭暴力的界定，此界定即"家庭暴力是行为人以殴打、捆绑、残害、强行限制人身自由等手段对其家庭成员的身体、精神等造成一定伤害后果的行为。"而《反家庭暴力法》正是在此概念之上进行的修改完善，《反家庭暴力法》第二条规定："本法所称家庭暴力，是指家庭成员之间以殴打、捆绑、残害、限制人身自由以及经常性谩骂、恐吓等方式实施的身体、精神等侵害行为。"

与最高人民法院《关于婚姻法若干问题解释一》中对家庭暴力的法律概念相比，《反家庭暴力法》中关于家庭暴力的法律概念除了增加"经常性谩骂、恐吓"等关于精神侵害行为的列举之外，减少了前者原有的"造成一定伤害后果的"表述。这说明《反家庭暴力法》在认定家庭暴力时，主要是从主体范围和侵害行为方面进行认定，而没有将侵害结果作为家庭暴力认定的构成要件。

二、"侵害结果不作为家庭暴力判定构成要件"之缘由

侵害结果不作为家庭暴力认定的构成要件，换言之，即家庭暴力包括各种不同的侵害结果情形。从伤害程度上看，这些情形大致有三种：一是"轻伤"及以上的伤害结果。根据法律规定，轻伤以上伤害结果，达到一般刑事犯罪的伤害认定标准；二是"轻伤"以下"轻微伤"及以上伤害结果，这种情形一般涉及民事违法，违反《治安管理处罚法》，应该受到治安管理处罚；三是"轻微伤"以下的伤害结果，这种伤害结果虽然伤害结果较轻，但也被纳入家庭暴力的范畴。

这里主要需要分析的是第三种情形，即轻微伤以下的结果为何要纳入家庭暴力的范围？

从暴力的性质上看，"轻微伤"以下情形的暴力与伤情更严重的暴力并无区别。家庭暴力具有反复的特点，大多数严重的家庭暴力都是由情节轻微、伤害较小的暴力发展而来的，伤情轻微很可能只是暂时的，如果没有得到及时制止，很有可能发展成为伤情严重的家庭暴力。同时情节轻微的暴力同样具有危害性，只是伤情暂时相对轻微，其实质、规律、特点与其他家庭暴力并无不同。从这个角度来说，缺少伤情轻微情形的家庭暴力界定范围是不完整的。

从家庭暴力的防治看，家庭暴力是一种相对特殊的暴力，需要以特殊的方式（专业的方式）进行处置，这可能也是全球将家庭暴力从一般暴力当中分出来，单独立法的重要原因。如果将轻微伤以下的暴力情形剔除在外，势必会采用其他方式和手段进行处置，必然影响处置效果。另外，家庭暴力的防治重在预防，从实践情况看，在情节轻微阶段进行干预，阻断暴力循环，干预难度较小、成本更低、效果更好，可以更好地避免严重的伤亡情形出现。

第六章　家庭暴力干预中的危险管理

保障人身安全是家庭暴力干预中的重中之重，应放在首位。家庭暴力的危险不仅针对家庭暴力的直接受害人，同时也可能涉及干预人员和其他人。危险管理是对危险因素的识别与防范，在干预家庭暴力时，需进行两类危险管理：一是家庭暴力干预者自身的危险管理，二是家庭暴力受害者的危险管理。

第一节　干预人员自身的危险管理

一、树立危险管理意识

安全意识在家庭暴力干预实践中很容易被忽视，家庭暴力干预人员容易将注意力全部放在家庭暴力直接受害者身上，自己身处危险而不自知。笔者认为，危险管理意识是识别和防范危险的基础，对于干预人员来说主要涉及两个方面：

一方面是意识到家庭暴力对干预者自身的危险性。家庭暴力是一种情绪型攻击行为，情绪型攻击行为的特点是攻击对象的泛化。当家庭暴力施暴者处于情绪失控状态，其攻击可能波及干预人员和其他人。对家庭暴力干预人员的危险不仅随时可能发生，也可能非常严重，不论是一般的干预者还是公权力干预者（如警察），都可能被施暴者攻击。有研究显示，在干预家庭暴力过程中的警察伤亡情况与处理其他案件过程中的警察伤亡情况完全一样。

另一方面是意识到危险管理的重要性。家庭暴力危险管理是家庭暴力干预人员通过对家庭暴力危险的认识、危害后果的衡量、危险处置方法的选择和执行，以最小的代价达到最佳安全效果的管理手段。在实践中出现的家庭暴力干预人员受害的情况，绝大多数与没有进行危险管理有关；同时也有大量的实践证明，危险管理在家庭暴力干预人员排除危险时是有效的。树立危险管理意识，认识到危险管理是有效减少家庭暴力干预人员自身危险的有效手段，也是进一步管理好危险的基础。

二、识别危险因素

家庭暴力危险因素的识别是危险管理的重要环节，也是排除危险因素的前提。家庭暴力干预人员应该保持对危险因素的敏感性，并不断提升识别危险因素的能力和水平。笔者认为，大致有以下两种途径来识别危险因素。

（一）使用危险评估量表进行识别

在欧美一些国家，已经开发了供家庭暴力干预人员使用的识别危险的工具，即家庭暴力危险评估量表（见表6-1）。

表6-1 美国的家庭暴力致命性危险评估量表[①]

（第一线接警人员填写）

评估前提：存在亲密关系，而且确定已经发生侵害行为，你感觉潜在的危险程度高、当事人姓名和地点重复出现，或是你认为有必要进行评估		
热线电话：		
办案民警：	派出所/城市：	日期：
受害人：	加害人：	案件编号：
□已告知受害人以下任何回答都可能在刑事或民事法庭程序中使用		
□如果受害人没有回答任何问题，请在此打√		
▶以下三题有一题回答为肯定即自动触发案件转介程序		
1. 他/她是否曾经使用过凶器或威胁用凶器对您施暴？		
2. 他/她是否曾经威胁过要杀您或您的孩子？		
3. 您是否认为他/她有可能会杀您？		
▶以上三题均为否定，但以下 4~11 题中有 4 题以上回答为肯定，亦触发案件转介程序		
4. 他/她是否有枪或很容易获得枪？		
5. 他/她是否曾经有令您窒息之行为？		

---

① 参见家庭暴力高危案件干预培训暨研讨会会议资料，耶鲁大学法学院蔡中曾中国中心、北京源众性别发展中心，2017 年 6 月。

6. 他/她是否经常嫉妒您或控制您大部分日常活动？
7. 您是否在和他/她结婚（或同居）以后分居或离开过他/她？
8. 他/她是否失业？
9. 他/她是否曾经试图自杀？
10. 您是否有一个不是他/她的孩子，他/她是否知情？
11. 他/她是否曾经跟踪、监视您或发给您威胁性短信？
▶即使以上评估没有触发案件转介，民警根据受害人对以下问题的回答或者民警本人认为受害人面临潜在致命性危险，也可以触发案件转介程序。
还有什么其他让您感到不安全的情况吗？（如果有）是什么样的情况？
请选择其中一个： □根据危险评估条款对受害人进行高危筛查 □根据民警个人判断对受害人进行高危筛查 □没有对受害人进行高危筛查
如果对受害人进行了高危筛查，并确认高危后，受害人有没有和帮助热线联系？ □是　　□否　　　　　热线社工姓名：

警察签名：＿＿＿＿＿＿主管警官签名：＿＿＿＿＿＿

　　此家庭暴力危险评估量表已经证实有较好的信效度，在很多地方被使用。家庭暴力是一个全球性的问题，具有一定的共性，因此对我国家庭暴力的危险管理也有很好的借鉴作用，我国有些地区曾经使用国外的家庭暴力危险评估量表进行危险管理，结果显示有一定效果。但也发现，我国的家庭暴力也具有一些特点，与其他国家的情况并不完全一样。因此近年来，我国学者在借鉴国外相关研究的基础上，开发了针对本土的家庭暴力危险评估量表。

（1）我国曾经试用的亲密关系暴力危险评估量表（DA-R）①（见表6-2）。

表6-2

序号	问题内容	是	否
1	他曾威胁要杀您。		
2	您相信他能杀您。		
3	他控制您大部分的生活。		
4	他曾说，我若不能拥有你，其他人也不能。		
5	他曾威胁要自杀或尝试要自杀。		
6	他有没有对您说过"要离婚或分手就一起死"或"要死一起死"？		
7	他曾威胁您，要伤害您娘家的人，以阻止您离开他。		
8	您是否认为在未来的两个月内他一定会对您进行身体上的伤害？		
9	在您与他的关系变得不好后，他是否曾经监视您（如查您手机、电脑或跟踪）？		
	以上答题共计		分

特别提示题（不计入总分）			
（1）	曾有使您不能呼吸的行为（如勒脖子、压头入水、用枕头闷或开瓦斯等）		
（2）	曾有除了使您不能呼吸以外的其他明显的致命行为（如推下楼、灌毒药、泼硫酸、泼汽油或利器刺入致命部位）		

量表填答结果：

低危险				中危险		高危险			
0	1	2	3	4	5	6	7	8	9

分数列表	备注：（1）3分及以下："低危险"；4~5分："中危险"；6分及以上："高危险" （2）选了特别提示题的任一题，均为高致命危险
	受害人对目前处境的自我评估打分_____ （0~9分）0分为无安全顾虑，9分有极高安全顾虑
	机构接待人员的评估：

① 参见麻超、李洪涛、苏英、毋嫘、洪炜：《危险评估量表修订版的信效度检验》，载《中国心理卫生杂志》2012年第7期。

（2）我国现有的亲密关系危险评估量表（CIDA）① （见表6-3）。

表6-3

共15题。请根据近一年来的实际情况，在每题右边的"是"或"否"栏内打钩。	是	否
1. 对方经常有跟踪、监听、查手机、定位等监控你日常生活的行为		
2. 对方经常会在经济、行动自由等方面对你进行控制		
3. 对方威胁或使用过暴力手段逼迫你或阻止你离开		
4. 对方曾对你使用过刀、枪、棍棒、打火机等危险性的工具		
5. 对方曾故意伤害你的下体、胸部或肛门等性器官或对你性虐待		
6. 对方对除你外的其他家庭成员、朋友、同事、邻居等人也会有身体暴力		
7. 过去一年来，对方对你的身体暴力的频率或程度越来越严重		
8. 对方目前平均一周喝醉四天以上		
9. 对方目前遇到经济/感情/亲属/健康/法律/工作等某方面的重大压力事件		
10. 对方常常会蔑视或侮辱你		
11. 对方曾威胁要自杀或尝试要自杀		
12. 对方说过"要分开就一起死"或"要死一起死"之类的话		
13. 对方曾威胁要杀你或你的家人		
14. 你相信对方可能会杀你		
15. 你想到过或尝试过自杀		
以上选择"有"的题，每题计1分；选择"否"的题，不计分。共计：　　　分		
特别提示题	是	否
（1）对方曾做过掐脖子、迫使你呛水、用枕头闷等使你无法呼吸的行为		
（2）对方曾对你做过推下楼、灌毒药、浇开水、泼汽油、用车撞、开燃气等其他明显的致命行为		
受害人目前处境的自我主观评分		
请受暴人根据未来一个月内家庭暴力危险发生的可能性做出主观评估，在下面相应的□里打"√"　　　　　　　不太危险□　　　有些危险□　　　很危险□　　　非常危险□		

① 此量表由孟莉、李洪涛、付咋霖等人开发。

计分方式： 量表包括 15 道测试题、2 道特别提示题、1 道受害人主观评分题三部分。 ①15 道测试题中，每题回答"是"的计 1 分，累加后计总分。3 分以下 　为"低危险"；4~8 分为"中危险"；9 分及以上为"高危险"。 ②2 道特别提示题中，任何一题选择"是"，即为"高危险"。 ③主观测试题中，可根据受害人的主观评估，分别将"不太危险"和 　"有些危险"判断为"低危险"；将"很危险"判断为"中危险"；将 　"非常危险"判断为"高危险"。 三部分判断越一致，说明危险程度越高；三个部分判断不一致，工作人 员应注意收集更多信息，尝试寻求解释。		

（3）我国现有的亲密关系暴力危险性评估量表（CIDA-S）简版[1]
（见表6-4）。

表 6-4

第一部分：测试题目	是	否
1. 对方曾做过掐脖子、迫使你呛水、用枕头闷等使你无法呼吸的行为		
2. 对方曾对你做过推下楼、灌毒药、浇开水、泼汽油、用车撞、开燃气 等其他明显的致命行为		
3. 对方说过"要分开就一起死"或"要死一起死"之类的话		
4. 对方曾威胁要杀你		
5. 你相信对方可能会杀你		
第二部分：受暴人目前处境的自我主观评分 请受暴人根据未来一个月内家庭暴力危险发生的可能性做出主观评估，在下面相应 的□里打"√"。 不太危险□　　有些危险□　　很危险□　　非常危险□		
根据近一年的实际情况，对第一部分测试题打分，任何一题为肯定，都要考虑高度 危险性。第二部分不计分，仅用于主管评估，帮助了解受害人主观感受。		

---

① 此量表由孟莉、李洪涛、付昨霖等人开发。

（4）台湾地区的亲密关系暴力危险评估量表①（见表6-5）。

表6-5　台湾地区的亲密关系暴力危险评估量表

您觉得自己受暴时间已经持续多久？＿＿＿＿年＿＿＿＿月		
1. 他曾对您有无法呼吸之行为如：□勒/掐脖子；□闷脸部；□按头入水；□开瓦斯；□其他	□是	□否
2. 他对孩子有身体暴力行为（非指一般管教行为）？（假如您没有子女，请在此打钩□）	□是	□否
3. 您怀孕的时候他曾经动手打过您？（假如您未曾怀孕，请在此打钩□）	□是	□否
4. 他会拿刀或枪、或其他武器、危险物品（如酒瓶、铁器、棍棒、硫酸、汽油等）威胁恐吓您？	□是	□否
5. 他曾扬言或威胁要杀掉您？	□是	□否
6. 他有无说过像"要分手、要离婚或要申请人身安全保护令……就一起死"或"要死一起死"等话？	□是	□否
7. 他曾对您有跟踪、监视或恶性打扰等行为（包括唆使他人）（假如您无法确定，请在此打钩□）	□是	□否
8. 他曾故意伤害您的性器官（如踢、打、捶或用异物伤害下体、胸部或肛门）或对您性虐待？	□是	□否
9. 他目前每天或几乎每天喝酒喝到醉（"几乎每天"指四天及以上）？若是，继续填写下面两个小问题：（1）□有□没有喝酒就睡不着或手发抖？（2）□有□没有醒来就喝酒？	□是	□否
10. 他曾经对他认识的人（指家人以外的人，如朋友、邻居、同事等）施以身体暴力？	□是	□否
11. 他目前有经济压力的困境（如破产、公司倒闭、欠卡债、庞大债务、失业等）？	□是	□否
12. 他是否曾经因为您向外求援（如向警察报案、向社工求助、到医院验伤或申请人身安全保护令等）而有激烈反应（如言语恐吓或暴力行为）？	□是	□否
13. 他最近怀疑或认为你们之间有第三者介入感情方面的问题？	□是	□否

---

① 参见台湾"内政部"：《亲密关系暴力危险评估》，台湾"内政部"家暴会发行。

14. 您相信他有可能杀掉您？			□是	□否

被害人目前对危险处境的看法（0 代表安全，10 代表非常危险），请被害人在 0~10 中选择：

□0；□1；□2；□3；□4；□5；□6；□7；□8；□9；□10

0~1~2~3	4~5	6~7	8~9~10
不怎么危险	有些危险	比较危险	非常危险

警察/社工/医疗人员对于本案之重要记录或相关评估意见注记如下：

（二）根据案件有关情况进行识别

笔者认为，家庭暴力干预人员一般都会获得一些关于案件的情况，即使没有家庭暴力危险评估量表，也可以根据案件的有关情况进行危险因素的识别。

1. 根据求助者告知的现场情况进行评估。一般情况下，家庭暴力干预人员可以从求助者那里获得一些家庭暴力发生的现场情况，如伤情如何、暴力是否在继续、施暴者是否还在现场等，根据这些现场情况，干预人员可以进行简单评估。

2. 根据凶器的使用情况进行评估。凶器使用情况是危险管理的重要方面，是否使用了致命性凶器如枪、刀、斧子、硫酸，是否预先准备好凶器如购买斧头、硫酸藏在门后，其危险程度是明显不同的，干预人员可以从这方面进行评估。

3. 根据物品的摆放和现场打斗的痕迹进行评估。现场打斗的痕迹是反映家庭暴力危险程度的线索，尤其是在家庭暴力施暴者胁迫受害者而隐瞒案件的情况。另外，现场是否存在凶器和可成为凶器的工具、物品，如沙发上的剪刀、桌上的水果刀、开水瓶，都会增加危险性。

4. 根据事情的起因、历史和习惯进行评估。一般来说，家庭暴力的危险会随着时间和次数的增加而增加，多次施暴多次报警的情况相对来说会更加危险；起因是赌博、妒忌、酗酒或吸毒等情况往往也比某个特殊问题要严重。此外，酗酒、吸毒的家庭暴力施暴者由于自控力降低，引发致命性危险的可能性更大。

5. 根据当事人的语言、情绪和行为进行评估。家庭暴力施暴者的语言行为情绪是重要的危险评估信息，一般情况下施暴者暴力行为出现之前，会有一个情绪变化的过程，家庭暴力干预人员需要始终关注施暴者情绪的变化，及时识别危险。此外，家庭暴力受害者的情绪也需要关注，家庭暴力中存在施暴者与受害者角色发生逆转的情况。

三、排除和应对危险因素

在识别危险因素之后，家庭暴力干预人员应该采取相应的措施应对和处理这些危险。这里一般涉及以下几个方面：

一是谨慎进入现场。家庭暴力干预实践发现，进入现场是家庭暴力干预的一个危险点。不管家庭暴力是否正在继续，不管家庭暴力施暴者是否在现场，不管家庭暴力伤情如何，家庭暴力干预人员应该在进入现场时提高警惕、全力以赴，一般情况下尽可能避免突然出现（如破门而入）而刺激施暴者。在进入现场后，建议一般情况下，首先仍然要将注意力放在施暴者身上，当一切危险因素得以控制之后，再关注伤情和其他。

二是排除现场凶器。进入现场以后，不论暴力是否在继续，都要对现场的凶器和可能成为凶器的物品进行转移，比如沙发上的剪刀、桌上的水果刀、开水瓶、地上的锄头等。在对当事人进行询问时，也应该避免在有凶器或有可以成为凶器的工具的地方，如厨房。

三是平息施暴者情绪。家庭暴力的危险主要是来自家庭暴力施暴者，家庭暴力施暴者情绪激动意味着家庭暴力的危险在增加，家庭暴力干预者要始终保持对家庭暴力施暴者情绪的关注，尽可能第一时间平息其情绪，避免危险情况出现。另外，在与施暴者互动的过程中，干预人员自身的情绪也需要管理，同时需要避免自己被施暴者激怒的情形。

这里有一个原则需要把握——既不激怒他/她，也不被他/她激怒。对于家庭暴力干预人员来说，保持自身冷静是干预家庭暴力的必备素质。激怒施暴者意味着家庭暴力危险的增加，也不能解决问题。家庭暴力干预人员在表明自己对家庭暴力立场态度时，要注意方式，尽可能避免刺激施暴者。这里有一类情况除外，即公权力（如民警）震慑施暴者，震慑是不论是否激怒施暴者的，但此时也需要关注其情绪变化，控制好现场。

第二节　家庭暴力受害者的危险管理

　　家庭暴力受害者是干预人员的主要帮助对象，受害者的安全问题是首要考虑的。笔者认为，对于家庭暴力受害者的危险管理，主要是引导其做好树立危险管理意识，并学会识别、排除和应对危险因素。

一、引导家庭暴力受害者树立危险管理意识

　　引导家庭暴力受害者树立危险管理意识，主要涉及两个方面：

　　一是引导家庭暴力受害者意识到家庭暴力的危险性。家庭暴力并非夫妻间的小打小闹，也非对子女的简单管教，而是可能造成人员伤害甚至死亡的违法犯罪行为。有研究表明，在中国至少每天有一人死于家庭暴力。同时由于家庭暴力有反复发生等特点，其危险性在反复过程中不断升级，越到后期危险性越高。从实际情况看，家庭暴力受害者并不一定意识到自身的危险，即使这种危险已经达到了致命的程度。因此家庭暴力干预人员首先要引导受害者看到家庭暴力对自己的危险性。

　　二是引导家庭暴力受害者意识到危险管理的重要性。在引导家庭暴力受害者意识到家庭暴力的危险性之后，家庭暴力干预人员需要进一步引导其了解危险管理是什么、有什么用，让家庭暴力受害者真正认识到危险管理是应对危险的有效手段，危险管理可以降低危险，并且告知家庭暴力干预人员可以帮其共同进行危险管理。

二、引导家庭暴力受害者识别危险因素

　　（一）用危险评估量表进行识别

　　除了表6-1~表6-5之外，表6-6所示的亲密关系暴力危险"12Q自我检测题"，家庭暴力受害者也可以自己进行测试，通过最后的分数来评估其危险程度，同时也可以对照量表的条款，认识到自己已经面临的具体危险因素。

表6-6　"亲密关系红绿灯"——家庭暴力危机指数自我检测

序号	问题内容	是	否
1	所有事情由伴侣一方决定，很少有讨论的余地		

续表

序号	问题内容	是	否
2	我必须向伴侣交代所有花费、认识的朋友或行踪		
3	我的伴侣认为我应该以他的需求为优先，处处配合他、迎合他		
4	我的伴侣很难沟通，让我情绪不稳定或觉得厌烦		
5	我觉得已经无法忍受伴侣的某些行为或表现		
6	伴侣曾说我丑、低能、无用或没人要		
7	我们曾为了穿着、工作、交友、金钱、孩子、家事、彼此的父母等事情吵架		
8	伴侣喝酒或吸毒是我们冲突的原因		
9	当我们发生冲突时，有一方会威胁要破坏东西、伤害自己、伤害对方或对方的家人		
10	我们有一方会出手、推或打伤对方		
11	我们有一方会在对方极度不愿意情况下仍勉强进行性行为		
12	我的伴侣会以金钱、孩子或其他方式来控制我		
	提示： 计分：每道题如果回答"是"则计 1 分，"否"则计 0 分； 绿灯：0~1 分，容忍忽视会使暴力伤害增加，要严肃面对； 黄灯：2~5 分，不要轻忽暴力后果，及早处理避免恶化； 红灯：6~12 分，有明显的暴力控制，受害人及早求助/施暴人停止暴力行为，寻求相关机构的帮助		

（二）根据自身所处情况进行危险因素的识别

除了使用量表工具之外，家庭暴力干预人员还可以引导家庭暴力受害者通过自身所处的某些情形来识别危险，如有没有出现性暴力，性暴力是一个高危信号；有没有出现跟踪，有研究发现，跟踪和谋杀有高相关性；有没有出现致命性行为或扬言杀人、准备致命性凶器，这些都是高危信号；施暴者是否有酗酒、吸毒行为，酗酒、吸毒危险性更高；施暴者是否具有反社会型人格特点或边缘型人格特点，相对来说，边缘型施暴者非常危险，反社会型施暴者胆大妄为不担心事情闹大，而只打家人型施暴者相对危险性要小；家庭暴力是否循环升级，实施暴力时间间隔越短、频率越高危险性越大。

三、引导家庭暴力受害者排除和应对危险因素

(一) 引导家庭暴力受害者不制造危险

按照常理来说，家庭暴力受害者是不应该制造危险的，但在实践中发现，有相当比例的危险来自受害者自身的语言和行为对施暴者的激惹。比如，明明知道施暴者被激怒后会引发暴力行为，但仍然会选择刺激施暴者。也就是说，家庭暴力受害者在与施暴者的互动过程中，并非完全理性。长时间的负面情绪积压在心中，使得家庭暴力受害者即使面对危险，也会选择释放和宣泄情绪。这就需要家庭暴力干预者引导受害者更加理性地认识家庭暴力的规律和特点，重新审视自己与施暴者的关系，理性选择更为恰当的方式来与施暴者交往互动，尽可能管理好自身情绪。家庭暴力干预人员可以协助受害者全面梳理施暴者容易被激怒的方方面面，引导家庭暴力受害者分析和选择何种理性方式来应对，以避免激怒施暴者。

(二) 引导和协助家庭暴力受害者制订安全计划

制订安全计划是全球在保护家庭暴力受害者方面的经验，其有效性已被证实。安全计划是为了应对未来可能出现的种种家庭暴力危险而准备的方案。一般来说，根据家庭暴力受害者是否离开施暴者，可以分为三种类型，即"不离开的安全计划""决定离开的安全计划""离开后的安全计划"。安全计划的内容主要涉及"如何离开""如何做到隐秘""如何保障人身安全"等方面，下面是笔者对这些内容的具体化：

1. 关于"如何离开"。

一是怎么离开？步行、开车还是打电话给亲友？是否需要人陪伴？

二是去哪里？亲戚、邻居、朋友家还是庇护所？

三是哪些准备？（1）生活物品，包括过夜的包、孩子的衣物等；（2）重要资料，包括证件、存折、银行卡、证据等；（3）其他，包括手机、车钥匙、现金等。

2. 关于"如何做到隐秘"。

一是手机。（1）确保手机短时间内自动锁定，并使用密码。（2）关掉手机上的"位置"功能，需要时才使用。（3）关闭手机蓝牙功能，将手机设置为隐藏。（4）检查是否有全球定位系统跟踪。（5）小心来电显示欺骗，请确认来电或短信是谁。

二是电脑。（1）确认电脑的摄像头关闭，可以考虑用胶带封住。（2）使用安全的电脑访问电子邮件和互联网。（3）互联网电话（如微信、QQ）

是一种选择。（4）及时清除浏览器历史记录。

三是社交媒体。（1）注意你的状态更新，防止朋友圈泄露行踪等。（2）考虑使用不同的城市作为你的位置。（3）避免使用个人和孩子的照片作为社交媒体的头像。（4）定期检查隐私设置。（5）建立一个安全的电子邮件，方便与警察、律师等联系。（6）不要让朋友在社交媒体上泄露你的信息和行踪。

四是密码。使用保密性强的密码，更改所有密码和登录的设置，避免用生日等作为密码。

3. 关于"人身安全"。

一是尚未离开施暴者时。（1）如果邻居可靠，可以告诉他们，听到疑似家暴的声音时报警。（2）如果家暴升级，可以考虑转移到受伤风险最低的地方，并方便逃跑。比如，靠近未上锁的门、远离玻璃桌子。如果施暴者有能力闯入，最好避免被锁在房间里。（3）可以考虑与家人、朋友和孩子建立一个信息代码，方便快速传递危险信息。

二是离开施暴者以后。（1）更换门窗的锁，防止窗户被撬开。（2）在大门上安装安全链。（3）安装传感灯、电子报警器等。（4）购买灭火器。（5）教孩子如何在危险情况下报警和联系可信赖的人。（6）告诉照顾孩子的人（包括幼儿园、托儿所、小学老师等），谁可以接孩子，谁不可以接。

三是引导家庭暴力受害者重视容易导致致命性危险的方面。家庭暴力干预人员可以告知受害者，家庭暴力重伤死亡的情况往往发生在以下几个方面：（1）危险管理意识方面，忽视自身安全，看不到家庭暴力的危险性，也不做危险管理；（2）危险因素识别方面，对施暴者情绪变化缺乏敏感性，不注意平息施暴者情绪，甚至主动激惹施暴者而制造危险；（3）危险因素的处理与应对方面，高危时不选择离开或者离开的过程中不注意安全。

第七章　家庭暴力干预中的调解适用

《中华人民共和国人民调解法》对人民调解的性质、任务、原则、组织形式、调解员的选任、调解的程序和效力等问题作出了规定，确立了人民调解制度在我国的法律地位。但是如何准确理解法律，尤其是在家庭暴力处理过程中使用调解，需要更深入的研究和探索。家庭暴力是婚姻家庭冲突的一种，但又不同于一般的婚姻家庭矛盾。根据实践情况，在家庭暴力处理过程中使用调解，需要注意的方面更多。除了安全问题之外，调解的适用范围和调解的方法技巧均有所不同。

第一节　家庭暴力调解的适用范围

一、调解并非"万能"

调解是调解员通过提供一个平台，引导冲突双方平等、充分交流，促进误解消除而使冲突良性转化的过程。调解主要针对的是误解的消除，调解的适用范围是有限的，并非所有的婚姻家庭冲突都适用调解。对待婚姻家庭冲突，在我国当前，大致有和解、调解、仲裁和诉讼四种解决途径，调解只是其中之一，不同解决途径针对的婚姻家庭冲突情形不一样（见图7-1）。

图7-1　婚姻冲突中介入调解的最佳时机①

---

① 参见李洪涛、毕文娟编：《婚姻家庭冲突调解的理念与方法：警察培训指南》，2013年。

我们可以下面故事来理解调解最佳时机和适用的范围：

小李和小芳的故事

小李和小芳是大学同学，后来相恋结婚。小芳是本市出生的城市孩子，长得漂亮，上大学时是有名的校花。小李来自农村，长得帅气且很有才华。小李主动追求小芳，婚后小夫妻和小芳父母住在一起。但婚后不久，小夫妻出现了一些小问题，这些小问题后来变得越来越严重，变成了大问题。具体发展过程如下：

不适：婚后不久，小芳发现丈夫陪伴自己的时间越来越少，心中不快。以前丈夫几乎每天晚上都在家陪她，还经常带她逛街。但现在一周总有两天晚上不在家，说是同学聚会或者公司加班。小芳觉得丈夫比较忙，不能天天在家陪自己也是正常的，但想想以前，特别是在大学追求她的时候，天天花前月下、甜言蜜语，她心里还是有些不舒服。小李回到家，很快感觉到妻子的情绪，虽然妻子什么也没有说（这个时候，冲突刚刚出现，双方都感觉不对，但很难找出问题。这时双方是可以通过和解来解决问题的，但如果没有和解，冲突可能继续往下发展）。

摩擦：双方持续了一段时间以后，到了情人节。这一天，小李晚上很晚才回家，说是单位加班。小芳无法再压抑心中的不快，质问小李"你今天去哪里了？"小李对妻子的质问十分不解，觉得十分无辜，"我在单位加班啊，怎么了？""鬼才相信你呢，今天是什么日子？"小李看了下手机，才知道是情人节，于是向妻子道歉，"今天是情人节啊，我忙忘了。"但是小芳仍然不大相信，她非常生气地冲进了卧室，"砰"的一声关上了门。小李也有些不舒服，他觉得自己上班已经非常辛苦了，回家还要被妻子指责（这是小夫妻第一次产生摩擦，问题不大，但对夫妻感情也产生了小小的影响。此时仍然可以双方自行和解，但如果冲突没有转化，还可能继续往下发展）。

误解：看着丈夫还是经常不能按时回家，小芳决定去丈夫单位看看。某天晚上，他来到小李工作的办公室。丈夫是在一个多人办公的大办公室上班，她看到丈夫和几位同事确实都在加班，心里的石头落地了。但当她发现小李和另外一位长得非常漂亮的女同事正在近距离交流的时候，她一下子觉得自己被骗了。她强压住心中怒火，喊了丈夫一声，然后扭头就走。她回家后丈夫很快也回到了家，并跟她解释当时只是跟同事在讨论工作上的事情。但小芳却相信小李，她认为小李加班，主要是为了多一些与女同事在一起的时间，甚至曾经忘记和妻子一起过情人节。小李内心的不舒服也在不断加深，他认为自己工作上努力却得不到妻子的理解。后面每次加班回家，他发现妻子的脸都十分难看，他觉得自己没有办法解决这一问题（此时误解已经产生，双方和解难以奏效，如果有调解员提供一个促进双方交流的平台，将十分有利于这种误解的消除）。

紧张：日子一天比一天紧张，小李和小芳已经有很久没有好好说话了。小芳已经肯定地认为丈夫已经爱上了别人，对自己没有了感情。小李也认为妻子不支持自己的工作和事业，甚至认为妻子一家人都不支持他，他有一种被"排挤"的感觉，他感觉很难过，不愿意再做解释。两口子经常发生口角，偶尔还会动手，但情节比较轻微（此时误解不断加深，双方开始以消极思维定式看待人和事，关系紧张。此时使用调解仍然可能有效，但不一定能完全解决问题）。

危机：再后来，小李已经不愿意回家了，他认为这个家就是一个牢笼，不仅让他不开心，还会困住他。即使有时并不需要加班，他也选择在办公室或找朋友玩到很晚才回家。小芳对小李已经非常失望，她觉得心里很不平衡，她要自己去寻找自己的快乐，于是她经常约闺蜜逛街和打牌。小李发现妻子经常晚归，心里非常不痛快。有一回，妻子很晚才回家，似乎喝多了酒，被一名男子送到家门口。他十分生气，又动手打了妻子，妻子现在身上已经有不少伤痕（此时彼此的行为都开始偏离正常，随时都有引发极端情况的危险。婚姻关系难以为继，夫妻感情几乎破裂。此时采用调解，效果可能不佳）。

从这个故事大致可以看出，在误解出现前婚姻家庭冲突还比较轻微，通过双方和解即可解决。当误解出现以后，调解是一种婚姻家庭冲突非常有效的解决方式。但当误解变成消极思维定式、关系变得紧张以后，调解的作用就会越来越小。当危机出现以后，就只能采用仲裁和诉讼等法律途径来解决。

二、家庭暴力干预中的"两个不调解"

家庭暴力是婚姻家庭冲突中较为特殊的类型，并非所有的家庭暴力问题都适用调解。可以说，在全球的家庭暴力防治实践中，许多国家在初始阶段可能都采用过调解这种方式。调解在实践中都具有一定效果，但越来越多的国家开始觉察在家庭暴力处理过程中使用调解而出现的问题，调解有时不但不能解决问题，反而可能产生负面作用。因此有些国家和地区否定使用调解来处理家庭暴力。我国诸多学者通过本土研究发现，如果使用得当，调解也能发挥作用，但需要注意适用的范围，不能盲目使用调解。

在我国当前，在家庭暴力干预中使用调解首先需要区分"家庭暴力"与"家庭纠纷"。家庭暴力与家庭纠纷有相似之处，但二者有本质区别，不能混为一谈。从冲突双方关系看，家庭纠纷一般是基本平等的，而家庭暴力的双方一定不平等，甚至是地位、力量对比悬殊；从行为目的看，家庭纠纷往往是为了某一件具体事情而产生矛盾，如子女抚养、父母赡养，矛盾消除了冲突就消失了，双方都想说服对方，而家庭暴力往往不是某一件具体事情，而是施暴者为了控制对方，暴力行为是控制对方的手段；从使用手段上看，家庭纠纷一般采用协商，也可能出现争吵，而家庭暴力则是使用殴打、威胁、恐吓等身体或精神侵害的暴力手段；从身体伤害看，家庭纠纷一般不会产生身体伤害，而家庭暴力则可能出现身体伤害，家庭暴力本身就是伤害，只是伤害的程度和形式不一样，有时是身体侵害行为，有时则是精神侵害行为；当然，有些家庭纠纷也可能发展成为家庭暴力（见表7-1）。家庭纠纷是可以进行调解的，而家庭暴力的处理需要根据具体情况看是否适用调解。

表7-1　家庭暴力与家庭纠纷的区别[①]

序号		家庭纠纷	家庭暴力
1	双方关系	平等	不平等
2	行为目的	说服对方	控制对方
3	使用手段	争吵、协商	殴打、威胁、恐吓
4	身体伤害	无	有
备注	家庭纠纷可以转化为家庭暴力		

从现有的研究结果看，家庭暴力干预中的调解适用，要从以下几个维度进行甄别。首先是危险程度。中度危险、高度危险的情形一般是不适用调解的。因为在这种危险程度之下，随时可能出现严重情形，应该采取更

---

① 参见陈敏著：《涉家庭暴力案件审理技能》，人民法院出版社2013年版。

加紧迫和有力的处理方式来干预家庭暴力。其次是伤害程度。轻伤以上一般不适用调解，虽然在《刑法》中规定，对待家庭成员之间的虐待导致的轻伤以下，告诉才处理。但在公众暴力情形下的轻伤是已经触犯刑律，需要依据《刑法》进行惩处。轻伤意味着伤情已经达到相当严重的程度，也反映出施暴者的行为达到了相当严重的程度。最后是双方意愿，双方没有意愿调解，调解是无效的。

家庭暴力干预时使用调解，调解的对象并不是家庭暴力。家庭暴力本身是违法犯罪行为，对应的处理是法律的惩罚（有些情况下由于情节轻微免于惩罚）。调解的对象是家庭暴力当事人的关系，通过调解消除误解促进双方关系的改善，达到暴力的减少和消除。调解员在调解过程中，切不可对家庭暴力本身进行调解，不能达成"如果……不……，你就不能打人"这样的协议条款。施暴者停止暴力并承认错误，是调解的前提条件。

笔者提出家庭暴力干预中的"两个不调解"，即致命高危的不调解和循环升级的不调解。何为"致命高危"与"循环升级"？所谓致命高危，是指家庭暴力已经发展到致命性危险程度，受害者的生命安全随时可能受到威胁。加害人曾经实施/威胁采取致命性伤害行为，受害者相信有致命性危险均可以视为"致命高危"。所谓循环升级，是指家庭暴力周期性反复，并在反复中升级，"升级"表现为间隔时间越来越短、伤害行为越来越残忍、伤害结果越来越重，加害人一般具有较强的控制欲。但要解释的是，以上两个不调解确实把大部分不能调解的情形都涵盖了，但并非全部。

三、调解中"度"的把握

所谓把握"度"，在这里的意思具体指把握家庭暴力调解的"成功标准"。何为家庭暴力调解的"成功标准"？这里需要将家庭暴力放到"冲突"这一更大的概念范围来认识。冲突是什么？冲突是互不相容的两种力量相互对抗的过程。我们对待冲突的态度都不一样，一般有三种反应：隐忍退让、针锋相对和着手谈判。冲突有三个特点：一是对抗性，冲突双方以击败对方为目的，有直接的交锋；二是普遍性，冲突无处不在，冲突是不可避免的，但可以转化；三是破坏性，冲突有负面的破坏功能，但也有正面功能，冲突是一种"危机"，既有危险也是机会，冲突转化好了可以促进事情发展。冲突是事物发展过程中可能出现的一种正常状态，其本身并不能说是坏事，其好坏实际上要看冲突转化的情况。冲突良性转化了，则说明抓住了机会，促进事物更好地发展；冲突没有得到良性转化，则可能变成了真正的危机，破坏了事物的发展（见图7-2）。

图 7-2

婚姻家庭冲突是指夫妻或家庭成员之间由于相互的期待、需求、习惯、性格、价值与目标不一致而造成双方的摩擦、隔阂、对抗，严重的冲突升级可能引发攻击和暴力行为。引起婚姻家庭冲突的原因有很多，如观念差异、经济纠纷、沟通不畅、姻亲关系、权力控制等方面，婚姻家庭冲突的类型和严重程度也各不相同。但从调解的难度来看，精神（情感）层面的婚姻家庭冲突会大于物质（经济）层面（见图7-3）。

图 7-3

家庭暴力往往是涉及情感方面的问题。在婚姻家庭冲突的调解中，情感方面的冲突的调解难度往往大于经济方面的冲突。经济上的问题调解达成协议以后问题可能一次就解决了，但情感上的问题即使达成协议也可能会反复，调解员的权威性和协议的约束力会大打折扣。如果强行调解和达成协议，其效果反而不佳。另外，鉴于家庭暴力周期反复甚至循环升级的特点，暂时的和好也不代表调解是成功的，和好之后仍然可能回到原来的状态（见图7-4）。

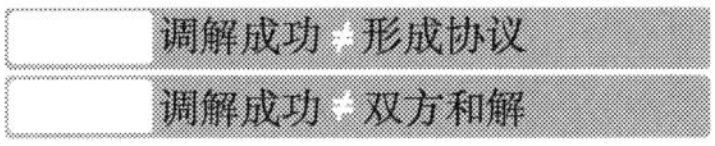

调解成功≠形成协议
调解成功≠双方和解

图 7-4

那么针对家庭暴力案件的调解的成功标准是什么呢？——冲突良性转化，这也是所有冲突调解的成功标准。所谓冲突良性转化，即经过调解之后，冲突开始向积极而非消极的方面发展，而非指具体时间达到何种发展程度。家庭暴力是冲突的一种，因此针对家庭暴力的调解也不能偏离这一成功标准。由于家庭暴力特殊性（反复），"形成协议"和"双方和解"是表面和暂时的，并不能代表冲突真正得到良性转化。那么针对家庭暴力的调解，何谓"冲突良性转化"？

家庭暴力调解中的"冲突良性转化"一般表现为以下几个方面：一是问题解决了。这里的"问题解决"，是指经过调解之后，暴力不再发生了。这个标准是很难达到的，但也不是没有。对于一些情节较轻的家庭暴力，施暴者自我反思能力较强，调解员方法得当，是有可能做到的。二是误解消除了。这里的"误解消除"，指的是通过调解之后，家庭暴力当事人增进了理解，消除了彼此的一些误解，暴力自然也得到一定程度的减轻，但并没有完全消除。三是个人成长了。这里的"个人成长"，指的是通过调解之后，虽然达不到前面的"问题解决"和"误解消除"，但是家庭暴力当事人"成长"了。比如，开始真正认识到暴力是一种非理性的沟通，开始学会站在对方角度感受和思考问题等。虽然此时很难从结果上看到明显的效果，但调解员能感觉到当事人的思想意识在发生积极变化，为今后行为上的变化创造了条件。以上三种表现，都可以视为调解成功了。

四、调解员的角色把握

此处主张的是一种赋权式调解，这种调解在婚姻家庭冲突中能发挥较好的效果，这种调解不同于仲裁。在仲裁中，仲裁员地位一般高于被仲裁的双方，被仲裁的双方较少沟通，最后由仲裁者做决定；在调解中，调解员与被调解双方地位平等，调解员努力促成双方平等、充分的沟通以消除误解，最后双方自己达成协议（见图7-5）。

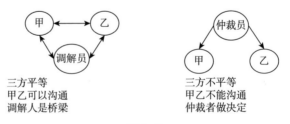

三方平等　　　　　　　　三方不平等
甲乙可以沟通　　　　　　甲乙不能沟通
调解人是桥梁　　　　　　仲裁者做决定

图7-5

在家庭暴力干预时使用调解，如果想让当事方自己达成协议，调解员的角色定位要清晰，调解员大致扮演以下三种角色：

中立者：调解员与被调解的双方是平等的。调解员应该中立，但不是绝对的中立。绝对的中立就不是中立，如当家庭暴力强势方打压弱势方时，调解员需要做一些平衡，而不是保持所谓绝对中立，不闻不问。调解是通过提供一个平台促进冲突双方平等沟通，如果沟通不平等，这种调解就失去了意义（在公安机关治安调解中，公安民警扮演的是一个高于当事人的角色，有一定的震慑作用，带有仲裁性质）。

引导者：在调解过程中，调解员是一个引导者，要把控全程，引导冲突双方阐述情况、增进理解、共同选择解决问题的途径。但调解员的引导不是包办，调解员不替代冲突双方拿解决问题的方案，也不强迫冲突双方接受自己的建议。

助人者：调解是一项助人的工作，调解员在调解过程中同时获得自我成长。调解员应该从助人这一更高的视角去理解调解工作，有意识地"赋权"当事人。通过帮助冲突双方找到问题、清楚问题并找到解决问题这一过程，有意识地促进冲突双方成长，而不只苛求达成协议。同时这一过程中，调解员自身也获得历练和成长。

为了让调解员始终保持自己的角色定位，并在家庭暴力调解中尽可能达到"当事人自己达成协议"这一目标，提出以下几点在调解中"建议做的"和"不建议做的"。

建议做的：

（1）了解冲突双方。

（2）促进相互理解。

（3）引导解决问题。

不建议做的：

（1）直接提供解决方案。

（2）批评指责冲突双方。

（3）将协议强加于双方。

一个富有成效的调解员，除了能准确地定位自己的角色之外，还应具有相关的知识经验，较好的表达能力和现场把控力，以及较好的情绪管理和处理能力。

第二节　家庭暴力调解的方法技巧

相对于其他婚姻家庭冲突，对家庭暴力的调解挑战性更大。从实践情况来看，如果是家庭暴力双方自己达成的协议，效果最佳。但让家庭暴力双方自己达成协议，对调解的方法技巧有更高的要求，以下是家庭暴力调解的几种方法技巧。

一、深入了解情况的方法

（一）问题树方法

对于家庭暴力双方的有关情况，调解员需要全面深入地了解。问题树①是一种让调解员既全面又深入了解问题的方法，问题树的顶端有表现和现象，表现是指问题的某一种表现，现象是具有深层原因的多种表现的集合（见图7-6）。

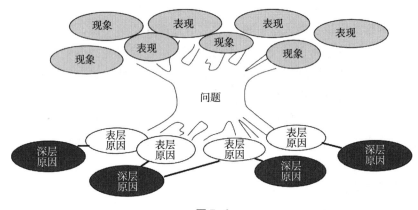

图 7-6

我们可以通过问题树方法全面地找到问题并挖掘其深层原因，调解员如果能够准确迅速地找到问题的深层原因，将十分有利于后续的调解。下面来看两个案例：

【案例7-1】

丈夫趁妻子沐浴之时，偷偷查看妻子手机。

现象——其实丈夫经常偷偷查看妻子手机。

表层原因——担心妻子出轨。

深层原因——可能是自卑。

【案例7-2】

女儿因为没考好，被父亲打了。

---

① 参见［美］爱丽丝·弗雷泽·埃文斯、罗伯特·A. 埃文斯、罗纳德·S. 克罗比尔著：《冲突调解的技巧（下册）》，魏可钦、何钢译，南京大学出版社2011年版。

现象——其实父亲经常打骂女儿。

表层原因——女儿考试考得不好。

深层原因——父亲可能存在重男轻女的思想。

（二）冲突分析框架

如果说问题树是侧重了解冲突中的"事"，那冲突分析框架就是侧重了解冲突中的"人"。事情是人发生的，冲突来自当事人，因此了解"事"后面的"人"同样重要。冲突分析框架主要是从冲突相关人的"情绪感受"、"立场态度"和"利益需要"三个维度进行分析。这三个维度是由浅入深的，情绪感受是表面，其后是立场态度，最深层隐藏着人的利益需求。如果调解员能准确抓到"人"深层利益需求，进而找到共同的利益需求，也许很快就能找到调解的突破口。但是当事人一般不会将自己深层的利益需求直接说出来，甚至当事人本身都不清楚自己的利益需求是什么，这就需要调解员沿着"情绪感受—立场态度—利益需求"这样一个由浅及深的顺序去寻找（见表7-2）。

表7-2　冲突分析框架①

	情绪感受	立场态度	利益需要
当事人甲			
当事人乙			
……			

共同的利益需求——

针对案例7-2，我们可以这样分析（见表7-3）：

表7-3　冲突分析框架

	情绪感受	立场态度	利益需要
当事人父亲	生气、失落 ……	女儿学习要努力	女儿成绩好 希望有儿子
当事人女儿	痛苦、悲伤 ……	父亲不能打人	父亲的疼爱 学习成绩好

---

① 参见李洪涛、毕文娟编：《婚姻家庭冲突调解的理念与方法：警察培训指南》，2013年。

续表

	情绪感受	立场态度	利益需要
当事人母亲	心疼、失落 ……	女儿学习要努力 丈夫不能打人	女儿成绩好 丈夫心疼女儿

共同的利益需求——学习成绩好

练习——冲突分析框架。

【案例7-3】

妻子张女士，硕士毕业，收入不错。丈夫刘先生，大专毕业，工作不顺，收入不稳定。两人结婚4年，有一个3岁的儿子。儿子出生后，张女士经常就怎样教育孩子和丈夫发生争执。

张女士："前天早晨，儿子不想去幼儿园，我问他为什么？没等儿子回答，我丈夫就训道：'不行！必须去！'我说：'咱先听听孩子的想法嘛'，他就说我溺爱孩子。我蹲下身准备和儿子谈一谈，他突然就向我一脚踢来，痛得我半天没站起来。"

刘先生："我没打她，只是轻轻地用脚踢了她一下，没使劲。夫妻之间打打闹闹很正常。"

刘先生："她一天到晚不着家，把家里的事情都推给我。我跟她结婚没得到什么，有时连话都说不上几句，倒是干的家务活儿比别的男人多多了。"

张女士："我工作很忙，经常出差。好不容易抽出时间做点家务，却又被他挖苦讽刺；他总骂我，我都装作没听见。我觉得自己过得很压抑，他现在居然还学会打人了，我不知道怎么继续跟他相处。"

针对案例7-3，我们可以这样分析（见表7-4）：

表7-4 冲突分析框架

	情绪感受	立场态度	利益需要
当事人张女士	生气、心疼、压抑、烦恼……	尊重孩子 工作要做好 不能打人	希望儿子快乐 希望丈夫理解
当事人刘先生	生气、愤怒、烦恼、失落……	不能娇惯孩子 妻子多承担家务	希望孩子听话 希望妻子多在家

续表

	情绪感受	立场态度	利益需要
当事人儿子	害怕、恐惧、担心、伤心……	不去幼儿园　父母不吵架	希望自己快乐　希望家庭和睦

共同的利益需求——孩子健康成长

当我们运用冲突分析框架熟练以后，使用效果也会随之提升。大概有以下几种使用冲突分析框架的水平：

第一层次，框架在纸上。一般是刚刚开始使用冲突分析框架的阶段，需要借助纸笔等工具记录下来，一步一步进行分析。

第二层次，框架在心里。此时经过多次运用冲突分析框架，对冲突分析框架的结构已经牢记在心，无须借助纸笔，在心里已经有一个非常清晰的冲突分析框架，并可以依据冲突分析框架在心里进行分析。

第三层次，听出共同需求。此时不仅能够在心里熟练地使用冲突分析框架分析问题，而且在分析过程中能够较快地分析出双方可能存在的共同利益需求，为打开调解突破口做好准备。

第四层次，听出解决问题的策略。此时不仅能够在心里熟练使用冲突分析框架分析问题，挖掘当事人可能存在的共同利益需求，还能听出可能存在的问题解决的策略和途径，对后续调解方向有更加清晰的把握。

二、把控调解现场的方法

（一）倾听技巧

倾听不是听听别人说话而已，倾听是一种技巧。一个"听"字，里面有很多内容。繁体字的"聽"，包含了一个"耳"，十只"眼"，一颗"心"，还有一个"王"。告诉我们在倾听的时候，不仅要用耳朵去听，还要用眼睛去看，用一颗心去感受，把倾听对象当作"王"一样去对待。倾听不是被动地听听情况，而是一种交流和沟通。倾听不仅可以了解信息和情况，还可以表达出听者的真诚、共鸣、鼓励等，好的倾听可以收获信任、好感。

调解员在调解过程中应该怎么去倾听？从身体姿势和表情上看，调解员要让说话者感受到尊重、真诚，倾听时要面向说话者，有眼神的接触，目光柔和，表情亲切。从听的内容上看，既要注意倾听关键的信息，也要捕捉说话者的情绪和感受，还要思考说话者的弦外之音。

比如，下面这段话，如何找到关键信息、说话者的情绪感受和可能存在的弦外之音？

"结婚前说的好好的，她会对老人好，可是现在却爱理不理、不闻不问，老人病了也不管。我在外面上班挣钱劳累一天，回到家也不安生……这样的日子真受不了了。"

关键信息：妻子对老人不够好，丈夫觉得很累。

情绪感受：失望、不满、疲惫、心累……

弦外之音：希望对老人好，多承担家务。

在倾听过程中，还需要做出一定的回应。回应不仅可以鼓励说话者继续表达，还可以表达调解员的尊重和真诚，并引导当事人说话的方向。那么如何进行回应？回应不能太长，需要简短。一般可以包括两个方面：一是语意简述，即对说话者说过的话进行简单的重述，让说话者感觉你在认真倾听，并明白了他/她说的意思。需要注意的是，语意简述时要将说话者原有语言中的带有刺激性的语气词去掉，但大致保留原来的意思，这叫作语言洗涤。另一个是情绪回应，即对将说话者的情绪感受说出来，让说话者明白你理解了他/她的感受。下面来看两个语言洗涤案例：

【案例7-4】

当事人："孩子都是我一手带大的，他从来都不管！即使我生病了，人家该玩还是玩。你看，刚下班就又出去打牌了！"

调解员语言洗涤："你是说，带孩子很辛苦，你生病了，先生对你的关心不够。"

【案例7-5】

当事人："她什么都不会，只会抱怨！老是说我这个不好，那个不好的，无论我做什么她都看不见！"

调解员语言洗涤："你是说，妻子对你抱怨太多，其实你做了不少。"

在进行回应时，我们可以选择不同的方式，回应的方式大概有以下几种：

方式一：语意简述

如："嗯，您是说……"

方式二：语意简述+情绪回应

如："嗯，您是说……您感到……"

方式三：语意简述+情绪回应+共鸣（在调解中慎用）

如："嗯，您是说……您感到……我也……"①

在一般情况下，选择方式一使用语意简述进行简单回应即可。当说话者有强烈的情绪表现时，可以选择方式二在使用语意简述的同时，进行情绪回应，这样有助于说话者平息情绪，并表达调解员的真诚。方式三在方式二的基础上增加了一个"共鸣"，以表达调解员与说话者在某方面有相同的看法或感受。这种方式在生活中一对一的交流时有非常好的效果，可以很快拉近人与人之间的距离。但调解过程中要慎用，因为如果调解员与冲突一方有太多共鸣，将不利于调解员与另一方建立信任关系。

（二）引导技巧

调解员在调解过程中，需要有较强的现场把控能力，才能有效地完成调解任务，达到调解的目的。现场的把控，除了要具备以上关于倾听的技巧之外，更重要的是在面对调解中可能出现的复杂情况，如当事人情绪激动、当事人不遵守规则、当事人说话偏离主题，调解员如何进行应对。

1. 调解员如何控制打断发言的局面？处理好来自冲突双方的干扰是很有挑战性的，在初始阶段，冲突双方都渴望对方倾听自己的想法和感受，同时又担心对方不能理解自己，所以很容易出现不停地相互打断的情况，让现场陷入混乱。

此时，调解员最常见的办法就是执行调解前建立的"请勿打断"这一基本规则。调解员执行的方式可以是提醒打断别人说话的人，"对不起，A先生，我想提醒您请勿打断的规则，您可以将您想说的先记录下来，等会我们将倾听您的看法，这样您就不会忘记。B女士，您继续。"（调解员可以同时将准备好的纸和笔递给A先生，也可以一开始的时候，就为当事人准备好笔和纸）

还有一种方法，源于北美印第安人的传统，叫"说话棒"。只有拿到"说话棒"的人才能说话，没有拿到"说话棒"的人不能插嘴，但每个人都有平等的机会拿到"说话棒"。由调解员将"说话棒"传递给当事方，一方说完以后将"说话棒"递回给调解员，调解员再传递给另一方，这样将大大减少打断别人说话的情况。

2. 调解员如何应对挑衅性的言词？调解员在调解过程中，经常会遇到

---

① 参见李洪涛、毕文娟编：《婚姻家庭冲突调解的理念与方法：警察培训指南》，2013年。

冲突当事人在阐述时夹枪带棒、火药味十足。此时调解员要感觉到这些言词可能会激怒另一方，针对不同的情形，有不同的方法。如果此时的另一方已经被激怒，开始准备进行回击时，调解员可以用语言表达对倾听方的支持，从而消减其怒气。比如，调解员可以这样说，"B女士，我知道您有不同的观点，一会儿我再倾听您的看法"。当另一方还没有被激怒时，调解员可以采用语言洗涤的方式来"淡化"挑衅性的言词。

如果在调解过程中出现了冲突方谩骂的现象，调解人就有必要重申在调解之初建立的"尊重"的基本规则或者另外提出一些规则，让双方均承诺共同遵守。如果冲突方情绪失控，调解员找不到重新控制局面的办法，可以选择将冲突双方分开，分别见面，调解员在双方之间来往穿梭，这样可以最大限度地控制现场气氛。

3. 调解员如何引导调解深入？调解员的引导能力不仅体现在让现场氛围回归理性，还反映在将调解引向深入、有效解决问题上。调解过程中经常出现的问题是，当事人的阐述漫无边际、离题万里或者对问题的阐述停留在笼统表面，此时调解员应该怎么办？

调解员遇到阐述偏离要解决的问题时，应该及时提醒说话者回归主题，重述调解的主题是什么。当遇到阐述只是泛泛而谈时，应该引导说话者将内容具体化，如"您能再具体一点吗""您有没有这方面的例子"。此外，调解员对调解的步骤和进程要有整体的把握，如果介绍完了基本规则双方又都获得了安全感，就可以引导进行问题阐述；如果问题充分阐述清楚并消除了误解，就可以引导双方提出解决方案；如果问题的解决方案已经找到，就可以引导形成协议和遵守协议。

三、解决问题的方法

前述的方法和技巧都是为了解决问题而服务的，而在问题解决阶段也有两个方法技巧。这两种方法的目的是让冲突双方自己找到解决问题的途径而达成协议，这样达成的协议维持的时间更长、效果更好。应该说，这两种方法在家庭暴力的调解中具有一定的优势。要引导当事人自己达成协议并不是一件简单的事情，在搞清楚冲突情况的基础上，要把双方真正发生冲突的问题挖掘出来。因此首先要用一种将问题找准的方法——列问题清单。

（一）列问题清单

问题清单对于把控现场和进一步解决问题都是十分有利的。这一步要求调解员学会如何找到当事人的分歧，并公正地描述这些分歧。在解决问题的初始阶段，调解员就把问题罗列在挂图或者黑板上，则能提供一个非常直观的焦点，强化当事人的认识，会使得后面的讨论更加有方向。当调解气氛紧张充满敌意时，有一方指责另一方某个问题时，这张问题清单也能发挥作用，调解员可以说，"我们可以把您刚才说的一点写进清单里，这样我们就不会忘记了，接下来我们继续原来的讨论"。

列问题清单操作很简单，即让当事人将问题都说出来。可以采取一人说一个，轮流来说的方式。另外，记录时要注意选用中性词，而不应该使用带有偏袒或歧视的刺激色彩的词语，并且做到简明扼要，但问题的意思仍然清楚。

以下问题清单记录有什么问题，如何改正？

（1）王某某家的孩子打破了罗某家的窗户。

修改为——孩子打破窗户的问题。

（2）王某某毫无顾忌地举办聚会，音乐吵到邻居。

修改为——声音太大吵到邻居的问题。

将问题罗列在问题清单之后，在讨论时应该按照什么顺序来讨论？调解员可以按照一定的逻辑进行排序，比如，将问题按照先易后难、问题重要性、短期到长期、先原则后细节等顺序来排列。一般来说，可以首先选择双方容易达成一致的问题，这样便创造了一种很好的开端。但不管是按照哪种顺序，都不能由冲突中某一方说了算，而是调解员和双方共同确定的一个问题。

（二）大范围找方法

让当事人自己达成协议，一个重要环节就是让当事人自己在充分讨论问题之后，大范围地寻找解决问题的方法。这个环节，调解员要做的是引导当事人尽可能多地发表自己的观点，而不讨论解决问题的方式的优劣。为了促进双方尽可能快地想出来，还可以设置时间限制，如 3~10 分钟，鼓励大家尽可能多地提出解决问题的方案。当解决问题的方案越来越多的时候，符合双方利益的方案产生的可能性就越大。如果出现了双方都认可的方案，问题可能就解决了。

【案例 7-6——灯】

李先生和王先生出差睡一个房间，李先生要开灯睡，王先生要关灯睡，能否让双方找到都满意的办法？

用大范围找方法的方式，李先生找到的方法有：

▶王先生蒙头睡

▶王先生睡床底下

▶王先生等我睡着了再睡

▶中间用东西隔开

▶……

用大范围找方法的方式，王先生找到的方法有：

▶李先生睡厕所

▶李先生开手机灯

▶李先生先睡

▶我给他讲开灯睡的坏处

▶……

最后，很快可以发现，双方已经有了一个共同的方法——李先生睡了以后王先生再睡。

第八章 家庭暴力干预中的 受害者援助

妇女是家庭暴力的主要受害群体之一，本章主要以家庭暴力受害妇女为例，介绍对家庭受害者进行援助的"五步法"①。所谓"五步法"，即按照五个步骤去帮助家庭暴力受害妇女的方法，具体如下：一是鼓励受害妇女说出真相；二是引导受害妇女学会收集和固定证据；三是引导受害妇女学习相关法律知识；四是引导受害妇女有效地向相关机构求助；五是引导受害妇女进行危险管理。

第一节 鼓励受害妇女说出真相

家庭暴力受害者一般要在多次受暴之后才会主动向外求助。帮助家庭暴力受害妇女，首先需要鼓励她把家庭暴力事实说出来。说出真相，是帮助她走出家庭暴力的第一步。那么，怎样鼓励她说出真相呢？

一、厘清对受害妇女的认识误区

（一）受害妇女并非做错了事才受到家暴

从某个具体的家庭暴力个案来看，在初始阶段，施暴者可能会说出一个"为什么打你"的理由。比如，没照顾好孩子或者没做好家务。但深入分析可以发现，受害妇女并非做错了事情才挨打。首先，这种所谓的"错"并不成立。在多数实际家庭暴力个案中，这个所谓的"错"是施暴者按照其苛刻的标准来衡量的，其实质是施暴的一个借口而已。其次，"管教者"的资格不成立。家庭虽然是私人领域，但也是一个尊重人合法

---

① 此内容为联合国妇女署与中国婚姻家庭研究会 2014 年十省反家庭暴力骨干研讨会成果。2014 年，联合国妇女署与中国婚姻家庭研究会联合举办研讨会，总结出引导和帮助家庭暴力受害妇女的五个步骤，即所谓"五步法"。笔者有幸参与和主持这次研讨会，并最后执笔进行梳理。

权益的地方。在现代文明社会中，任何人都没有权利侵犯他人的人身权利、人格尊严。施暴者大多是受害妇女的丈夫或者伴侣，男性伴侣是在传统男权文化等的错误思想影响之下，扮演一个管教者的角色。最后，当家庭暴力发展到严重阶段时，施暴者根本不再找理由，而是想打就打，甚至毫无征兆。

（二）受害妇女并非太懦弱才会受到家暴

首先，受害妇女并非一定懦弱。虽然在现实中有些受害妇女在家庭暴力关系中显得"懦弱"，但实际情况并不一定是这样，有的受害妇女在社会生活中甚至还是强者，不乏政界领导、商界精英、艺界明星。其次，这种所谓的"懦弱"表现是抗争失败之后的妥协。根据"受虐妇女综合征"理论，在家庭暴力发生的初始阶段，受害妇女都会选择与施暴者抗争，只是在抗争之后因为屡屡失败而认命，这是一种后天习得性的无助。最后，这种所谓的"懦弱"表现是对自己的一种保护。家庭暴力的一个重要特点是，当事人力量对比悬殊，强势一方才可以将弱势一方控制住。受害妇女作为弱势一方，在自己无法与施暴者抗衡的情况下，选择屈服可以避免受到更严重的伤害，在无法离开施暴者的情况下，这种方式不乏为一种理智选择。退一步说，即使是受害妇女真正懦弱，这也不应该被认为是一种过错，更不应该成为实施家庭暴力的理由。

（三）受害妇女并非喜欢受暴才不离开

在外人看来，受害妇女遭受家庭暴力而不离开是令人费解的，尤其是看到那些长期遭受严重家庭暴力的受害妇女不选择离开时，有人认为可能是已经习惯了受虐，甚至喜欢受虐。受害妇女不离开是由于种种因素的影响，不设身处地很难全面和准确地理解她们。

1. 认知不够不懂得选择离开。首先，如果遵从一些传统不良思想观念，她可能会认命。比如，如果受害妇女有"嫁出去的女泼出去的水""嫁鸡随鸡，嫁狗随狗"的传统观念，即使面对严重的家庭暴力，受害妇女也可能不会选择离开。其次，如果对家庭暴力知识缺乏了解，看不清家庭暴力的性质，她也可能选择逆来顺受。有调查表明，很多受害妇女并不知道家庭暴力侵犯自己的人格尊严和人身权利，也触犯了国家法律。最后，缺少维权意识和法律保护意识，她也可能不会选择离开。调查发现，有相当比例的受害妇女维权意识低下，不懂求助，更没有想过离开施暴者。

2. 感情牵绊舍不得离开。首先，对施暴者依然有情感依恋。施暴者与受害者并非敌我关系，他们之间可能曾经有过浪漫的爱情故事，有无法忘怀的过去。其次，施暴者也并非"恶魔"，有些施暴者不喝酒不施暴、不赌博不施暴、不吸毒不施暴，正常的时候两人生活依然快乐。加之在初始阶段，施暴者还可能会真诚地道歉和悔过，如此种种，使受害妇女无法断然割舍对施暴者的依恋，期望施暴者能够变好。最后，对子女的情感无法割舍。在现实中，很多受虐妇女不想离婚是为了孩子有一个完整的家，怕孩子因为父母离婚受到歧视和伤害。即使要离开施暴者，她们也会选择等待子女长大成人之后再离开。

3. 支持不够无法离开。受害妇女要离开施暴者并没有想象中的那么简单。首先，在施暴者的威胁和控制之下，难以离开。根据受虐妇女综合征理论，受害妇女在初始阶段都会进行抗争，但由于施暴者对受害妇女进行控制和威胁，使得其无法逃脱，最终因为屡屡失败而屈服。如果没有外界的支持和帮助，受害妇女很难挣脱家庭暴力的牢笼。这些支持包括法律支持、社会支持、亲友支持等。其次，离开时和离开后的安全得不到保障，难以离开。对受害妇女来说，离开施暴者并不是最难的，而离开以后的后果无法承受。在没有足够的支持和充分的准备的情况下，选择离开很可能激怒施暴者，引发严重的危险情况。最后，离开以后的生活如果得不到保障，也难以离开。受害妇女如果没有取得经济独立，在生活上依赖施暴者，这种情况选择离开，后续的经济和生活保障需要同时考虑。

一般来说，受害妇女在与施暴者的长期相处中，掌握了生存和自我保护的策略，他们比其他人更清楚怎样做才对自己和家人最有利。她们需要对方方面面的因素进行考量，反复权衡，才能做出一个是否离开和什么时候离开的决定。不能在受害妇女还没有离开的时候，简单地认为其不离开的原因是甘愿受暴。

二、了解受害妇女的特点与处境

（一）受害妇女的特点

1. 恐惧焦虑和抑郁悲观。亲密关系暴力有周期反复和循环升级的特点，越是发展到后期间隔的时间越短、伤害的手段越残忍，相应的伤害结果越严重。处于长期而严重家庭暴力当中的受害妇女，面临的情形是十分可怕的。受害妇女整天提心吊胆，精神高度紧张。她们无法预料何时家庭暴力会出现，也无法逃避和抵抗，各种焦虑会反复出现。

受害妇女长期生活在恐惧焦虑当中，进而又逐渐会出现悲观情绪。根据前面所述的受虐妇女综合征理论，当受害妇女在初始阶段进行抗争而屡屡失败之后，她们会屈服而认命，不再继续抗争下去，选择默默承受，丧失对生活的希望。这种习得性的无助，是悲观和抑郁的主要原因。长期处于抑郁状态的人，甚至可能选择自伤、自杀。

2. 内心矛盾和态度反复。受害妇女与施暴者往往是夫妻或者恋人，既有爱又有恨，还可能是经济利益的共同体。这种复杂的关系，使得受害妇女内心充满矛盾。此外，受害妇女还可能出现前面所述的斯德哥尔摩综合征，一方面害怕施暴者的暴力，另一方面又可能追求获得施暴者的宽容和肯定。

内心的矛盾冲突外化到行为上，就是态度上反复无常。这种内心矛盾在家庭暴力发生前后表现尤其明显。在家庭暴力发生时，如果征求受害妇女意见，他们可能会要求惩处施暴者；事情过后，又可能反过来为施暴者说情，说施暴者有种种优点。态度和行为的反复是受虐妇女的共同特点。

3. 高度容忍和以暴制暴。受害妇女在抗争失败之后依然默默承受，是因为种种原因使得她们无法离开。如前所述，她们不离开的原因可能涉及方方面面，或者被施暴者威胁控制，或者想让子女有个完整的家庭，或者对施暴者有经济依赖。总而言之，即使在家庭暴力伤害之下，受害妇女也可能选择在很长一段时间里忍辱负重。

然而，这种忍辱负重是有极限的，当自己或家人的生命安全受到威胁时，受害妇女可能会发生角色逆转，由受害者变为施暴者，反伤甚至反杀施暴者。此时，她们的情绪高涨到了极致，忍耐也到了极致，她们将多年积压在心中的负面情绪顷刻之间宣泄出来，行为表现往往十分疯狂，伤害结果往往十分严重，现场甚至惨不忍睹。这种现象并不少见，可以说是长期遭受严重家庭暴力的受害妇女心理变化的规律。

（二）受害妇女的处境

1. 处于身心双重伤害。受害妇女是家庭暴力的直接受害者，往往受害时间长，受害结果重。有些受害妇女承受了几年、十几年甚至几十年的家庭暴力，身上伤痕累累，体无完肤。这是家庭暴力所致的身体伤害，其伤害结果可以从轻微的打巴掌，直至将人杀害。然而容易忽视的是，受害妇女同时遭受的心理伤害。心理伤害有两种情况：一是伴随身体伤害的心理伤害，几乎可以说，家庭暴力的每一次身体伤害可能都会伴随心理伤害的结果。二是纯粹的心理伤害，如经常性谩骂和威胁。心理伤害在家庭暴力中不仅非常普遍，还往往非常深入，即便离开了施暴者或者施暴者已经死亡，这种心理伤害的结果很可能持续影响受害妇女的一生。心理伤害有一种"反刍"现象，受害妇女会在承受直接的心理伤害之后，不由自主地经常回想受害的过程，一次回忆就是一次伤害，最后愈加严重、痛苦不堪。这种心理伤害的结果不容小觑。

2. 处于施暴者控制之下。在亲密暴力中，施暴者有更强的控制特征，受害妇女往往完全在施暴者的控制之下。施暴者作为受害妇女的亲密伴侣，往往对受害妇女可能存在嫉妒心理，企图操控受害妇女的一切，以减少其内心的不安。施暴者对受害妇女的控制常常表现在以下几个方面：限制受害妇女的交往范围，要求受害妇女不得与某些异性交往，询问受害妇女每天的社交情况，检查受害妇女的手机、电脑，限制受害妇女的打扮和穿着。为了达到完全控制住受害妇女，施暴者还可能跟踪受害妇女，限制受害妇女的活动范围，有些甚至将受害妇女软禁起来。这些做法看似没有造成受害妇女身体上的伤害，但发展下去后果非常严重。这种控制是为了满足施暴者内心扭曲的不安全感需要，不论受害妇女如何服从，施暴者的嫉妒心是不会改变的。在此过程中，反而会愈演愈烈，直至杀死受害妇女。

3. 处于孤立无援的境地。家庭暴力的诸多方面使得受害妇女常常处于一种被孤立和无助的状态。首先，传统文化中的错误观念使受害妇女难以获得外界支持。很多人认为家庭暴力是家庭内部事务，外人最好不要插手。即使是亲友，如果受不良观念的影响，也很难给予十分有力的支持。其次，家庭暴力发生在私密空间，难以获得公权力的干预。家庭暴力虽然已经被认定为违法犯罪，但由于其主要发生在私人领域、私密空间，公权力存在干预限度的问题。同时家庭暴力往往缺少目击证人，难以取证。在没有足够证据的情况下，公权力能采取的强制措施十分有限。最后，施暴者对受害妇女实施控制，使其难以获得他人的支持。施暴者的控制封锁是全方位的，受害妇女易被孤立。同时，如果受害妇女本身认同传统的一些错误观念，如"家丑不可外扬"，她本人可能也不会主动向外求助，自然而然陷入孤立的境地。

三、鼓励受害妇女说出真实案情[①]

（一）定位好自己的角色

家庭暴力防治各个相关机构的人员在帮助受害妇女的过程中，往往肩负多种工作任务，扮演着多种角色，干预人员应该自觉地找到自己的角色

---

① 参见中国婚姻家庭研究会主编：《帮助家庭暴力受害妇女工作手册》，法律出版社 2017 年版。

定位，承担起相应的服务。

直接援助者——受害妇女权益和安全的保护人。

陪伴者和促进者——使她们逐渐有能力、有自信面对自己的生活。

信息传递者——向受害妇女介绍法律、政策等信息；讲解知识、技能等。

资源整合/转介者——整合公检法司、社区、民政救济、医疗、专业心理辅导及媒体等社会资源；为受暴妇女搭建支持网，多机构联动，提供顺畅的转介服务。

倡导者——参与政策、法律的修改与完善，为创造一个男女平等与合作的没有暴力的社会环境而努力。

（二）遵循一定的工作原则

干预人员在帮助受害妇女的过程中，应该坚持如下两个工作原则：一是"以受害人为中心"——关注她的人身安全，关注她的需要和处境；二是"以权利为本"——赋权于受害人，使她们能控制自己的生活。贯彻这两个原则，需要干预人员在帮助的过程中，肯定、鼓励受害妇女确立积极、正面的思维与态度，增强自我概念与自信心，增强生活适应能力，整合必要的社会资源，协助建构支持系统和支持网络。

（三）树立真诚包容的态度

在接触受害妇女的过程中，干预人员持以下态度，更有利于她说出真相：一是真诚面对，以真实的情感面对她，话语发自内心，不说教、不指责；二是感同身受，能够感受到她痛苦、挣扎和试图改变的努力，能站在她的角度表达出她当下的内心感受；三是全方位接纳，她有优点与缺点，她有积极和消极的情绪，她有力量也会有懦弱退缩，接受现实，与她在一起讨论和面对更能获得她的信任。

（四）掌握一定的沟通技巧

掌握积极倾听与回应的技巧，对于了解受害妇女内心的真实想法和鼓励她说出真相非常重要。在倾听时（参考第六章"调解的使用"中的倾听技巧），要注意以下几点：一是记住发言的关键点、重要词句，把握主要信息，体会她的思想观念；二是留意她的情感、情绪，如她的焦虑、愤懑、悲哀、快乐和喜悦；三是捕捉言外之意、弦外之音，体会她难以启齿的需求和愿望。

积极的倾听是需要做一定回应的，回应也有技巧，下面是三种回应的层次：

第一层次的同感回应：仅有简述语意，如"嗯……你是说……"

第二层次的同感回应：简述语意+情绪回应，如"嗯，你是说……你感到……"

第三层次的同感回应：简述语意+情绪回应+自我分享，如"我听你讲……你感到……如果是我，也会……"

好的倾听与回应会增加受害妇女对你的信任，拉近距离，有利于之后你对她的鼓励。干预人员一般应该在倾听与同感回应后，再提出解决问题的建议。

此外，在鼓励受害妇女说出真相的过程中，可以让她从如下几个方面增强自信：

我有尊严——我有作为人的尊严！不能也不要在恐惧、威吓和暴力伤害中生活。

我有权利——我有享受被尊重、不受暴力威胁的权利；我有被倾听、被支持的权利。

我有力量——我坚信社会不能容忍暴力存在的正义力量，我会增强自信，勇敢面对家暴的威胁。

我有智慧——我可以学到新方法，我可以找到家里和家外的资源，在安全前提下保护自己减轻暴力伤害。

我有能力——在面对和处理暴力的过程中，我会学到更多的知识，总结经验，提高社会生活能力。

第二节　引导受害妇女学习收集和固定证据

证据对于家庭暴力的处理和受害者的权益保护都十分重要。如果没有证据，家庭暴力难以认定，受害妇女难以获得其他服务机构的支持和帮助。如果没有证据，警察等公权力机构也难以实施对施暴者的震慑、惩治，法院难以核发人身安全裁定。如果没有证据，受害妇女预期的离婚诉求、子女抚养、财产分割等，都难以实现。收集和固定证据本应该是执法者的事务，但鉴于取证难，引导受害妇女本人收集和固定证据，将非常有利于对家庭暴力的干预。

一、引导受害妇女树立收集证据的意识

相对于其他案件，家庭暴力取证困难。对干预机构来说，造成取证难

的原因主要源于以下两个方面：

第一，从外界干预角度看。首先，干预人员本身的思想意识和立场态度会影响到取证工作效果。比如，干预家庭暴力的警察，如果对家庭暴力存在认识上的误区，认为是家务事，那么可能不出警或者将工作交给妇联等机构。即使出警，也可能不会作询问笔录、现场勘验等，这样会使本可能成为证据的一些"笔录"等都无法获得。其次，家庭暴力的施暴行为具有隐蔽性，家庭暴力一般发生在私密空间，缺少证人，加害人还可能人为毁灭证据。最后，公私领域的划分和隐私权保护等，使公权力机构难以像对待公众暴力那样直接取证，大大增加了取证的难度。

第二，从受害者角度看。受害者的心理和意识在很大程度上影响取证的难易程度。一般来说，在家庭暴力的初级阶段，受害者有一种怕丑的心理，受传统观念的影响，认为"家丑不可外扬"，不会寻求外界的帮助，甚至可能隐瞒。当家庭暴力发展到比较严重的程度，可能出现一种恐惧心理，在承受暴力的过程中根本无法想到要收集证据，暴力之后可能又担心收集证据会招致更严重的暴力而放弃。但取证难最主要的原因还是受害者缺少收集证据的意识，不知道证据有什么用，不知道哪些可以作为证据，更不知道如何收集证据。因此，让受害者树立收集证据的意识和学会收集证据，十分重要。

一是争取受害妇女的信任。获得受害妇女的信任是做好取证工作乃至整个家庭暴力干预工作的基础。要获得受害妇女的信任，首先要理解其言行，掌握受虐妇女综合征、斯德哥尔摩综合征等规律，了解受害妇女可能存在的内心矛盾、态度反复的特点，理解她、支持她、鼓励她，而不是歧视和责备。

二是引导受害妇女正确认识家庭暴力。受害妇女没有收集证据的意识的原因之一，是对家庭暴力没有正确的认识，如认为"是自己的命""不可能解决"等。因此需要引导她们认识到，家庭暴力是对人的合法权益的侵犯，是违法甚至犯罪的行为，受害者完全有权利拿起法律的武器维护自己的合法权利，在自己的努力和他人的帮助下，将家庭暴力问题处理好。并应该让其了解家庭暴力循环的规律，施暴者不会自动停止，阻断暴力需要借助外界的力量，等等。

三是引导受害妇女充分认识到证据的作用。受害妇女没有收集证据的意识，在很多情况下是不知道证据有什么作用。有些受害妇女甚至在外界机构取证时，拒绝配合，隐瞒证据，甚至否定家庭暴力的存在，替加害人说话。因此，需要让她充分认识到取证的重要性，变消极被动取证为积极主动取证。

二、如何引导受害妇女收集证据

（一）家庭暴力证据

家庭暴力涉及的证据主要有书证、物证、笔录、鉴定意见、视听资料、电子证据等几种。

1. 书证，就是以"书"为证，通过手写、印刷、打字、复写等形式表现出来，能够反映或表达案件事实的记述。比如，家庭暴力告诫书、离婚协议、保证书、日记、信函等。

2. 物证，一般是指以物品的存在、外形、质量、规格、特征等证明案件事实的证据。比如，施暴的工具、暴力毁坏的家具物品等。

3. 笔录，包括具有相关资格的执法人员或法律工作者的勘验、检查和现场笔录等。比如，警察到家庭暴力发生现场所进行的现场勘查和询问所作的笔录。

4. 鉴定意见，是指鉴定人依法受委托，运用自己的专门知识和技能对案件中需要解决的专门性问题进行鉴定后所作出的判断。比如，家庭暴力受害者的伤情鉴定书。

5. 视听资料，是指运用现代科技手段，以录音、录像、电子计算机及其他电磁方式记录储存的音像信息证明案件事实的证据。比如，对家庭暴力实施过程的录像、对施暴者悔过的录音等。

6. 电子证据，是指借助现代信息技术或电子设备形成的一切证据。比如，手机短信、电子邮件等。

此外，在证据类型里还会有当事人陈述、证人证言等证据类型。这两类证据一般是由司法机关收集和认定。

在实践中，并非所有的证据都具有同样的效力，有些甚至是没有证明力的。简单而言，一个有效的证据应该具备三个特征：一是证据的客观性，是指证据本身应该是客观的、真实的，而不是想象的、虚构的。一般来说，原始证据效力大于传来证据；无利害关系的证人证言效力要大于有利害关系的证人证言。比如，家庭暴力施暴者的保证书原件是一种原始证据，其效力一般要大于保证书的复印件。二是证据的关联性，也叫证据的相关性，是指证据与案件事实存在的联系。这种联系要求证据能全部或部分地证明待证事实存在或者不存在。证据的证明力即证据的价值，取决于证据与案件事实有无联系，以及联系的紧密及强弱程度。一般来说，直接证据的效力要大于间接证据。从家庭暴力的干预实际看，经常会遇到这样的情况，受害妇女有证据（如伤情的鉴定书）证明自己受到了伤害，但无法证明伤害是其所指定的加害人所为。在取证时，尤其要注意对"伤害结果与加害人暴力行为之间关联性"证据的收集。三是证据的合法性，是指证据符合法律规定的所有要件。判断证据的合法性标准，主要是从运用证据的主体、取得证据的程序、证据的表现形式和证据材料转化证据的过程是否符合法律规定等进行判断。证据的合法性是证据具有法律效力的重要条件，也是证据的客观性和关联性的重要保证。最高人民法院《关于民事诉讼证据的若干规定》（2001）第六十八条规定："以侵害他人合法权益或者违反法律禁止性规定的方法取得的证据，不能作为认定案件事实的依据。"例如，以暴力手段强迫对方写下的保证书是不合法的证据，没有证据效力。

（二）受害妇女可以收集的证据

1. 受害妇女自己可以收集的证据如下：

（1）施暴者悔过书。家庭暴力有暴力循环的规律，在家庭暴力发生过程中特别是初级阶段，施暴者一般会有悔过的表现，受害妇女可以抓住这一时期，让施暴者写保证书。保证书由施暴者自己书写，具有法庭自认的法律效应，有较强的证明力。

（2）录音录像。如果施暴者不愿意自己写保证书，也可以采用录音录像的方式来收集证据，比如，将施暴者悔过的言语甚至现场音像录下来，也是可以作为证据的。

（3）部分物证。比如，施暴者实施暴力的工具，上面可能有其指纹和施暴者的血迹等。

2. 可以借助其他机构收集的证据如下：

（1）通过报警，让警察到现场进行勘查和询问，警方所形成的告诫书、治安调解书、报警记录、现场勘查和询问笔录以及案卷资料可以作为证据。

（2）可以到鉴定机构（可以由妇联、公安等转介）进行伤情鉴定，鉴定机构最后会形成书面的鉴定意见。

（3）在医院进行医疗救治的过程中所填写的病历本。

（4）向妇联、社区等组织的求助记录。

（5）向公证机构申请公证固定的证据。

3. 收集证据时需要注意的问题如下：

（1）取证的时效性。收集和固定证据有一个时效的问题，过了取证的最佳时期，可能会影响证据的收集和证据的质量。比如，伤情鉴定，如果超过了时限，伤口可能已经愈合，无法鉴定当时的伤害状况。另外有些证据是需要进行证据保全的，比如，电子证据，很容易消失，则需要及时收集和固定，对于可以作为证据的电子邮件、手机短信等，受害人可以向公证机构申请做证据保全公证。

（2）证据的保存。证据的保存也是受害者需要注意的一个重要方面。如果保存不妥当，可能会造成证据的毁灭和证据效力的减弱。建议将证据存放在适宜的环境中，避免因为气温、湿度等自然因素的影响而造成证据的效力减弱。比如，书证就要注意不要放在潮湿或暴晒的地方，那样可能造成字迹变得模糊不清。同时，也要考虑到证据被施暴者或他人取走或毁灭的可能性，放在隐蔽安全的地方比较妥当，娘家、知心朋友家和自己办公室是可以选择的地方，如果放在与施暴者同居的地方，一定要注意隐蔽。

（3）如何形成证据链。在家庭暴力的处理中，能收集到的直接证据往往是很少的。如果能将间接证据尽可能收集的较多，证据能相互印证，形成一个证据链，则能大大提高证据的效力。比如，受害者有3月10日在司法鉴定机构的伤情鉴定书，3月8日邻居听到在受害人家有打斗声和受害者的惨叫，3月9日有受害者向妇联的求助记录，受害者日记中有记录3月8日被丈夫家暴的情节。这些证据虽然都不能直接证明加害人对受害者实施了家庭暴力，但一系列证据相互印证，形成了证据链，其证明力大大提高，容易被采信。

（4）相关证据规则。最高人民法院发布了《涉及家庭暴力婚姻案件审理指南》，其中第四章对家庭暴力的证据进行了规定。

第四十条规定了一定情况下的举证责任转移。"人民法院在审理涉及家庭暴力的婚姻案件时，应当根据此类案件的特点和规律，合理分配举证责任。对于家庭暴力行为的事实认定，应当适用民事诉讼的优势证据标准，根据逻辑推理、经验法则做出判断，避免采用刑事诉讼的证明标准。原告提供证据证明受侵害事实及伤害后果并指认系被告所为的，举证责任转移至被告。被告虽否认侵害由其所为但无反证的，可以推定被告为加害人，认定家庭暴力的存在。"

第四十三条对未成年子女的证言进行了规定，"……借鉴德国、日本以及我国台湾的立法例，具备相应的观察能力、记忆能力和表达能力的2

周岁以上的未成年子女提供与其年龄、智力和精神状况相当的证言，一般
应当认定其证据效力。法院判断子女证言的证明力大小时，应当考虑到其
有可能受到一方或双方当事人的不当影响，同时应当采取措施最大限度地
减少作证可能给未成年子女带来的伤害。"

第五十条规定了互殴情况下对施暴人的认定。"夫妻互殴情况下，人
民法院应当综合以下因素正确判定是否存在家庭暴力：1. 双方的体能和
身高等身体状况；2. 双方互殴的原因，如一方先动手，另一方自卫；或
一方先动手，另一方随手抄起身边的物品反击；3. 双方对事件经过的陈
述；4. 伤害情形和严重程度对比，如一方掐住相对方的脖子，相对方挣扎
中抓伤对方的皮肤；5. 双方或一方之前曾有过施暴行为等。"

第三节　引导受害妇女寻求警方和其他服务机构的帮助

一、如何向警方求助

（一）警察可以提供的帮助

1. 阻断暴力。警察是执法者，可以对正在发生的暴力通过口头、徒
手、警械甚至武器等进行制止。对情节轻微的家庭暴力，警察可以通过出
具告诫书和批评教育，对加害者进行教育和震慑。同时警察有拘捕权，可
以根据情况对加害人采取强制措施，根据法律规定进行处罚。此外，警察
也参与对一些适合调解的低危的家庭暴力进行调处，通过改善双方关系，
达到暴力的消除。

2. 保护受害者。警察 24 小时值班备勤，可以随时接受受害人的求助，
对暴力正在发生和受害人随时可能受到侵害的情况，警察可以通过约束加
害人或者陪护受害人等方式保证受害人安全。警察对人身安全保护裁定的
协助执行，也是对受害人安全的保护。

3. 提供证据。警察在处理家庭暴力过程中的记录和所获得的证据都是
可以作为证据来使用的。特别是现场勘验笔录和询问笔录等。《公安机关
现场执法视音频记录工作规定》（2016 年 7 月 1 日施行）规定，对于"接
受群众报警或者 110 指令后处警"等现场执法活动，公安机关应当进行现
场执法视音频记录。当受害妇女需要提起诉讼或申请人身保护令时，可以
通过法律工作者获得以上证据。

（二）如何获得警察的最大支持

1. 信任和理解警方。当前警察干预家庭暴力工作各地情况不一样，不同的警察处理的情况也可能不一样，总体来看，还存在一些困难，如公安教育中缺乏专门的反家暴教育培训内容，警察对《反家庭暴力法》知晓度不高等。这些困难也是造成警察可能存在立场态度模糊和干预技巧缺失的原因。只有看到警察的这些困难，理解他们的工作，才能获得警方最大的支持和帮助。在家庭暴力发生时，在第一时间报警就是对警察的信任，也是对自己的安全负责，尽可能与警察配合而不责备警察是最大限度获得警方帮助的基础。

2. 保持与警方的良好沟通与联系。受害妇女应该将详细的真实情况告知警方，这些情况的要点包括：伤情、施暴者现在的去处、暴力发生的次数频率和第一次发生的时间、施暴者有无吸毒酗酒赌博、危险程度如何等。受害妇女在告知情况时，很容易陷入负面情绪的倾诉，而忽略了一些要点。在向警察告知相关情况时，如何能将以上要点都详细清楚，将有利于警方把握整个案件。同时出于安全的需要，可以保存办案警察或其他警察（如表现出十分关心的警察）的电话，并设置成快捷方式，这样紧急的情况下，可以以最快的速度将信息告知警方，从而获得最快的救助。

3. 给警方一些提醒。在当前情况下，作为服务机构和受害者，可以在警察介入时给他们一些工作方面的提醒。比如，提醒警方写明家庭暴力而非家庭纠纷。家庭纠纷与家庭暴力有联系也有区别，不能混为一谈，家庭暴力是一种对人的合法权益的侵犯，是违法甚至犯罪的行为，有暴力存在，会造成一定的伤害后果，不能随便适用调解来进行处置。提醒警方进行现场勘查和收集证据。如果警察认为家庭暴力是家务事，家庭暴力的防治是妇联的工作，那么在处理过程中就会忽视现场询问和现场勘查等，因此遇到警察立场模糊、态度不积极的情况，可以提醒他们做好笔录，提醒警方施暴者可能做出的危险行为。家庭暴力施暴者的危险程度和其他暴力行为加害人是一样的，但由于受传统观念的影响，容易把家庭暴力错判为夫妻间的小打小闹。如果办案警察是这样的看法，应该告诉警察，施暴者有可能做出的最危险的行为，以引起重视，尽可能进行防范。提醒警方依据家庭暴力处理的相关法律更好地执法，阻断暴力。

（三）实践中的常见问题

1. 过度依赖警方。警察是干预家庭暴力的一支重要力量，其作用是不可替代的，但警察不可能完成家庭暴力干预的全部工作，特别是在当前大部分地区警力不够、经费不足的情况下，警察干预家庭暴力面临诸多困难，受害妇女应该认识到要向不同的服务机构寻求与其相对应的服务和支撑。

2. 埋怨指责警方。如前所述，警察干预家庭暴力目前还存在很多困难，包括思想观念方面的转变、干预技巧的掌握等多方面，埋怨和指责，不仅不利于问题的解决，反而可能打消办案警察的积极性，理解信任并及时提醒是一种比较理性的方式。

3. 态度前后矛盾。因为受虐妇女综合征和斯德哥尔摩综合征等规律，受害妇女可能存在内心矛盾、态度前后不一致的情况。从实际情况来看，没有接受反家暴培训的警察可能对此难以理解。如果受害妇女能提高自己的理性认识，减少负面情绪的影响，将更有利于争取警方的支持。

二、如何向其他服务机构寻求帮助

（一）如何向妇联与社区寻求帮助

妇联是广大妇女的"娘家"，维护妇女的合法权益是妇联的一项重要工作。当妇女遭受家庭暴力时，完全可以向当地妇联寻求帮助。社区是家庭暴力受害妇女的居住地，离受害妇女最近，能够第一时间了解到情况，同时社区是政府在基层的缩影，政府各部门几乎都有"触角"延伸至此，有利于多机构合作解决家庭暴力问题。家庭暴力受害妇女在寻求妇女和社区帮助时，应该注意：

——妇联和社区是受害妇女可信赖的服务机构，但它们并不可能一家将问题解决，它们能提供的主要是协调、呼吁等一些服务性的工作，不可能替代其他机构尤其是公权力机构的干预，受害妇女不能完全依赖妇联和社区。

——由于对家庭暴力防治工作的重视程度和发展水平的不同，各地的相关工作人员的意识和水平也可能不一样，加之当地可能存在的种种困难，受害妇女不能抱有过高的预期，尽量保持相互理解和信任的关系，避免埋怨指责。

——在寻求帮助之前，受害妇女应该非常清楚自己的需求和目的，在告知相关情况时能清楚地抓住最关键的要点。

（二）如何向医院及法医鉴定机构寻求帮助

家庭暴力所造成的伤害需要及时救助，受害妇女在寻求医疗救助的同时，也应该意识到，伤情可以作为证据。受害者自己对伤情的拍照和口头叙述，证明力很弱，可以通过向司法鉴定所、医院等机构申请鉴定报告，使伤情证据更有效力。受害妇女在寻求医疗机构和鉴定机构帮助时，应该注意：

——向医生直接说出自己是因为遭受暴力而导致目前身体、心理及精神伤害的状况，描述受伤的部位、精神状况及导致伤害的原因。

——请求和配合医生进行常规检查和专科检查。提示医生在人体图上标示出受伤害的类型、数量、大小、程度及部位，对受伤的部位进行拍照并提示医生对体检的证据做保留。

——如果近期曾遭受性侵犯，应请专科医生检查，寻找和留存强暴行为的证据。

——注意其他证据的收集，如撕裂的衣服、扯断的首饰、有血迹的衣物或用作凶器的物品等。

——医学检查的病案记录资料和法医伤情鉴定书要注意留存并保密，如果医院和机构有专人和专柜保存更好，以便于今后查询和利用。注意与医生谈话、医疗诊断及病案记录等所有工作应该在加害人不在场的情况下进行，否则会有危险或证据资料的损失。

（三）如何回答服务机构人员可能出现的不恰当询问①

1. 如果有人这样说——"你这种情况很普遍……"你可以这样回答——"普遍不等于正确……"

2. 如果有人这样说——"这是你的家务事……"你可以这样回答——"不，这是违法犯罪……"

3. 如果有人这样说——"你回家冷静地好好和他谈下……"你可以这样回答——"如果我在家可以这样解决，我就不会来求助了……"

4. 如果有人这样说——"想想你的孩子吧……"你可以这样回答——"我正是为了让我的孩子有个健康没有暴力的家……"

5. 如果有人这样说——"他为什么打你……"你可以这样回答——"因为他有暴力的问题……"

6. 如果有人这样说——"如果你离婚，你的孩子将来没有爸爸，你会毁了他一生……"你可以这样回答——"如果我被打死了，孩子将来没有妈妈，爸爸也会坐监狱……"

7. 如果有人这样说——"家丑不可外扬……"你可以这样回答——

---

① 参见中国婚姻家庭研究会主编：《帮助家庭暴力受害妇女工作手册》，法律出版社 2017 年版。

"这不是家务事，这是社会问题，是公事……"

8. 如果有人这样说——"你是为了离婚吗……"你可以这样回答——"目前，我只想停止暴力……"

9. 如果有人这样说——"一个巴掌拍不响……"你可以这样回答——"不，家庭暴力的责任完全在施暴者……"

10. 如果有人这样说——"离婚会伤害你的孩子……"你可以这样回答——"家庭暴力的伤害比离婚对孩子的伤害大多了……"

11. 如果有人这样说——"这个我负不了责……"你可以这样回答——"请问谁可以负责，我可以找他帮助我……"

第四节　引导受害妇女学习相关法律知识

当前，我国已经出台了《反家庭暴力法》，并有诸多法律明确禁止家庭暴力或涉及家庭暴力，可以引导受到家庭暴力的妇女认真学习这些法律，认识到家庭暴力是对人合法权益的侵犯，学会拿起法律的武器来保护自己。

一、引导受害妇女学习《反家庭暴力法》

在帮助家庭暴力受害妇女时，可以根据情况引导其学习《反家庭暴力法》，重点学习《反家庭暴力法》中国家对家庭暴力的立场态度、对家庭暴力的法律界定、国家对特定群体的特殊保护、相关部门机构的职责以及如前所述的六大制度等内容（《反家庭暴力法》全文参见附录1）。

二、引导受害妇女学习其他相关法律条文

除《反家庭暴力法》之外，还可以根据情况引导受害妇女学习与家庭暴力相关的法律条文。

（一）其他法律中有关家庭暴力的规定（参见附录2）

1.《中华人民共和国宪法》；

2.《中华人民共和国刑法》；

3.《中华人民共和国民法典》；

4.《中华人民共和国刑事诉讼法》；

5.《中华人民共和国治安管理处罚法》；

6.《中华人民共和国妇女权益保障法》；

……

（二）有关家庭暴力的主要司法解释及规范性文件（参见附录3）

1.《最高人民法院 最高人民检察院 公安部 司法部关于依法办理家庭暴力犯罪案件的意见》；

2.《民政部 全国妇联关于做好家庭暴力受害人庇护救助工作的指导意见》；

3.《全国妇联 中央宣传部 最高人民检察院 公安部 民政部 司法部 卫生部关于预防和制止家庭暴力的若干意见》；

4.《公安部 中央政法委 最高人民法院 教育部 民政部 司法部 国家卫生健康委 全国妇联 国务院妇儿工委办公室关于印发关于加强家庭暴力告诫制度贯彻实施的意见》；

……

第五节　引导受害妇女进行危险管理

第六章"家庭暴力干预中的危险管理"中已经阐述了如何引导受害者进行危险管理，此节主要在前述的基础上，进一步阐述针对受害妇女这一具体对象如何进行危险管理。

一、引导受害妇女建立安全意识

家庭暴力并非夫妻间的小打小闹，也不是家人之间发生的简单矛盾纠纷。家庭暴力具有与其他暴力一样的危险性，不仅影响家庭和睦，也可能造成人员伤亡。这种危险既直接针对家庭暴力受害人，也可能波及干预人员和其他人。有研究表明，在处理家庭暴力案件中牺牲的警察和处理其他案件牺牲的警察的人数是一样的。在干预家庭暴力的过程中，要始终把安全放在第一位。为了最大可能地保障安全，不仅干预人员需要具有管理危险的意识和相关能力，受害者也应该具备进行危险评估的意识，及时规避危险。

从实际来看，家庭暴力受害妇女能够准确意识到自身危险程度，并采取积极有效措施的比率并不太高。家庭暴力的施暴者和受害者长期共同生活在一起，虽然暴力发生时有危险，但更多的时候是平静的。这种平静容易让受害人在心理上降低对危险的警觉意识。在夫妻间的家庭暴力中，存在许多"高危险低意识"的受害妇女，虽然她们已经面临致命性危险，但她们并没有准确地感知，甚至习以为常。

在家庭暴力发生之后的任何阶段都应该做危险评估，家庭暴力的危险性可能随着暴力循环而逐步升级，也有可能在较短的时间内骤然上升。当然，严重程度的家庭暴力更需要及时做好危险评估，危险评估是进一步排除危险因素、保障受害人安全的基础。

二、引导受害妇女进行危险、伤害和需求等方面的评估

（一）危险评估

在帮助受害妇女建立危险评估意识的基础上，还应该进一步指导她如何评估自身所面临的危险。评估危险主要有以下两种途径：

1. 借助量表工具进行评估。可以采用自测的评估量表（参见第六章第二节表 6-6）进行评估。

2. 根据实际情况进行评估。干预人员可以指导受害妇女，除了借用量表之外，也可以从自己所承受的家庭暴力的一些实际情况来进行评估，具体来说有以下两个方面：

（1）施暴者方面。

暴力史：有多年家暴史，施暴频率越来越高，暴力手段越来越残忍。

施暴者类型：反社会型施暴者，有反社会型人格障碍，有犯罪前科，总认为自己是对的，错误在对方，经常"出手教训"别人；边缘型施暴者，有边缘型人格障碍或特点，占有欲、控制欲很强，有自残甚至自杀行为，绝对不允许受害者离开，即使同归于尽。

施暴行为：经常醉酒或吸毒；跟踪威胁或虐待；攻击他人频率增加、虐儿、受害者怀孕期施虐；扬言杀人；施暴者精神不稳定，行为突然改变、施暴宠物、喜爱暴力色情、攻击家外人或违反保护令。

（2）其他方面。

暴力形式：出现性暴力。性暴力是一个危险信号，性暴力出现表明施暴者可能已经没有把受害者的基本人格尊严放在眼里，而是把她当成了泄欲工具，后果自然严重。

暴力类型：循环性家庭暴力。这种情况如果没有外界有效的干预，受害者又陷入"习得性无助"，最后的结果很可能演变为严重的伤亡。当家庭暴力进入一种循环升级，施暴的间隔越来越短，手段越来越残忍，伤害的结果越来越严重，也没有曾经的道歉悔过的情节，说明暴力已经在循环中发展到非常危险的程度。

重要状况：有些重要的状况出现，家庭暴力的危险性可能陡然增高，如不光彩的事情曝光（如外遇、犯法），闹离婚和分手等。

危险工具：在家里如果存有（特别是施暴者有意存放）一些可能成为致命性凶器的武器或物品，会提高危险性，比如枪、管制刀具、硫酸、炸药等。

需要说明的是，关于如何指导受害妇女在危险评估的基础上进一步排除危险因素，以及干预人员如何对家庭暴力案件进行风险管理等有关内容，在"第三章如何给予家庭暴力受害妇女需要的服务"中已经介绍，在这里不再进一步展开。

（二）伤害评估

笔者认为，在进行伤害评估时，要注意以下三个方面：

一是既要评估身体伤害，也要评估心理伤害。身体的伤害有些是显而易见的，但有些可能是内伤，都应该要关注到。心理伤害不亚于身体的伤害，它给受害妇女造成的伤害更深、更加难以愈合，恐惧、焦虑、抑郁等是家庭暴力受害妇女易见的心理疾病。

二是既要评估伤害，也要处理和鉴定伤情。遇到紧急的情况，应该立即采取急救措施，并寻求医疗救助。同时应该转介受害妇女到专业鉴定机构进行伤情鉴定。

三是既要评估直接受害人，也要评估潜在受害人。在配偶暴力中，除了直接受害人之外，往往还存在子女等潜在受害人，应该要同时关注到，并在之后的处理中采取相应的措施。

在对受害妇女进行伤害评估时，可以参考表8-1进行记录。

表 8-1　家庭暴力受害者伤害评估记录表

		发生时间	身体伤害	心理伤害	是否鉴定
受家暴的历史	第一次				
	最近一次				
	最严重的一次				
施暴情况	施暴方式：				
	施暴频率：				
	施暴前征兆：				
其他人	子女受害情况：				
	其他家属受害情况：				

（三）需求评估

进行需求评估是为了更全面、更及时地给受害人提供服务。在进行需求评估时，应该注意以下三个方面：

一是要尽可能全面评估受害妇女的需求。有些需求是受害妇女直接会说出来的，有些需求可能她自己都没有意识到，要靠评估人帮助其挖掘。

二是不能仅停留在评估的层面上，还要告知受害妇女满足需求的方式和途径，如各个相关机构可以提供哪些服务。

三是不得强行要求受害妇女接受某项服务。我们可以告知她各种需要如何满足，但接不接受服务由受害妇女自己决定，不要包办代替，更不能强制其接受。在进行需求评估时，可以参考表8-2进行记录。

表8-2　家庭暴力受害者需求评估记录表

评估项目	具体情况	解决途径
医疗需求		
庇护需求		
心理咨询需求		
法律援助需求		
经济援助需求		
就业安排需求		
申请保护令		
子女就学需求		
安全计划需求		
其他需求		

三、帮助受害妇女制订安全计划

安全计划是帮助受害妇女在面临可能发生的特别危险情况时，采取最有效的安全措施的方案。制订安全计划是受害妇女应对危险的一项必要措施，尤其是选择暂时不离开加害人的受害妇女，尤为重要。帮助受害妇女制订安全计划（参考第六章"家庭暴力干预中的危险管理"），尤其需要注意以下三个方面：

一是准备好迅速离开时需要携带的物品，包括身份证、银行卡或存折、手机、一定的生活必需品，有时甚至包括一些证据材料和小孩的生活用品等。

二是设计好迅速离开的路线。应该尽量选择可以最快摆脱施暴者、最容易获得他人帮助的路线，尽量避免选择黑暗、偏僻的路线。

三是及时将危险信息传递给他人。可以将辖区警察和可信赖的亲朋好友或邻居的手机设置成快捷键，在遇到危险情况时，立即拨打。尤其应该争取邻居的帮助，在此之前，可以与邻居沟通好，当受害妇女做出某一举动时（如推倒花盆），表示特别危险，希望得到邻居的立即救助。

需要指出的是，在帮助受害妇女制订安全计划时，要按照"真诚、同感、无条件尊重"的原则，与其讨论共同制订。干预者应该清楚地理解她的处境，了解其心理状况与选择意向。

四、对紧急情况进行处置

在家庭暴力处于危险的紧急情况时，需要对危机立即进行处理，采取有效措施积极应对。这些措施主要包括立即报警、处理伤情、临时庇护和申请人身安全保护令等。

（一）立即报警

对正在发生的家庭暴力，应该立即报警，防止事态升级。警察有执法权、拘捕权，可以依法对施暴者采取强制措施，即使情节相对轻微的，也可以通过批评教育和出具告诫书等起到震慑的作用。

警察对待家庭暴力案件应该有清晰的立场态度，不能以家务事为由不出警或将责任推给妇联等机构，不能以家庭纠纷为由只进行简单的调解。干预警察应该像对待公众暴力案件一样对待家庭暴力，按照规定的程序进行现场处理，检验伤情。根据需要进行现场急救、拨打 120 或护送医疗机构，进行现场询问和现场勘查，固定证据并形成笔录。

需要指出的是，警察在干预家庭暴力时，应该坚持以受害妇女为中心，在对受害妇女进行询问时，需要理解其言行、尊重其选择，避免对受害妇女的二次伤害。在这种情况下，可以按照以下守则开展询问。

表 8-3　与受害妇女交谈守则

应该做的	不应该做的
将受害者与施暴者分开	不考虑受害者的安全问题
询问暴力发生的经过及伤情	问"他为什么打你""你为什么不离开"
告诉家庭暴力是侵犯人的权利的违法犯罪	站在加害人角度说话，责备羞辱受害人

（二）处理伤情

在有些警察没有到达现场的情况下，干预人员应该根据现场情况，平息加害人情绪，尽量将施暴者和受害者分开，并及时处理伤情，根据需要开展现场急救、拨打 120 和护送医疗机构，同时告知和转介受害者及时到相关机构进行伤情鉴定，固定证据。

（三）临时庇护

对于情节比较严重的情形，有必要将受害妇女转介到相应场所进行庇护。各县市区应该设置专门的家庭暴力受害者庇护所，庇护所应该具有一定的隐蔽性，是施暴者无法知晓的场所，不仅能保证受害妇女的安全，还能免费提供一定时间的居住。有条件的庇护所，还可以给受害妇女提供心理辅导和法律咨询等。临时庇护的时间一般不会太长，但受害妇女可以根据情况多次申请。

（四）申请人身安全保护令

人身保护令制度是专门为家庭暴力受害者提供的民事法律救济途径，它相当于在施暴者和受害者之间筑起了一道"隔离墙"，将施暴者阻拦在够不着受害者的地方。它能在很大程度上预防家庭暴力的再次发生，降低家庭暴力发生时的严重性。因此，这种民事保护令制度在国际上被公认为是预防和制止家庭暴力最有效的措施，并被越来越多的国家纳入司法程序。

我国借鉴国际成熟经验，在最高人民法院发布的《涉及家庭暴力婚姻案件审理指南》中首次专章规定了"人身安全保护裁定"程序，并将其界定为一种民事强制措施，是人民法院为保护家庭暴力受害人及其子女和特定亲属的人身安全、确保民事诉讼程序的正常进行而作出的裁定。《反家庭暴力法》用一章的篇幅对"人身安全保护令"进行规定，当前，人身安全保护令已经在各省区市逐步推行，受害妇女可以根据情况向当地人民法院申请。

第九章　家庭暴力干预中的
施暴者干预

家庭暴力施暴者中既有男性也有女性，但总体来看，男性施暴者所占比例更大，此处仅以男性施暴者为例来讨论施暴者干预。一直以来，施暴者干预都是家庭暴力干预中的难点，从国内外的家庭暴力干预实践看，也是相对比较薄弱的一环，但是也有一些经验和探索，以下从对施暴者的正确认识、干预过程、干预方式和国内外经验等方面进行阐述。

第一节　对施暴者的正确认识

一、对施暴者的认识误区

1. 误区之一：只有经济落后的地区没有文化的人才会施暴。很多人认为家庭暴力与贫穷和文化素质相关，只有经济水平不高、文化素质低的人才会选择用暴力对待家人。这种观点是错误的，虽然经济问题经常是家庭暴力的促发因素之一，文化知识学习也确实会提高人的文化素质，但是这两个因素并非家庭暴力发生的决定性因素。如前所述，家庭暴力发生的原因十分复杂，有引发家庭暴力的直接原因，也有背后的真实原因，还存在家庭暴力深层的根本性原因；影响家庭暴力的因素同时具有多样性，有施暴者本身具有的生物和心理方面的倾向性因素，还有外部促发家庭暴力的因素，以及强化家庭暴力的因素。

事实上，社会各阶层人群中均存在家庭暴力。调查表明，受过良好教育的人也可能是家庭暴力的施暴者，高学历人群当中存在施暴者，政界和商界成功人士当中也存在施暴者。从现实反映出来的情况看，可能在经济不发达地区文化水平不高的人施暴比例更高。但这只是家庭暴力"暴露"程度的问题，在城市和文化素质较高的人群之中发生的家庭暴力，隐蔽性更强，施暴者更懂得如何掩盖真相，维护自己在社会中的形象。

2. 误区之二：施暴是因为"有病"，应该谅解。有人认为，连家人都打，施暴者应该是有精神疾病，应该谅解。这种看法是错误的，首先，施暴者真正有病的不多。大多数施暴者并非有病，而是在醉酒、赌博、吸毒等之后出现暴力行为的。很多施暴者在家庭暴力初始阶段都会道歉，可能以"心情不好"和"无法自控"等作为理由进行解释，但这些只是推脱责任的借口，不能成为谅解的理由。

其次，即使"有病"也不一定免责。家庭暴力是对人合法权益的侵害，是违法甚至是犯罪行为，根据法律规定，违法犯罪可以免予处罚的"病人"，主要指没有辨识能力的精神病人和发病期间的间歇性精神病人。施暴者实施伤害的时候，是具备辨识和选择能力的。在实施家庭暴力过程中，他们始终选择的是身边的弱者，暴力所针对的往往是经常被他伤害的同一个人。多数施暴者对"是否能够施暴""以什么手段施暴"非常清楚。如果遇到较强的对手、可预测的反抗威胁或外界力量，特别是较有力度的官方力量介入，他们往往会权衡利弊，适可而止。

最后，反复施暴不值得谅解。家庭暴力有反复甚至循环升级的特点，只有零次和无数次之分，一旦发生就可能周而复始、循环升级。根据暴力循环理论，在初始阶段，施暴者都可能有向受害者悔过的情节，但暴力一般不会真正停止。受害者在施暴者真诚的道歉之下，往往接受其悔过，但这样只会进一步纵容施暴行为，使得暴力向更加严重的程度发展。

3. 误区之三：施暴者咎由自取，不值得同情。当看到施暴者手段残忍、令人发指，最后导致家庭破裂、妻离子散，多数人会认为施暴者咎由自取，不值得同情。这种看法也是偏颇的。

一方面，我们不仅要看到施暴者是家庭暴力的加害者，还要看到施暴者最终也是家庭暴力的受害者。在第一章第一节"家庭暴力危害的严重性"部分，已经分析了家庭暴力对施暴者的危害。家庭暴力可能造成妻离子散、家破人亡，这样的结果也不是施暴者本人理性所期盼。家庭暴力发生时，施暴者往往处于非正常状态，待恢复理性后，施暴者一般会有后悔之意。在成为一个施暴者的过程中，可能存在一些无法抗拒的原因。比如，在年幼时，原生家庭可能存在的暴力环境造成的不良示范和心理创伤，受"男尊女卑"不良传统文化的影响等。家庭、社区甚至社会诸多不良因素对施暴者均可能产生影响，不能将全部的原因都归结到施暴者身上。

另一方面，对施暴者的干预需要有理性的态度作为基础，才能真正理解和帮助到施暴者。除了让施暴者对施暴行为所产生的危害负责，接受应有的惩处之外，还应该从将施暴者作为受害一方给予帮助，才能更好地防治家庭暴力。每个施暴者有自己的思想和感情、困惑和痛苦，对施暴者干预也需要有关心、同情和理解（但不是支持其暴力行为）。每一次家庭暴力行为都是不可能被谅解的，但每一个施暴者都有值得帮助的地方。只有以这样一种理性的看法去对待施暴者，才能引导其反思自己与受暴者的关系，以建设性的沟通方式取代暴力，引发他们反思和改变自己的行为。

二、施暴者的特点

（一）男权思想膨胀

如前所述，社会文化是家庭暴力的根源之一。在我国，"男尊女卑""男主女从"的不良封建思想或多或少地影响着当代人。许多男性施暴者就在这样一种不良思想的影响下，对女性实施家庭暴力，其男权思想主要有以下表现。首先，以自我为中心。在男权（也即父权）至上的封建传统社会，男性是社会的主宰，社会和家庭也主要以男权掌握者的意志为转移。其次，思想上歧视女性。很多男性施暴者受传统男权思想影响，认为自己高人一等，妻子就是伺候丈夫、完全服从丈夫，丈夫管教妻子是天经地义的。最后，忽视女性感受。思想上歧视女性则会在行为上侵犯女性、伤害女性，表现为对女性更多的强制和逼迫、无视女性的主观意愿、忽视女性的感受。

（二）控制欲望强烈

男性施暴者的控制欲非常强烈，主要控制受害者的交往、经济等方面。这种控制虽然没有直接造成身体伤害，但会给受害者不舒服甚至恐惧的感受，受害者清楚脱离施暴者控制的后果非常严重。施暴者控制受害者的原因可能非常复杂，从思想观念上看，如果施暴者有"男主女从""男尊女卑"的思想，他可能认为女性就是要被经常管教的。从人格特质看，如果存在反社会型人格障碍，他会管教别人一直到听话为止。从个性心理看，施暴者可能因为嫉妒而控制受害者。控制如同一个深渊，永不停止并愈演愈烈，即使受害者完全服从，控制的手段也会变本加厉，直至将人杀害。

（三）既施暴又悔过

根据暴力循环规律，在家庭暴力初始阶段，施暴者一般会有悔过的情节。在实施暴力之后，施暴者回归理性，他们会认识到自己的错误，并主动向受害者道歉，请求原谅。一般来说，他们的道歉是真诚的，有些为了表达自己的歉意，会通过送礼物、写保证书甚至伤害自己等各种各样的方式来获得受害者的原谅。道歉时的态度与施暴时判若两人，在初始阶段，受害者一般会为其所打动而选择原谅。然而，不管道歉有多真诚，保证书写得有多坚决，均不代表他会真正停止暴力。当其情绪被刺激，愤怒积累达到临界点，暴力必然再次发生，如此周期反复，循环升级。

三、施暴者的类型

（一）Holtzworth-Munroe 等的三分类[①]

美国印第安纳大学临床心理系教授 Holtzworth-Munroe & Stuart（1994）从三个向度，即严重程度、只对其妻或亦对外人以及有无心理病理或人格异常，将男性婚姻暴力施暴者分为以下三类。

1. 只打家人型（family only）。这种类型施暴者的施暴行为只涉及家人，多无犯罪前科记录，无严重心理病理上的问题，暴力程度较其他二者小，此型约占50%。此类个案的社会经济地位从高到低都有，如某些中高社会经济地位者也会对妻子实施家庭暴力。

台湾地区学者林明杰认为此类型还可分长期暴力与偶发暴力。前者之婚姻暴力原因常为丈夫在暴力家庭长大、压力大且没有解决方法、夫妻沟通模式长期不佳；后者原因可能是男方或女方有外遇，或女性好赌等引发的婚姻暴力，若以殴打五次来区隔，此两类约各占30%与70%。然而若以站在"出手即不对"的一般之道德标准与刑事法庭裁判来看，则可按哪方出手来分类，可分为只男方出手型、只女方出手型、男女均出手型，约分别占60%、10%、30%。[②]

2. 反社会型（generally violent/antisocial）。此类型施暴者的家外暴力行为很多，多会有暴力犯罪的前科记录，约占25%，其惯常以暴力来处理冲突。心理病理上可能有反社会人格异常，也因此有自恋，往往认为错误永远在对方，需要出手教训，并不怕亲密对象离之远去，自认为可以随时找到伴侣。

---

① Holtzworth-Munroe, A., Meehan, J.C., Herron, K., Rehman, U.&Stuart, G.L.（2000）. Testing the Holtzworth-Munroe and StuartBatter Typology. Journal of Consulting and Clinical Psychology, 68 (6), 1000-1019. Holtzworth-Munroe, A. & Stuart, G.（1994）. Typologies of MaleBatterers：Three Subtypes and the Differences among Them. Psychological Bulletin, 116 (3), 476-497.

② 参见林明杰主编：《家庭暴力与性侵害的问题与对策》，台湾元照出版社2013年版，第5页。

3. 边缘型（dysphoric/borderline）。这种类型男性施暴者虽可能在家外也有暴力行为，但不会太多。其情绪易变且常觉烦躁，有边缘型人格异常，约占 25%。这类施暴者往往有边缘型人格倾向，其特点为"曾说过要分手就一起死"与"曾威胁要自杀或自伤"，情绪态度起伏很大，完全无法容忍妻子提分手。伤妻行为常具有毁灭性，也常会杀妻儿后自杀，是最需要避免悲剧发生的婚姻暴力类型。

（二）Dutton 的三分类[①]

Dutton 是加拿大温哥华 University of British Columbia 临床心理学教授，他（1995）将男性婚姻暴力施暴者分为以下三类：

1. 病态人格型男性婚暴者（psychopath wife batterer）。这种类型的施暴者自青少年起即有一连串的偏差行为，符合反社会人格标准，约占 40%。

2. 过度控制型男性婚暴者（over control wife batterer）。这种类型施暴者的特点为对妻子会有过度之控制行为。心理测验发现此类型施暴者有很明显的畏避及被动攻击人格，他们的施暴行为通常会是在遭遇外在之挫折且长期以来未加舒解而突然爆发。此外，其施虐行为也会在两方面较多，即操控/隔离行为（dominance/isolation）及情绪虐待。此型约占 30%。

3. 循环/情绪易变型男性婚暴者（cyclical/emotional volatile wife batterer）。这种类型施暴者的特点是不会描述自己的感觉，但极需控制他们的伴侣。据 Dutton 观察，当他们看到女性因不愿受男友控制而想离去的影像时，他们都会有比非暴力男友更愤怒的表现。Dutton 认为这应是他们觉得在此情境中被遗弃，因害怕被遗弃而产生的狂怒表现。他们的妻子多会描述其先生好像是双面性格，他们的朋友多会认为他们是好好先生，即使在警察或治疗师面前也会表现顺从，而看不见他们的另一面。此型均占 30%。

（三）Jacobson & Gottman 的两分类[②]

Jacobson & Gottman（1998）在实验室观察 61 位男性婚暴者，发现可依迷走神经在争吵时的活动，将男性婚暴者分为以下两类：

1. 眼镜蛇型（cobra）。这种类型的施暴者在与妻子互动而被激怒时，其迷走神经现象（vagal sign）反而变得更冷静，如心跳变慢。但大部分人

---

① Dutton，D. G.（1995a）. The Batterer：A Psychological Profile. NewYork：Basic Books. Dutton，D. G.（1995b）. The Domestic Assault ofWomen：Psychological and Criminal Justice Perspectives. Vancouver，Canada：The University of British Columbia Press.

② Jacobson，N. & Gottman，J.（1998）. When Men Batter Women. NewYork：Simon & Schuster.

则会有自律神经的激起反应，如心跳加快及手掌流汗等，有20%之男性婚暴者属于这种类型。这种类型的施暴者有些是病态人格，无法与他人建立真正的亲密关系，即使结婚后仍然只依自己之需求行事，其妻子只是供其实时满足的踏脚石（convenient stepping-stone）而已。他们通常将亲密程度维持到最低，妻子仅仅是靠近他们都可能有危险，因为他们绝不想受到任何控制。其自少年起即有一连串之反社会行为。同时发现其原生家庭多很混乱（chaotic），可能得不到双亲之爱护，甚至经常在幼年受虐。

2. 斗牛型（pit bull）。80%之男性婚暴者属于这种类型。这种类型施暴者的暴力行为对象多是家中成员，特别是妻子。他们的父亲也多会有殴妻行为，因此他们学到殴妻是可接受之行为。与前一类型不同，他们通常没有犯罪记录，且内心害怕被妻遗弃而情绪上又很依赖妻子。因此常因妒忌而愤怒，也会千方百计地想要控制其妻子的个人生活。至于暴力程度方面，斗牛型虽相对较少，但也可能会有严重伤亡。在受害者脱困难易方面，眼镜蛇型虽会采取迅速之攻击行动，但较易分心，且不怕被受害者甩离；反之，斗牛型则可能会采取激烈手段不让受害者离开他们。

（四）Johnson 的二分类[1]

Johnson（1995）将男性亲密暴力者区分为"父权恐怖主义型"（patriarchal terrorism，占20%）与"一般的配偶暴力型"（common couple violence，占80%）两种类型：

1. 父权恐怖主义指的是持续性地采取暴力与非暴力行为，以达到控制配偶的目的。施暴者采取各种方式以在双方关系中达到完全控制，父权恐怖主义可能随时间加剧升级，并且有较高的可能性会造成严重的身体伤害。

2. 一般的配偶暴力则是因为在某个特殊争执或冲突之下，所产生的间歇性、周期性的回应，因此冲突仅限于某种特殊情境。

一般的配偶暴力常发生在配偶双方不良互动中，父权恐怖主义主要是由施暴者一方行使暴力，一般的配偶暴力也较少因时间而加剧，而且也较不可能会产生严重的暴力。

---

[1]　Johnson，M. P.（2008）. A Typology of Domestic Violence：IntimateTerrorism，Violent Resistance，and Situational Couple Violence. Lebanon，New Hampshire：Northeastern University Press. Johnson，M. P.（1995）. Patriarchal Terrorism and Common CoupleViolence：Two Forms of Violence against Women. Journal ofMarriage and the Family，57，283-294.

（五）Gondolf 的四分类①

美国宾州州立大学犯罪学教授 Gondolf（1997）用米隆临床多轴量表测试，发现所有男性婚暴者中 25% 有严重之精神异常。而在人格特质上，25% 有自恋人格、24% 有被动攻击人格、19% 有反社会人格、19% 有忧郁人格。依此将男性婚暴者分为四类，即极少病理型、自恋/反社会型、畏避/依赖型、严重病理型。此外，有酗酒倾向者占 56%。

第二节　施暴者干预的过程

一、对施暴者干预过程的认识

笔者认为，要进行施暴者干预，首先就需要对这个干预过程有一个正确认识，看到这一过程的复杂性和艰巨性，在干预过程中避免急于求成的心态，保持应有的理性，持有足够的耐心。

首先，施暴者干预过程是一个漫长的过程。施暴者干预是家庭暴力干预中一个相对较难的环节，让施暴者改变是一个漫长的过程。施暴者之所以施暴，可能涉及多方面因素的影响，积习也往往有较长的过程，因此改变施暴者同样是一个漫长的过程。少则几个月至半年，长则几年甚至十几年，有些可能根本无法改变。

其次，施暴者干预是一个艰难的过程。在施暴者非接受强制干预的情况下，干预人员不仅要注意安全，还可能遭到拒绝。让施暴者接受干预人员的干预尚且不易，要改变施暴者更是一个极为艰难的过程。这也对干预人员方方面面的素质和能力提出了要求，没有强大的心理素质和处置能力，难以进行施暴者干预。

最后，施暴者干预是一个反复的过程。即使经过多部门干预人员的共同努力，施暴者在一段时间里面做出了积极改变，但这也并不意味着干预成功了。如前所述，家庭暴力具有反复性、循环性，一时的改变不代表什么，随着情况的变化，施暴者可能过一段时间之后又回到了原来的状况。但这并不意味着毫无效果，在持续努力之后，如果有施暴者深层次思想上

---

① Gondolf, E. W.（1996）. Characteristics of Batterer in a Multi – siteEvaluation of Batter Intevention Systems：A Preliminary Report. Online available：http：//www. mincava. umn. edu/papers/gondolf/batchar. htm，http：//www. iup. edu/maati/publications.

的变化，再加上改变的决心，持之以恒就会出现行为的稳定的积极变化。

二、干预过程中施暴者拒绝改变的常见心理

（一）美国学者的总结①

Jayne（2000）曾具体地指出几种阻碍施暴者改变的因素，包括否认、自我维护、同侪压力、自怜、责怪他人，以及觉得自己永远是对的，或者认为改变太难，难以做到。

1. 否认。如果施暴者否认自己的行为有错，他是不会改变的。因此他就必须透过另一种方法——说谎，来达成否认的目的。由于施暴者费尽心力忙着说服别人，通常也说服自己，他根本没有多余的力气去做出改变。要让施暴者承认自己的行为差劲，是一件相当困难的事。但改变行为才是最重要的任务，利用其他方法让他感觉好过一点其实是行不通的。如果施暴者可以得到想要的一切，那他根本不会想也不需要改变。

2. 自我维护。有些施暴者好像认为，只要做了一件好事，似乎就可以消除以前做过的坏事。这常发生在暴力循环的蜜月期之中，连受害者都可能被这样的想法所蒙蔽，他们只想结束以前的混乱，并且相信一个小小的施惠动作就足以打发掉过去的罪恶。事实上，这种想法只会阻碍他们做出真正的改变。

3. 同侪压力。大部分的人都同意"打老婆、小孩不是什么男子汉的行为"，不过有些人却觉得男人如果不这么做，就表示他很软弱。事实上，如果他继续实施暴力行为，他所失去的还会更多，而且后果比改邪归正被其他男人取笑还要惨重。这是一种"父权文化"下的遗毒。"男子汉"的定义，在这个时代跟过去已经不太一样了，但在某些群体次文化中，这样的同侪压力仍然非常强大。

4. 自怜。"我是无可救药的混蛋"。自怜的施暴者忙着自暴自弃，根本没有心思想到其他的事情。自怜似乎有一些好处，一句"我不行""我无能为力"，就好像可以避免责任。他们认为，如果他们觉得自己很可怜，也许就可以让别人跟着可怜他们。其实真正的理由是：他们根本不想改变，而这样的伪装通常也很管用。

5. 责怪他人。把自己的行为怪罪于他人、酒精、压力或愤怒，这是另

---

① 参见 Jayne，P. 著，陈彬彬译：《甩了那个混蛋》（Ditch thar Jerk：Dealing with Men Who Control and HumWomen），台北市性林文化 2005 年版。

一种逃避负责任的方法。事实上，每个人都会生气，但大部分的人并不会因为生气就出手打人。"暴力行为"只是一个"选项"，跟你是否要责怪他人没有直接关系。当我们锁定"暴力行为"进行讨论时，施暴者其实是很难回避的。

6. 我是对的！我一定是对的！我永远都是对的！问题是，如果我们认为凡事都有正确的方式和错误的方式，我们就会试图控制别人和周遭的事件，要他们承认错误，并且改用我们认为正确的方式做事。他们并无法理解"如果对方不愿意改变，我们就没有办法强迫他改变"的真正含义。这种人的世界似乎只有"黑、白"或"是、非"两种，而他们一直是在"对的"那一边。要施暴者放弃这种固执的想法并不容易，必须要让他们慢慢了解，"正确"选择，其实不是只有"一"种选择，而且他们不一定都是对的。

7. 这实在太难了，我做不来！是的，"改变"并不是一件容易的事。施暴者就算不需要终其一生的奋战不懈，至少也需要"好几年"的长期抗战。施暴的行为太容易发生了，在权利不对等的情况之下，施暴者必须学习到相当能力的自我觉察与自我肯定。比较好的一种策略是，有一个或一群人陪伴他走过这段艰辛的历程。

（二）我国台湾地区的实务发现[①]

1. 合理化。以对方的言语行为为理由来解释自己的行为表现，常以"因为她……所以我"的方式呈现。例如，"因为她不承认外遇行为，并多次讥讽我，我才忍无可忍地对她动手。""难道做父亲的不可以管教孩子的不良行为？孩子不断地说谎、花钱、偷东西，我不管教难道你法官就有办法管教？"

2. 淡化。将自己的暴力行为影响简化、渺小化，并以此来表示受害者小题大做。例如，"我们是有起一些争执，但也没有发生严重的打架。""在争吵中，我只是抓了一下她的衣领，她是不小心跌倒，才会撞伤头部的。"

3. 否认。对于自己的暴力行为完全不予承认，并常表示无辜、被冤枉。例如，"其实我们感情也一直都很好，我不清楚为什么那天她只为了一件小事，就莫名其妙地找我吵架，之后又怒气冲冲地出去，到现在还没有回家，小孩也都丢给我一个人照顾。"

---

① 参见林明杰、黄志忠著：《他们怎么了——家庭暴力加害人的评估与辅导》，台湾涛石文化事业有限公司2003年版。

4. 偏差的性别观念。有明显男、女性别评价的差异，鄙视女性的价值，而独尊男性观点。例如，"有钱人比穷人大，因为有钱可以做很多事，没有钱则没有人会看得起他。没有钱的男人比有钱的女人大，因为女人有钱会坐吃山空，没有一技之长，不会有钱很久。没有钱的男人只要肯努力，有自己的一技之长，终有一天会有钱。"

5. 认知扭曲。违反社会行为常模规范或偏离大众共识的说辞。例如，"喝酒会出事是在喝烈酒时才会，喝淡酒不会出事。""说我喝酒乱性其实是言过其实，我每天只喝一点水果蒸馏酒养身，饮酒量不大，几天不喝也没有什么事。况且喝了我还照常上班，不会误事。健康检查肝功能只有高一点点，血油也是高一点点而已，你看报告可以证明酒没有造成什么影响。""监视是平等的行为，因为先生可以监视妻子，妻子也可以监视先生，两人可以互相监视。"

6. 极大化对方行为责任，极小化自己行为责任。言词内容均将婚姻冲突的责任归于对方，因对方不当言行使自己受苦，却不去提及自己的角色责任。例如，"太太实在太不顾夫妻情面了，她也不想想以前她生病的时候，都是我带她去看医生。这次就只是为了我喝酒心情不好骂她两句，她就申请保护令。她不想想看，我心情不好才会多喝了两杯，还在那边讲东讲西，我要她闭嘴，她却更过分地回嘴。她自己都不检讨她为什么要对我挑衅，还去法院告我。"

7. 其他。还有认知僵化、多疑、猜忌、认知功能不足、说话内容空洞等。此外，抗拒、闪躲、明显回避，团体鉴定之互动讨论，则是相对人刚进入鉴定时常有的表现。

三、对干预过程效果的评估

对施暴者干预的效果可以进行专业的评估，但在缺少专业工具、缺乏专业技术的情况下，干预人员也可以进行自主判断。由于施暴者干预是一个漫长、艰难和反复的过程，干预人员很难在短时间内真正阻断暴力。在无法真正阻断暴力的情况下，干预人员需要清楚地知道自己所做的工作是否正确，而效果就是正确与否的一个衡量标准。一般来看，以下情况可以视为有效的表现：

一是施暴者虽未停止暴力，但实施暴力的频率降低了。施暴者的变化是一个渐变的过程，尤其是那些已经多次施暴的施暴者。在实际干预时，干预人员如果发现在干预以后，实施家庭暴力的频率降低了，这意味着干预是有效果的。所谓频率，即在单位时间里（如一个月）发生暴力的次数减少了。但要注意的是，这种频率的改变是基于其他情况基本相同的情况下（如伤害程度没有变得严重等），才能算干预有效。

二是施暴者虽未停止暴力，但暴力的伤害结果减轻了。有些情况下，经过干预人员的干预，虽然实施暴力的频率并没有改变，但暴力伤害的结果明显减轻了。比如，经过干预之后，施暴者的暴力形式发生了变化，由原来的拳打脚踢变成了谩骂。这也意味着干预是有效的。但要注意的是，有时候的暴力形式变化是变得更加严重，干预人员需要全面细致地分辨其伤害，而且注意不要轻视精神伤害的严重性。

三是施暴者虽未停止暴力，但出现了内部的积极变化。干预之初，由于时间不长，很难依据外在的暴力行为判断是否发生了改变，此时判定有效的表现可以依据内在的积极变化。施暴者内在的变化无法直接看到，但可以依据其言行表现来进行推断，如经过干预之后，施暴者由原来的极不配合变得主动配合了，由原来的固执己见到开始进行主动承认错误了，或者由原来的拒不改变开始进行反思了等。但要注意的是，由于内部变化的不可观测性，要判定施暴者所表现出来的言行是真实的，还是为了欺骗干预人员而做出的假象。

第三节　施暴者干预的方式

从当前的实际情况来看，我国有条件进行专业性辅导教育（如我国台湾地区的施暴者强制性治疗）的地方并不多，大多数地方还是由干预人员直接进行一般性干预。这种一般性的干预大致有两种方式：一种是以公权力部门干预人员为代表的强制干预，如公安民警干预；另一种是非公权力部门干预人员的非强制干预，如社工干预。这两种干预方式都是当前进行施暴者干预的有效方式，但二者存在较大差异。强制干预侧重于对施暴者的惩处震慑和批评教育，非强制干预侧重对施暴者的沟通和引导。

一、强制干预

（一）对施暴者的震慑与惩处

强制干预侧重的是对施暴者的惩处、震慑和教育，是对施暴者所实施的一种强制外力作用，是基于家庭暴力的非法性而采取的，也是对家庭暴力干预不可缺少的干预方式。强制干预是一种刚性的强硬干预方式，遵从的是一种由外而内强制施暴者发生改变的思路。

进行强制干预要注意危险管理。强制干预一般是公权力在接受报案或求助之后采取的措施，所以一般强调及时性，干预人员应该在接到报案之后及时做出反应。干预人员进入现场时，要了解暴力是否正在继续，避免被施暴者袭击。进入现场后，要进行危险因素识别和排除，此后方可进行调查取证和伤情救助，且须全程关注施暴者情绪变化。在对施暴者进行震慑时，应该控制好现场，防止施暴者因被激怒而实施伤害。进行强制干预时，应该表明国家和公权力对家庭暴力的立场态度，告知其行为将承担的法律后果，禁止施暴者继续实施家庭暴力。同时结合受害者的真实意愿，根据个案的具体情形，依法对施暴者进行惩处。

（二）对施暴者的教育与督促

根据教育与惩罚相结合原则，干预人员在惩处震慑施暴者的同时，可以进行批评教育，尤其针对情节较轻的施暴者。干预人员可以对其进行相应的法制教育，如强制其学习《反家庭暴力法》《妇女权益保障法》《未成年人保护法》等相关法律，使其认清家庭暴力的错误和违法性。

如果条件具备，干预人员可以依法依规责令施暴者接受强制性辅导教育。强制性辅导教育是一种施暴者干预的有效教育方式，一般是根据对施暴者进行强制性辅导教育的规定，强制要求施暴者接受强制性的辅导教育。强制性辅导教育一般由从事心理、法律或社会公众服务的专业人员，以团体辅导的形式进行，强制要求施暴者在规定的时间里，按时接受规定时长的辅导教育课程。

干预人员还可以结合个案的具体情形，对其家庭暴力行为进行分析，指出其行为的错误性和危害性，甚至可以责令施暴者做出不再施暴的保证，并签字捺印。此外，基于家庭暴力反复甚至循环升级的特点，干预人员应该及时进行跟踪回访，督促施暴者真正停止暴力。

二、非强制干预

非强制施暴者干预，一般由非公权力部门干预人员进行柔性干预方式，遵循的是一种引导施暴者由内而外发生改变的思路。在没有条件进行强制干预的地方，可以选择这种方式。但要注意的是，非强制干预不能替代对施暴者的惩罚和震慑。只有在其违法犯罪情节得到惩处之后，才能考虑采取这种方式进行进一步干预，促使施暴者改变。

（一）如何与施暴者接触

1. 以何种角色和心态与施暴者接触。在干预实践中，干预人员由于充满正义感而无法克制自己的情况十分常见，这种心态并不利于施暴者干预。干预人员应该持有正确的心态与施暴者接触，这直接影响到干预的效果和接触时的危险。以"家庭问题的关心者"角色去接触施暴者比较合适，而不是批评者、指责者，这不易引起施暴者反感，有利于施暴者接受，也避免激怒施暴者。在遇到施暴者反感甚至拒绝交流的时候，干预人员首先应该有思想准备，并在此过程中保持冷静和足够的耐心。

2. 如何处理与施暴者相处时的危险。如前所述，施暴者是危险的主要根源。这种危险不仅针对家庭暴力的受害者，还可能波及干预人员自身及其他干预人员。干预人员在与施暴者接触的过程中，首先要注意安全。一方面要注意排除现场的凶器和可能成为凶器的物品，如沙发上的剪刀、餐桌上的刀具，更不可选择在厨房等有刀具的地方进行谈话；另一方面在与施暴者谈话的过程中，不宜使用过激的语言，需要遵守"既不激怒他也不被他激怒"的原则，激怒施暴者会带来危险，也不利于事情的处理。

（二）如何引导施暴者改变

1. 引导过程中如何与施暴者沟通。

一是做家庭问题的关心者，消除其抵触情绪。要让施暴者听进干预人员的话，首先必须让施暴者不反感。一般情况下，施暴者对干预人员是可能存在反感的，所以干预人员首先要做的事情，便是消除施暴者的抵触情绪，解除其对干预人员的防御心理。具体来说，干预人员应该避免使用指责语气和批评的语言，尤其是在刚刚接触的时候，应该注意自身的言语行为不要激惹到施暴者。当然也需要把握好分寸，不要让施暴者误认为干预人员对其施暴行为的认可和支持，适当的时候可以表明自己的立场态度。

二是做故事的倾听者，了解个案的全面情况。干预人员的一项重要素质就是要懂得什么时候该说，什么时候少说。处理个案的时候，干预人员可能有很多想对施暴者说的。但干预人员想说的，很有可能是责备施暴者的话，然而这样的话在与施暴者谈话的过程中一般不建议说，在谈话之初尤其应该让施暴者先说。施暴者如何没有抵触情绪，只要引导得当，他们会选择和干预人员交流。如果施暴者本身性格十分内向，不喜欢交流，干预人员应该多一些耐心和鼓励，引导其从细微处说起。干预人员应该相信，每个人都有自己的故事，每个人都有说故事的欲望。因此干预人员首先应该做一个真诚的故事倾听者。

129

三是做问题分析者，引导施暴者反思。如何找到错误？如果施暴者把事情的经过和自己的想法感受详细地说完了，干预人员可以引导施暴者进行反思。这里首先需要干预人员认真倾听施暴者所说的故事，并能抓住故事的重点，找到施暴者施暴的缘由，发现其中的错误，一步步引导施暴者反思。在倾听时，干预人员尽可能认真听而不打断，并给予及时的鼓励，同时倾听弦外之音。可以运用前面谈到的倾听技巧（见"调解使用"中的"问题树""问题分析框架"），一边倾听一边找到施暴者的感受和深层需要。可以从施暴者应该看到却没有看到的方面去发现问题，也可以从施暴者谈话中的逻辑错误（如以偏概全、绝对化结论等）去发现问题。

如何进行引导？在引导时，可以选择从施暴者可以接受的细微处的错误开始。常见的小的错误显而易见，容易让施暴者反思和承认。如果有了一次反思和承认错误的经历，第二次就会相对容易。同时应该积极引导施暴者做换位思考，换位思考和感受是发现问题的一种有效途径。在引导的过程中，要注意不能急于求成，直截了当地指出施暴者的错误，有可能引起施暴者的负面情绪。干预人员要认识到，施暴者内心的变化是一个漫长的过程。在指出错误时，如果施暴者是处于初次施暴，又能明白事理，只要干预人员引导得当，改变的概率会大大增加。

2. 引导过程中应该注意的方面。施暴者干预难度较大，容易犯错的地方较多，干预人员在引导过程中应该注意以下几个方面：

一是先搞清问题，再解决问题。一般来说，干预人员了解案情主要是通过调查了解和家庭暴力受害者所告知的情况，有些案件还可能不会接触到施暴者，所以施暴者的陈述并非了解案情的必要途径。但是本着兼听则明的原则，在能够接触到施暴者的情况下，通过施暴者了解案情是必要的。同时通过对案情的了解，可以深入了解施暴者的感受和需求等具体情况，为后续干预打下基础。因此在首次接触施暴者时，首先要做的应该是了解案情。只有在了解案情的过程中充分了解施暴者，才有可能有的放矢，取得干预的效果。

二是循序渐进，忌急宜缓。如前所述，施暴者干预是一个漫长、艰难和反复的过程，干预人员应有正确的认识，不要抱有一蹴而就的心理。急于求成容易导致干预人员的非理性干预，造成施暴者拒绝配合干预无效，甚至引发安全问题。从实际干预来看，施暴者的改变无不是一个逐渐变化的过程，干预人员应该有足够的耐心，循序渐进，给予施暴者改变的充分时间，一步一步引导施暴者走向积极的方向。

　　三是多听少说，先听后说。除了外部的强制性措施之外，干预人员主要是通过语言来改变施暴者，恰当的语言能够说到施暴者心坎上，不仅能让其接受，还能给予其启发；而相反，不恰当的语言，不仅无效，还可能引起施暴者的抵触情绪，甚至带来危险，因此使用好语言至关重要。干预人员应该首先清楚什么时候该说、什么时候少说、什么该说、什么不该说。一般来说，要遵循"多听少说，先听后说"的原则。在干预过程中，要引导施暴者多说，说清楚案情，说出其感受和需求，并消除抵触情绪，尤其是在初始阶段。干预人员首先要做一个真诚的倾听者，等到案情基本清楚，施暴者愿意倾听干预人员意见的时候，干预者再说则效果往往比较好。但此时也要注意，把握好说话的分寸，将话说到点子上，最好言简意赅、通俗易懂、不带情绪，让施暴者准确理解意思。

　　3. 引导过程中干预人员能做些什么。在实际干预中，干预人员应该保持理性，避免随意性的干预。而干预的理性主要来自对干预过程有一个正确的认识和把握。从某种程度上说，任何干预的效果都是有限的，由于施暴者情况的不同、干预人员能力水平的差异以及多部门所能提供的支持和服务的多少，对具体的个案来说，干预效果总是有限的。那么干预人员对施暴者的干预主要能够起到哪些方面的效果？

　　一是引导施暴者认清家庭暴力的性质和危害。家庭暴力产生的一个重要根源是传统错误思想观念，而家庭暴力干预上的重要障碍也是思想观念上的问题。干预人员应该首先对家庭暴力的性质和危害有正确的认识，并具备将其说清楚的能力。如果施暴者能够在干预人员的引导下，真正认识到家庭暴力的错误性和危害性，比如，让其看清家庭暴力是一种侵权和违法行为，危害自己和家庭，这将是改变施暴者的良好基础。

　　二是引导施暴者反思自身存在的问题。施暴者之所以施暴，原因可能非常复杂，但总是与自身某方面存在的问题相关。有些施暴者甚至能够主动承认错误，并且想改正错误，但他却无法找到自己施暴的深层原因。比如，有些施暴行为主要是于生活中突然出现的负性事件引发的，有些施暴行为是源于不良人际交往方式，有些施暴行为是过度的嫉妒所致。干预人员要引导施暴者改变，可以从全面反思自身问题开始，找到与施暴最为相关的因素，然后引导施暴者分析和重新认识问题。

　　三是鼓励和引导施暴者做出积极改变。对施暴者的干预之所以难度大，除了引导施暴者内部改变难度大之外，更难的是外部行为上的变化。思想上的变化为行为上的变化奠定了基础，但思想上变化不能代表施暴者最终的改变，行为上的修通还有一个漫长的过程。干预人员应该看到这一点，不能将思想认识上的变化当作干预的终点，应该继续鼓励施暴者做出行为的改变。行为上的改变，不仅需要思想认识和改变的决心作为基础，还需要找到有效的途径和方式。干预人员可以根据施暴者的具体情况，给出一些具体的建议，如寻找心理医生、参加非暴力沟通学习等。

第四节　国内外相关经验

如前所述，针对施暴者难以改变的情况，当前国外的有效做法是强制施暴者接受一定时长的教育辅导，如法律教育、认知辅导和行为矫治等。同时我国在借鉴国外经验的基础上，在施暴者教育辅导方面也进行了初步探索。

一、国外经验

在国外施暴者干预经验中，美国的经验是比较丰富的，对其他国家的影响也比较大，具有一定的代表性，以下主要介绍美国的几种施暴者辅导教育理论和方案。

（一）三大理论及其衍生的辅导教育模式

20世纪70年代，美国的家庭暴力干预者发现仅仅为受害妇女提供庇护，不足以解决家庭暴力问题，因而开始进行施暴者干预。美国的家庭暴力施暴者治疗，可归纳为以下三种模式：

一是以社会及文化原因论为理论基础的女性主义模式（feminist model）。社会及文化原因论认为，家庭暴力的产生主要是因为社会及文化中长期纵容男性对女性伴侣之暴力行为，因此在干预中应给予施暴者教育课程而非治疗，治疗只会给施暴者推卸责任的借口。因此女性主义模式主要是对施暴者开设强制性教育课程，教育施暴者理解社会文化的影响，学会尊重女性，对自己的行为负责，用非暴力和尊重的行为方式进行人际交往。

二是以个人原因论为理论基础的心理治疗模式。个人原因论认为家庭暴力是施暴者个人的人格异常、幼年经验、依附模式或认知行为模式等所造成的，应以心理治疗之方式加以改善，因此心理治疗模式主张对施暴者进行心理治疗和行为矫正。心理治疗可以认知行为治疗模式（cognitive-behavioral model）为主强调施暴者对暴力之认知及行为之改善，并增加自我肯定训练及社交训练。此外尚有精神动力模式，后来又将依附模式（attachment model）加入认知行为模式中。

三是以家庭原因论以为理论基础的家族治疗模式。家庭原因论认为，家庭暴力是由家庭内之沟通、互动及结构所造成的。因此家庭治疗模式主要是进行家庭治疗，以促进家人间之沟通技巧来避免暴力发生。但是这种模式要求施暴者与受害者一起参与家庭治疗，无法达到美国刑事司法中对受害者迅速提供保护的要求，因而美国有二十州明令禁止以家族治疗为主的治疗模式。

根据美国司法部研究报告，美国的诸多方案多是结合前两种模式，譬如说前段治疗方案中由团体讨论女性主义模式省视社会文化中之两性不平等，而后段则以认知行为模式审视自己可能偏差之认知及行为，并加以练习改善。

（二）三大辅导教育方案

Healey et al（1998）比较现有美国之三大方案[1]，即 Duluth Model（Minnesota），EMERGE Model（Massachusetts），AMEND Model（Colorado）。

1. Duluth 的家庭暴力介入方案（DomesticAbuse Intervention Project，DAIP）。此方案为民间发起，是美国最早、最普及的模式，采取女性主义路线，努力于整合资源，训练警察、法官及民众，现在美国多数方案以之为基础。其特色在于：（1）通过社工、警察及司法系统的迅速处理，以快速及密集的反应使施暴者有所节制；（2）强调施暴者心理教育，教导其了解并认识自己在家庭中病态之权力与控制（power and control）的行为反应，并示范如何才是平等及非暴力（equality andnonviolence）行为反应。治疗课程为26周的心理教育课程，每周一次，分8个子课程（无暴力、无威胁、尊重、信任支持、诚实负责、对异性尊重、建立伴侣关系及协调与公平），并在每一段课程前先放映录像带，内容为权力与控制下的男性言行，再讨论其可能想法及引起的反应，以及如何是较好的解决之道。同时指定家庭作业，提出自己对伴侣的言行。让施暴者能在团体咨商师引导及互动中学会健康两性互动。Healey etal（1998）指出此取向因多以心理教育课程为主，所以无法改善高危险或长期施暴者。有学者认为，此方案过度强调女性主义中施暴者责任及再教育模式，虽可能减少部分再犯，然因

---

① Healey, K., Smith, C., & O Sullivan, C.（1998）. Battererintervention：Program approaches and criminal justice strategies. Washington D. C.：National Institute of Justice. Online available：http：//www. ncjrs. org/txtfiles/168638. txt ORhttp：//www. ncjrs. org/pdffiles/168638. pdf（Adobe file. OpenAdobe software first）

忽略不同殴妻犯中可能之不同心理病理之根源，将可能导致疗效不高及再犯率偏高。

2. EMERGE 方案。本方案是较为深度之团体治疗，方案认为单以心理教育课程应无法解决真正问题，所以应加上"认知行为疗法"才能较有效，然而也认为行为管理的教导等有可能会使殴妻者负面地增强其自我中心的世界观，所以也不能忽视强调施暴者对自己行为负责。

本方案在马萨诸塞州 Boston 及附近之数个城镇采用，其方案为期 40 周，分两个阶段。前 8 周为教育模式（教导什么是家庭暴力、心理虐待、性虐待及经济虐待，正面及负面的自我对话，负面及正面的沟通，以及家庭暴力对受害者及孩子的影响），在此阶段约有 50% 的人会退出或被停止参与（被停止参与之评估标准如下，出席率、缴费、投入程度、团体中无破坏行为、是否承认暴行及未再有殴妻行为），但其可能因法官施压，面临撤销观护而监禁，因此仍大多会重新参加治疗。

后 32 周为第二阶段，是一持续进行之开放团体，大约由老成员、中成员及新成员各四人组成（约每 10 周放走老成员一次，而接收新成员一次），每周 2 小时团体辅导，每次团体之初每人须有 check-in 的报告，成员要报告其一周内的负面行为，然若有新成员加入团体，则每人均应自我介绍并说明自己的暴行。每次团体之末，每人仍应有 check-out 之报告包含本周心得分享、本周的行为目标（第一阶段亦有团体始末报告，然成员要报告其前一次暴行中如何殴打及受害者的受伤情形，但不能讲理由）；并依个别情形发展个别目标（personal communication，March 9，2000）。

本方案内容强调以下：（1）面质并鼓励施暴者对行为负责；（2）在了解事情经过后，请团体成员头脑风暴，讨论施暴者可以有哪些做法，并请施暴者评估这些建议的可行性；（3）请施暴者就其中认为较可行的做法，并与另一成员作角色扮演，每次团体结束前请施暴者提出对未来一周的目标；（4）建立同理心的角色扮演，由施暴者扮演其妻，并由另一成员扮演施暴者的各种言行，并由治疗师询问其感觉，并由大家作反馈；（5）治疗师与受害者联络，以了解施暴者之情形及其疑虑；（6）鼓励每位施暴者提出自己的行为目标，并依自己的行为提出因应的行为策略，也鼓励团体成员帮助，如妒忌心重者如何做可减低其妒忌疑虑（如可以在下次有此想法时让自己有正面的内在对话或出去走走而不马上作出激烈反应等）。

本方案建议最好由男女各一之治疗师参与团体治疗，因其可提供男女互动的良好示范机会。此方案之特色在于引进认知行为疗法策略，如内在对话及角色扮演，并给予施暴者自我决定权，是效果较好的方法。

3. AMEND 方案。这个方案施暴者要在科罗拉多州丹佛市实施，其课程为期 36 周，但主张对高危险或长期施暴者，须 1～5 年的治疗，否则难以改善。其将团体之现象分为四阶，并指出大多数人在参加完前二阶后，不再继续参加后二阶。

四阶如下：初阶（危机团体），前 12～18 周多以教育及面质处理否认，渐渐有人会对暴行负责；第二阶（进阶团体），殴妻犯渐认出其合理化过程，并可能会提出想要改善的想法，然此时治疗师应与受害者联络了解其言行是否一致，之后，殴妻者会困惑不知自己要改变到什么程度，此时治疗师应多给予鼓励与支持，并教导如何解决冲突，并学会肌肉放松；第三阶（自助/支持团体），若有成员愿意继续参加，则鼓励他们组织自助团体，并练习健康的沟通技巧及讨论如何预防日后之暴行；第四阶（社区服务团体），仍有些施暴者在自助团体之后想从事社区服务或反家庭暴力的推广活动，则该方案也可以协助。另外，所有治疗师每周有 2.5 小时讨论会以讨论困难个案之现况及干预。

关于付费方面，根据 Healey et. al. 研究发现，全美各州甚至各市郡并不统一，视各级政府的经费及方案而定，如 Duluth 方案则全免，其经费 35% 来自州政府、65% 来自补助金（多由训练方的收入及劝募而来）；E-MERGE 方案则 25% 来自收费、75% 来自补助金（收费每次为 20～60 美金，视收入而定，David Adams，personalcommunication，March 9，2000）；Michigan（每次收费为 20 美元），Maryland，California 等多数州则由施暴者支付全额。

二、国内的探索

（一）国内大陆的实践

1. 大陆施暴者辅导教育实践的现状。大陆关于施暴者的辅导教育起步比较晚，当前还没有较为成熟的理论，也没有形成有特色的地方模式，总体上还在进行本地的研究和探索。当前的实践主要表现为以下几个方面的进展：

一是立法方面的进展。《反家庭暴力法》对施暴者的辅导教育进行了规定，第二十二条规定，工会、共产主义青年团、妇女联合会、残疾人联合会、居民委员会、村民委员会等应当对实施家庭暴力的加害人进行法治教育，必要时可以对加害人、受害人进行心理辅导。在《反家庭暴力法》

出台以后，在大陆有些地方立法也对施暴者辅导教育进行了具体规定。如《山东反家庭暴力条例》第九条规定，鼓励、支持有条件的单位和个人发挥自身优势，参与反家庭暴力工作，开展反家庭暴力宣传教育、心理咨询、心理辅导、志愿服务、理论研究等相关工作。

二是学术研究方面的进展。随着国家对反家庭暴力重视程度的提升，学术界对施暴者治疗的研究越来越丰富，同时也有不少相关机构开始支持反家庭暴力的项目研究，在这些项目中，不乏关于施暴者辅导教育的内容。比如，由中国法学会支持的大型实证研究项目"反对针对妇女家庭暴力的对策研究与干预"成果《反对家庭暴力理论与实践》丛书的 10 册书籍当中，就有关于施暴者辅导教育的两册，分别是《家庭暴力干预培训系列教材——施暴者教育辅导培训手册》和《家庭暴力干预培训系列教材——施暴者教育画册》。

三是基层实践方面的进展。随着反家庭暴力工作的整体推进，不少社会工作者和心理咨询师加入了反家庭暴力工作队伍，使得施暴者辅导教育工作向专业化方向发展。

2. 辅导者培训与施暴者辅导教育的代表性方案。就施暴者辅导教育的具体方案设计来看，《家庭暴力干预培训系列教材——施暴者教育辅导培训手册》比较具有代表性，下面对此进行简要介绍。这本手册主要包括两个方案，一是辅导者培训方案，二是施暴者辅导教育方案。

（1）辅导者培训方案。该手册主张按照以下步骤开展培训：首先从家庭暴力相关的理念入手，澄清家庭暴力的相关概念，厘清错误的相关传统错误观念；其次在此基础上对男性施暴者进行历史、文化和个性心理分析，分析其中的渊源和成因；最后进行辅导者立场态度的探讨。依照这样的步骤开展培训，不仅使得辅导者掌握相关知识，同时达到从观念到行为的改变。具体培训内容如下：

一是家庭暴力的相关概念部分。主要是认识社会性别，引导辅导者认识生理性别与社会性别的区别，以及性别期待与评价、性别分工与权利、性别观念与体制和性别刻板印象等内容，引导辅导者从社会性别看清两性关系是性别歧视与偏见客观存在的原因，并进一步介绍性别歧视与偏见的历史传递，最后看清男性对女性的家庭暴力，让辅导者认识到家庭暴力是一种家庭权利之争，男性是家庭暴力的主控方。

二是男性暴力倾向和行为的原因分析部分。首先从社会文化方面分析，如从学校教育、大众传媒等方面看男性成长与暴力倾向与行为的养成之间的关系。其次从家庭因素方面分析，家庭的传统观念、家庭的经济压力、家庭的现实危机等可能对暴力产生的促发作用。再次从个人因素方面分析，从早期的家庭经验、个人的社会学习以及个人的人格因素等方面分析暴力倾向与行为的养成。最后引导辅导者看清男性施暴者的特质，如强烈的控制欲、不信赖他人、人我界限不分、内外界限不清、依赖心理、憎女心理和能力缺乏等。

三是辅导者立场态度部分。引导辅导者自觉树立正确的人性观，培养从社会性别视角看问题的意识，把握家庭关系处理的尺度。引导辅导者学会在辅导过程中如何进行共情，如何尊重他人，如学会搁置是非评判，尊重多样性，还有如何真诚相待，如不摆架子、不带戒备心理等。

（2）施暴者辅导教育方案。该方案主张对施暴者的辅导教育以团体辅导的形式进行，辅导者为小组长，是团体辅导的领导者，组员是家庭暴力的施暴者。施暴者基本上是被强制来参加辅导的，当然也不排除有自愿参加的。

①辅导小组的目的。辅导小组的最终目的是让参加辅导的施暴者放弃对伴侣实施暴力的观念，建立男女平等、相互尊重的观念，掌握防止家庭暴力再度出现的有效方法，建立新的伴侣关系。施暴者辅导小组的中间目标大致包括：形成尊重、信任、真诚、接纳、安全的小组关系；建立社会性别观念；反思家庭历程；对家庭暴力有新的认识与改变，进一步联系组员自己看到其存在的问题；引导组员对自己出现暴力行为的原因有一个初步的认识；要使组员看到家庭暴力对自己及家庭成员的危害；建立相互尊重的观念，促使组员尝试改变出现暴力的行为定式；最后辅导组员制定防止再度出现暴力的有效措施以及对措施的修订。

辅导小组的目的可以分为多个方面的目标：心理目标当中，认知目标指组员在观念上的澄清和改变。施暴者辅导小组中，组员需要对社会性别、暴力或虐待行为、家庭关系、相互尊重行为、暴力行为带来的得失等在认知上进行反思，改变错误、模糊的认识，建立合理、客观的认识。情感目标指组员对所反思、认识到的内容在感情上有正面的接纳和体验。情感目标在辅导中极为重要，仅有认识不一定会带来行为上的改变，辅导中强调的是感悟，而不是仅仅会说、会谈论。行为目标指组员在行为倾向上的改变。辅导的目的最终要使组员将各种改变落实到行动上，但小组不是实际的生活，这种行为上的改变是指一种行为的倾向性。在施暴者辅导小组中，需有一定的行为训练，形成一种倾向，使组员能将其带到或迁移到今后的实际家庭生活中。

②辅导小组的原则。

一是保密性原则。无论是小组的组员还是作为小组的组长，都有义务尊重每个组员的个人秘密，不得向小组以外的人泄露或是谈论小组的情况。如果组织者要将小组活动情况记录、录音或是录像，必须征得全体组员的同意，并为此承担产生的一切后果。作为每一个组员，在参加小组时，都必须承诺要为所有组员的个人资料保密，不在小组以外的场合（包括在家人或朋友中）谈论小组的问题。

二是平等和尊重的原则。在小组活动过程中，组长与组员之间、组员与组员之间是一种平等的、无地位高低的平等关系。没有所谓权威，也没有标准答案，而是强调在相互理解和经验分享的基础上，共同成长。平等的关系来自尊重，组长对组员的尊重和组员之间的相互尊重极为重要，对此前面已有阐述。

三是主动参与的原则。小组是一种安全的、在小组成员间开放的、民主的和创造性的动态过程。小组尊重每一个人的经验和观点，鼓励组员的积极参与、提问和探索，在小组的交流和分享中促成相互理解、共同进取。

四是联系自我与现实的经验分享的原则。无论是小组的组长还是每一个组员，都应尽可能地结合自己对现实生活的个人化经验与感受，在小组中分享给大家。小组的一个重要资源就是组员各不相同的经验和感受，促成组员的分享是组长要做的一项重要工作。

③辅导小组的过程。小组活动的过程大致分为四个阶段，每个阶段都有相应的目的、任务、要求和需要解决的重点问题：

一是初始阶段：小组刚刚建立，所有组员对小组存有疑虑，相互之间缺乏信任，社交性语言多。施暴者辅导小组中，组员对小组的抗拒、疑虑或者恐惧，偶尔直接表现，但大多比较7客气、话少、不主动，他们会对组长作种种试探，希望按自己的方式进行活动。这一阶段的主要工作是消除对抗和恐惧，建立起相互信任和尊重的关系，建立起适合个人探讨的行为模式和合适的小组规则。

二是过渡阶段：这一阶段的一个重要标志是，组员开始表达出他们对小组的对抗和疑虑以及不满，目标往往是对着组长，而很少触及自己；组员之间也会出现矛盾，同样是针对别人而不是自己。这一阶段看上去很危险，但实际上是组员消除对小组的对抗和真正投入小组的开始。这一阶段的主要工作是接纳组员的个人表达，完全消除组员对小组的恐惧和对立，促进组员进一步开放自己，投身到小组活动中。

三是深入阶段：这时小组已具备很高的内聚力和安全性，组员能全身心投入小组活动中，对要处理的问题作个人化的探讨，尝试学习新的行为，改变自己。这一阶段的主要工作是引导组员作个人化反思与探讨，充分利用小组内的资源，达成大多数组员的改变。

四是结束阶段：这是小组内聚力最高的阶段，组员通常已有较深的感情和关系，因面临小组结束会出现离愁别绪。这一阶段的主要工作是促进组员谈出对小组的感受，增强在小组中获得的感悟，共同讨论如何面对今后的生活。

④辅导小组的方法。

一是小组讨论。小组讨论的方式有多种，运用最多的是全组的讨论。另外，还有分组讨论，分组讨论中又可分为 6 人小组、4 人小组和 2 人小组。不同的讨论内容决定了小组规模的大小。

二是团体活动。这是小组最常用的形式之一。团体活动有丰富多彩的内容和形式，如角色扮演、团体游戏、即兴演讲等。

三是感受分享。每当一项内容进行到高潮或是一次活动过后，都要进行感受的分享。鼓励组员即兴说出自己此时的感受或是自己的收获、启发和感想。这种分享带有强烈的感情色彩，是出自组员内心的表白，往往会引发小组的共鸣。

四是活动总结。每次活动结束前，组长均做一个简短的小结，将活动的内容、收获、讨论的问题等一一列出，以强化小组活动的效果。总结也可根据情况，让全体组员共同总结。

五是家庭作业。每次活动后，尤其是进入到过渡阶段和深入阶段时，需要组员的继续反思或见诸行动，所以要布置一些"作业"。

六是一周经验分享。小组活动通常为每周一次。小组在每周活动前，都要用一定时间处理一周以来组员面对的问题和经验，分享快乐，对质问题。具体形式灵活多变。

（二）台湾地区的实践

国内的经验，台湾地区起步较早，有比较多的尝试，下面主要介绍台湾地区的四种辅导教育模式。此四种模式均经正式发表并且初步验证是具有成效的，包括"整合男女平等与人本学派"（陈怡青等人，2006）、"以再犯预防及现实疗法为取向"（林明杰、黄志中，2003），台湾地区嘉南疗养院"认知教育及情绪支持"（李娟娟等人，2006），台湾地区台中认知辅导教育团体教育模式（邱惟真，2010）。以下从核心理念、课程规划以及实务操作三个面向进行比较。①

1. 四大施暴者辅导教育模式核心理念比较。整合男女平等与人本学派从理念上强调：（1）强调施暴者需要清楚指认自己各种暴力行为，以及它们与婚姻中权利、控制的关系，并发展出替代权利、控制关系的两性互动方式；（2）强调此时此刻的情境、充满积极关怀与接纳的人本气氛、运用的技巧带有明显的行为认知风格。

以再犯预防及现实疗法为取向的模式强调：（1）再犯预防：强调偏差行为的发生是有一潜在之情境认知行为链，而要预防此行为发生就要施暴者认出此链并剪断。（2）现实疗法强调人人对其行为均是可选择的。

嘉南疗养院"认知教育及情绪支持"的模式强调：（1）相信人性本善，辅导在于引导其潜能发挥向善功能。暴力行为是经由后天学习的行为。（2）认知教育团体模式通过情绪支持以及问题澄清，让成员产生自觉与力量，支持成员学习沟通技巧而获得成长。

台中认知辅导教育团体的教育模式强调：（1）减害理念：着眼于家暴的问题与困境。问题与困境解决的方法和目标应有现实感，是施暴者感受得到的问题与困境，也是施暴者有动机与能力去执行的方法。（2）优势观点：相信和开发个人有能力去学习、成长和改变。施暴者的角色是助人关系中的指导者。此一助人关系被视为基本且必要。（3）打破暴力循环。

综上，四种干预模式均注意到"同理"与"自我肯定"训练理念，差别只在理念陈述上孰先孰后，如"整合男女平等与人本学派"先强调发展出控制关系的互动方式（培养自我肯定），再强调此时此刻、充满积极关怀的人本气氛（同理心训练）；嘉南疗养院"认知教育暨情绪支持"模式则以人性本善为基础（同理心），支持成员学习沟通技巧而获得成长（自我肯定）。

2. 四大施暴者辅导教育模式课程规划比较。整合男女平等与人本学派的模式课程内容：（1）不使用暴力；（2）非威胁性的行为；（3）尊重；（4）支持与信任；（5）诚实与负责；（6）对女性的尊重；（7）伙伴关系；（8）协商与公平；（9）良性平权；（10）情绪管理。

以再犯预防及现实疗法为取向的模式课程内容：（1）初阶团体以"再

---

① 林明杰主编：《家庭暴力与性侵害的问题与对策》，（台湾）元照出版社 2013 年版。

犯预防训练"为主轴。包括情境想法情绪行为练习；选择三角形；婚姻暴力对小孩的冲击；认出自己的高危险情境、想法、情绪、行为及如何改变。（2）进阶团体则以"同理心训练"为主轴。包括角色扮演加练习；自己个性的优点及缺点；配偶是一个怎样的人；男人生气时为何会动粗；大男人主义；高危险情境·想法、感受、行为及其阻断的方法；你希望一年后的你：婚姻、家人、工作、朋友；为暴力行为道歉的准备；在团体中练习道歉；如果配偶仍想要离开婚姻。

嘉南疗养院"认知教育及情绪支持"模式课程内容：（1）团体形成·我现在的处境，家暴事件的陈述；（2）男女大不同·原生家庭关系·现在的家庭关系；（3）认知、情绪与行为的关系、转换我的想法、情绪管理；（4）沟通技巧、婚姻关系、被害人的伤害和目睹儿童的阴影；（5）亲密关系的冲突、家庭暴力行为预防、亲密关系的重建与再创造、我的未来。

台中认知辅导教育团体的模式课程内容：（1）签订合约书·法律规范·亲密关系与亲职数·思考性别平等权；（2）情结压力管理；（3）打破暴力循环。

四大模式的课程规划比较，都可看到"同理"及"自我肯定"训练分布在每次的课程规划之中。其中"以再犯预防及现实疗法为取向"分为初阶团体以及进阶团体，初阶团体以"再犯预防训练"为主轴，突显出"自我肯定训练"为先的设计，到了进阶团体才以"同理心训练"为进阶训练。台中认知辅导教育团体则以"同理心训练"为先，先以教育以及团体动力的方式训练团体成员理解并面对自己的暴力行为（同理心训练），然后才切入暴力行为进行讨论，并学习打破暴力循环之可能（自我肯定训练）。

3. 四大施暴者辅导教育模式实务操作比较（见表9-1）。

表9-1

	整合男女平等与人本学派	以再犯预防及现实疗法为取向	嘉南疗养院"认知教育及情绪支持"	台中认知辅导教育团体
签订合约书	√	√	√	√
家庭作业	×	√	√	√
生活讨论	√	√	√	√
同理心训练	√	√	√	√
再犯预防训练	√	√	√	√

对四大模式的实务操作面进行比较，发现除了"整合男女平等与人本学派"没有"家庭作业"外，四大干预模式在"签订合约书""生活讨论""同理心训练""再犯预防训练"几乎都一样有家庭作业。值得特别一提的是，将"再犯预防训练"视为一种特殊的"自我肯定训练"，它不是一般的"自我肯定训练"，对于暴力行为，必须要求施暴者面对自己的暴力行为，并尝试进行改变，"再犯预防训练"则是这种尝试的有效方式之一。

第十章 《反家庭暴力法》干预措施的理解与适用

《反家庭暴力法》于 2015 年 12 月 27 日由全国人民代表大会常务委员会通过，并于 2016 年 3 月 1 日开始施行。《反家庭暴力法》对家庭暴力处置进行了规定，特别是规定了家庭暴力干预的几大措施，即所谓的"六大制度"（强制报告制度、告诫制度、人身安全保护令制度、紧急安置制度、监护资格撤销制度和临时庇护制度）。这六大制度是《反家庭暴力法》的刚性措施，可操作性强，以下从每个制度的设置目的、主要内容和如何执行等方面进行阐述。

第一节 告诫与人身安全保护令

在《反家庭暴力法》中，由公权力机关来阻断暴力的措施主要有两个，一个是告诫制度，另一个是人身安全保护令制度。前者主要由公安机关执行，后者主要由人民法院核发。

一、告诫制度

（一）告诫制度设置的目的

告诫制度是我国的创新，笔者认为，主要源于实践中处理家庭暴力案件两个方面的困难：

一是虽然《治安管理处罚法》《刑法》等法律法规规定了家庭暴力加害人的行政责任与刑事责任，但其适用往往要求家庭暴力达到一定的严重程度。而实践中大量存在的家庭暴力因为达不到行政处罚或刑事制裁的伤害标准而处于公权力无法干预的状态。相当多的加害人因此有恃无恐并使暴力逐步升级。

二是虽然家庭暴力是一种对公民人身的暴力伤害，原则上可以依据《民法典》《治安管理处罚法》《刑法》寻求救济，但由于家庭成员之间所特有的共同利益、身份关系和人身依赖，使得简单的损害赔偿或者单纯的惩戒在对家庭暴力的干预中无法完全奏效。无论是人身自由方面的处罚还是财产等方面的处罚，都会对家庭成员的共同利益造成损失，恶化家庭成员关系使得受害人同样面临困境，反而可能袒护加害人。

告诫制度是我国的创新，源自江苏，在江苏、湖南等地有反家暴法立法前的探索实践。告诫制度的设立，是为提高公安机关干预家暴的效果，它是结合我国实际，针对情节较轻的家庭暴力，增加一种主要由公安机关来执行的干预措施。《反家庭暴力法》相关法条原文如下：

第十六条 家庭暴力情节较轻，依法不给予治安管理处罚的，由公安机关对加害人给予批评教育或者出具告诫书。告诫书应当包括加害人的身份信息、家庭暴力的事实陈述、禁止加害人实施家庭暴力等内容。

第十七条 公安机关应当将告诫书送交加害人、受害人，并通知居民委员会、村民委员会。居民委员会、村民委员会、公安派出所应当对收到告诫书的加害人、受害人进行查访，监督加害人不再实施家庭暴力。

（二）告诫制度的主要内容

1. 告诫书的内容。告诫书的内容主要包括三个方面：一是加害人的身份信息，即加害人的姓名、性别、年龄、出生日期、身份证件种类及号码、现住址等基本信息；二是家庭暴力事实陈述，是公安机关通过一定证据证实后，对加害人实施家庭暴力事实的认定；三是禁止加害人实施家庭暴力这一核心内容。

2. 告诫书的作用。

一是教育作用。在实践中有许多家庭暴力加害人并不知道实施家庭暴力是违法犯罪，甚至认为"打老婆是天经地义的"，告诫书教育加害人认识到家庭暴力的性质，家庭暴力不是家务事，而是对人的合法权益的侵犯和违法犯罪，要求加害人改正不法行为，并告知实施违法犯罪行为的后果等。

二是震慑作用。由公安机关以法律文书的形式送达给家庭暴力加害人，并明确指出禁止家庭暴力，阻止和预防家庭暴力再次发生，必然产生对家庭暴力加害人的震慑作用。

三是证据作用。告诫书出具之前，要求办案民警按照规范程序对家庭暴力调查取证，认定家庭暴力事实。公安机关出具的告诫书因其取得程序的合法性、公文书证的可靠性和相关证据的关联性等特征，往往具有较强的证明力，易于为人民法院认定为实施家庭暴力的证据。

（三）告诫制度的执行

告诫制度执行中涉及公安、居村委、妇联、法院等部门和组织。公安机关是告诫制度的主要执行主体，居民委员会、村民委员会是告诫制度的协助执行主体，此外，有些地方的告诫制度规定公安机关在执行告诫时会通报当地妇联组织，人民法院在审理家庭暴力案件时可以根据告诫酌情处理。

告诫从性质上看，是一种行政指导，而非行政强制，不能复议，也不能提起行政诉讼。主要由公安机关的治安部门（主要是派出所）执行，办案民警在认定家庭暴力之后，填写《家庭暴力告诫书》，由派出所负责人审核通过即可。告诫书的送达由出具告诫书的公安机关执行，送交给家庭暴力加害人、受害人，并通知当地的居民委员会或村民委员会。居民委员会或村民委员会、公安派出所应当派专人、社会民警对收到告诫书的加害人、受害人进行定期查访，检查告诫书落实情况，监督加害人不再实施家庭暴力。

执行过程中需要注意的是，不能将告诫作为一种其他处理措施（如拘留）的替代，原来应该采用的处理措施依然需要，告诫是给公安机关处理家庭暴力增加的一项措施，而不是替代其他措施。另外，事后的查访十分重要。因为家庭暴力有反复甚至循环的特点，短暂和好不代表干预成功，要通过查访，准确确认家庭暴力已经被阻断、不再反复。查访需要及时，一般在发出告诫书30日内，并需要进行多次，如果没有违反情况，后续查访时间可以稍长。查访需要注意方式，一般来说能实地走访是最好的，电话查访要注意查访结果的真实性，如家庭暴力受害者如果是在被胁迫的情况下接受查访，查访的结果可能存在虚假。查访的对象包括家庭暴力受害者与施暴者，也可通过邻居、亲友了解情况。查访时要注意，不能简单将身体侵害行为向精神侵害行为的转化作为干预有效的表现，精神侵害行为也可以非常严重。

二、人身安全保护令制度

（一）人身安全保护令制度设置的目的

人身安全保护令制度是全球的成功经验，许多国家在家庭暴力案件处理过程中都采取的一种措施。人身安全保护令是一项民事救济措施，是为保护家庭暴力受害人安全，在加害人与受害人及其特定亲属之间建立的一道保护屏障。我国的人身安全保护令制度是在借鉴国外做法和国内试点经验的基础上建立起来的。这项制度具有很强的可操作性，使得"禁止实施家庭暴力"这样原则性宣示性的规定得以具体落实，弥补了现有法律偏重家庭暴力事后的实体性处理而忽视事前和事中的程序性救济的不足，提升了司法干预家庭暴力的力度，也强化了司法保护人的合法权益的功能。

《反家庭暴力法》第四章以整章十条的篇幅进行了规定。

此外，第五章法律责任中的第三十四条规定了违反人身安全保护令的责任，被申请人违反人身安全保护令，构成犯罪的，依法追究刑事责任；尚不构成犯罪的，人民法院应当给予训诫，可以根据情节轻重处以一千元以下罚款、十五日以下拘留。

（二）人身安全保护令制度的主要内容

1. 申请人身安全保护令的主体。

首先，当事人本人可以申请人身安全保护令。当事人申请人身安全保护的前提是"遭受家庭暴力或者面临家庭暴力的现实危险"。申请人在向法院申请人身安全保护令时，应当提交有关证据材料，证明自己遭受了家庭暴力或面临家庭暴力现实危险。如受伤的照片、报警证明、证人证言、社会机构的相关记录或者证明、加害人的保证书、加害人带有威胁内容的手机短信等。

其次，近亲属等代为申请人身安全保护令。代为申请只能基于两种情况：一种情况是，当受害人受到强制、威吓等原因，无法申请人身安全保护令，作为知情人的近亲属、公安机关、妇联、居民委员会、村民委员会、救助管理机构可以代为申请；另一种情况是，当事人是无民事行为能力人、限制民事行为能力人。因为他们缺少诉讼行为能力，在遭受家庭暴力或面临家庭暴力现实危险时，其近亲属、公安机关、妇联、居民委员会、村民委员会、救助管理机构可以代为申请人身安全保护令。

2. 书面申请还是口头申请。人身安全保护令是《反家庭暴力法》中规定的一项重要制度，需要遵循相应的实体和程序上的要求。从程序上看，作为一项严肃的司法程序，无论是人身安全保护令的申请，还是裁定的作出，书面形式都是基本要求。与口头方式比较，书面形式具有载体固定、内容明确、意思表达清楚的优点。

但是，在某些特定情形下，可以口头申请。这些特定情形是指：一是对于一些以书面申请人身安全保护令在实践中有困难的申请人，如一些家庭暴力受害人文化程度不高，是文盲或者半文盲；二是在紧急情况下，如果申请人没有充足的时间准备书面材料申请，口头申请对申请人相对比较便捷，应当允许申请人口头申请人身安全保护令，这样有利于家庭暴力的依法及时处理。对于口头申请的，人民法院应该记入笔录，记录时应当尽可能全面、完整地记录申请人的姓名和住址、遭受家庭暴力或者面临家庭暴力现实危险的具体情况。

3. 接受人身安全保护令申请的主体。人身安全保护令的申请，只能由基层人民法院管辖，中级、高级和最高人民法院不接受申请。《反家庭暴力法》第二十五条规定，人身安全保护令案件由申请人或者被申请人居住地、家庭暴力发生地的基层人民法院管辖。

居住地，是指申请人或者被申请人连续居住一定合理期限的地方。"家庭暴力发生地"是指加害人实际实施家庭暴力所在地，包括受害人外出务工、旅游或者回父母家，加害人上门施暴的地方。对于申请人同时或者先后选择了两个或两个以上的有管辖权的法院提出人身安全保护令申请的，应该由最先立案的人民法院管辖。

4. 申请人身安全保护令的条件。人民法院在接受人身安全保护令申请之后，作出人身安全保护令时，应当具备一些基本条件。这些条件也是申请人申请人身安全保护令需要提供的基本内容：

一是有明确的被申请人。被申请人一般就是加害人，因此提交人身安全保护令申请时，应当有明确的被申请人的姓名、通信地址或单位等。

二是有具体措施的请求。这些措施包括禁止被申请人实施家庭暴力，禁止被申请人骚扰、跟踪、接触申请人及其相关近亲属，责令被申请人迁出申请人住所以及保护申请人人身安全的其他措施。

三是有遭受家庭暴力或者面临家庭暴力现实危险的情形。申请人应当提交遭受家庭暴力或者面临家庭暴力现实危险情形的证据。这些证据可以是受伤害的照片、报警证明、证人证言、社会机构的相关记录或者证明、加害人的保证书、加害人带有威胁内容的手机短信等。

5. 人身安全保护令的措施。《反家庭暴力法》规定人身安全保护令的措施包括三项具体措施和一项兜底条款，申请人可以申请其中一项，也可以同时申请多项。

一是禁止被申请人实施家庭暴力。需要指出的是，人身安全保护令中禁止家庭暴力的内容与一般的批评教育和告诫书中的禁止家庭暴力内容不同，不是批评教育和倡导性的内容，而是具有强制力的司法裁定内容。违反了人身安全保护令关于禁止实施家庭暴力的内容，不单是侵害受害人的合法权益利，还是对国家公权力权威的挑战。

二是禁止被申请人骚扰、跟踪、接触申请人及其相关近亲属。骚扰本质上是使他人不得安宁，主要指被申请人没有正当事由持续、反复或者在不适当的时间通过电话、短信、邮件、书信、社交媒体等方式和申请人及其近亲属联系，或向申请人寄送一些引起申请人不安的物品等，使申请人及其近亲属处于不安宁状态。跟踪不限于传统意义上的尾随，还包括通过电子技术手段定位、追踪他人的位置信息等。接触主要是指接近的行为，如没有正当理由经常在申请人住所及工作场所附近出现、徘徊等。有些加害人不直接骚扰、跟踪、接触申请人，而是针对申请人的近亲属，但因这些近亲属与申请人密切相关并因申请人而起，且其最终目的也是干扰、影响申请人的正常生活，因此同样禁止被申请人跟踪、骚扰、接触申请人的相关近亲属。

三是责令被申请人迁出申请人住所。迁出住所是出于对申请人的保护而采取的临时措施，责令被申请人迁出住所并没有否定被申请人对住所的所有权等权利，只是在一定条件下限制其进入或使用该住所，暂时剥夺被申请人居住房屋的权利。

四是保护申请人人身安全的其他措施。这是兜底性规定，需要人民法院根据实际情况具体把握。

（三）人身安全保护令的执行

1. 对违反人身安全保护令情形的处置。根据《反家庭暴力法》，被申请人违反人身安全保护令，构成犯罪的，依法追究刑事责任；尚不构成犯罪的，人民法院应当给予训诫，可以根据情节轻重处以一千元以下罚款、十五日以下拘留。

对于"构成犯罪"的情形，2022 年 8 月 1 日施行的《最高人民法院关于办理人身安全保护令案件适用法律若干问题的规定》进行了进一步的规定，"构成《刑法》第三百一十三条规定，以拒不执行判决、裁定罪定罪处罚；构成其他犯罪的，依照刑法有关规定处理。"

2. 对更改人身安全保护令的处置。根据实践中在人身安全保护令届满前，家庭暴力已经或尚未停止等可能出现的各种情况，《反家庭暴力法》规定了人身安全保护令的撤销、变更和延长制度。撤销、变更和延长人身安全保护令，人民法院按照"不告不理"原则，只依照申请人的申请进行。这里的申请主体只能是申请人，是否提出申请和提出何种申请只能由申请人决定，其他人无权申请撤销、变更或延长已经生效的人身安全保护令。这里的人民法院也是指之前作出人身安全保护令的人民法院。人民法院决定撤销的，自撤销之日起人身安全保护令失去效力；人民法院决定变更的，自变更之日起应当按照变更后的人身安全保护令的要求执行；决定延长的，人身安全保护令的有效期顺延至人民法院确定的时间。

3. 对不服人身安全保护令情形的处置。人身安全保护令的复议是为保护被申请人和申请人的合法权益，而规定其在不服人身安全保护令裁定的情况下，获得救济的权利。具体适用包括两种情形：一是申请人申请人身安全保护令，人民法院裁定驳回其申请，申请人认为人民法院驳回其申请存在错误；二是人民法院根据申请人的申请作出人身安全保护令后，被申请人认为作出的人身安全保护令的裁定错误。申请复议的主体是当事人，即申请人和被申请人。申请人可以是家庭暴力受害人，也可以是《反家庭暴力法》规定的无民事行为能力人和限制民事行为能力人的近亲属、公安机关、妇联、居民委员会、村民委员会、救助管理机构。申请复议只能向作出裁定的人民法院，而不是向上一级人民法院申请。申请复议的次数也限制为当事人各方有且只有一次。申请复议的时间为自裁定生效之日起五日内向作出裁定的人民法院申请，但复议期间不停止人身安全保护令的执行。不服人身安全保护令裁定，只能申请复议，不能上诉。

4. 公安机关对人身安全保护令的协助执行。公安机关是人身安全保护令的协助执行部门，根据 2022 年 3 月 3 日实施的最高人民法院、全国妇联、公安部、民政部、司法部、卫健委《关于加强人身安全保护令制度贯彻实施的意见》第十七条规定，"人身安全保护令有效期内，公安机关协助执行的内容可以包括：协助督促被申请人遵守人身安全保护令；在人身安全保护令有效期内，被申请人违反人身安全保护令的，公安机关接警后应当及时出警，制止违法行为；接到报警后救助、保护受害人，并搜集、固定证据；发现被申请人违反人身安全保护令的，将情况通报人民法院等。"

具体来说，公安机关在协助执行中要完成以下主要任务：一是及时核实并协助督促被申请人遵守，二是及时处置违反的情况并通报法院，三是特殊情形下代为申请人身安全保护令。在协助执行中需要注意的是，不要以此替代公安机关处理家庭暴力案件的其他措施，原来采用的措施依然采用。另外，要与人民法院进行合作而不是推诿，法律明确了公安机关协助执行的责任。只有合作联动，才能将家庭暴力最大效率地干预好。

第二节　强制报告与监护资格撤销

在《反家庭暴力法》中，有诸多措施都涉及对无民事行为能力人、限制民事行为能力人的保护问题。强制报告制度和监护资格撤销制度就是其中重要的两种措施，强制报告主要是为了保护处于隐蔽状态的家庭暴力受害者，监护资格撤销主要针对的是监护人严重侵犯被监护人合法权益的情形。

一、强制报告制度

（一）强制报告制度设置的目的

强制报告是在借鉴国外预防和制止家庭暴力法律规定的基础上，结合我国反家庭暴力实践需要设立的，指的是法律规定的义务主体，在发现特定人群遭受家庭暴力时，必须向公安机关报告。否则，将对此产生的严重后果承担相应的法律责任。设置强制报告制度的目的主要是对遭受家暴的无民事行为能力人、限制民事行为能力人的一种特殊保护。同时，强制报告制度的设置向社会公众传递出一个信息：反家庭暴力是全社会共同的责任。《反家庭暴力法》法律原文如下：

第十四条　学校、幼儿园、医疗机构、居民委员会、村民委员会、社会工作服务机构、救助管理机构、福利机构及其工作人员在工作中发现无民事行为能力人、限制民事行为能力人遭受或者疑似遭受家庭暴力的，应当及时向公安机关报案。公安机关应当对报案人的信息予以保密。

第三十五条　学校、幼儿园、医疗机构、居民委员会、村民委员会、社会工作服务机构、救助管理机构、福利机构及其工作人员未依照本法第十四条规定向公安机关报案，造成严重后果的，由上级主管部门或者本单位对直接负责的主管人员和其他直接责任人员依法给予处分。

（二）强制报告制度的主要内容

1. 报告的主体。强制报告的义务主体不是所有人，而是特定的人，包括学校、幼儿园、医疗机构、居民委员会、村民委员会、社会工作服务机构、救助管理机构、福利机构及其工作人员。

2. 报告的对象。强制报告的对象不是所有家庭暴力受害人，而是某些特定人群，即无民事行为能力人、限制民事行为能力人。根据我国《民法典》，无民事行为能力人和限制民事行为能力人指的是不满十八周岁的未成年人（其中除去未满十八周岁、已满十六周岁以自己的劳动收入为主要经济来源的未成年人）和不能辨认或不能完全辨认自己行为的精神病人。

3. 报告的情形。履行强制报告责任是有条件的。首先，发现的途径是义务主体"在工作中发现"，才需要强制报告。如果不是在工作中发现的或者有证据证明在工作中不可能发现受害人遭受家庭暴力的，就不用承担强制报告义务。这种责任与日常工作和职责相联系，对义务主体不是额外负担。其次，义务主体发现无民事行为能力人、限制民事行为能力人遭受家庭暴力时需要报告，在疑似遭受家庭暴力的情况下也需要进行报告。最后，发现以后，应当及时向公安机关报案，而不是向其他部门报告。

4. 接受报告的主体。公安机关是接受报告的主体，公安机关在接受报告的同时应该对报案人信息保密，以保护强制报告的报告主体。

5. 违反强制报告制度的法律责任。造成严重后果，对直接责任人和单位直接负责的主管人员依法给予处分（见《反家庭暴力法》第三十五条规定）。

（三）强制报告制度的执行

强制报告的执行涉及诸多政府部门和组织，涉及教育、卫生、民政、居民委员会、村民委员会和社会组织等需要进行报告的义务主体——"学校、幼儿园、医疗机构、居民委员会、村民委员会、社会工作服务机构、救助管理机构、福利机构及其工作人员"，也涉及公权力机关，如公安机关是接受报告的主体，有实践执行中可能需要检察机关（未检）和群团组织中的妇联参与。

当地强制报告制度的牵头部门（有些地方是以检察机关牵头，有些地方是以妇女联合会牵头），需要对本地的执行情况进行监督，如当地强制报告的相关义务报告主体是否履行强制报告规定的报告义务。公安机关作为接受报告的主体，在接受报告之后，应该按照常规的处警方式及时出警，如及时核实处理，对报案人信息进行保密，视情况与其他机构进行联动，如根据需要同时通报妇联等。

二、监护资格撤销制度

（一）监护资格撤销制度设置的目的

在实践中存在大量监护人对被监护人实施家庭暴力而造成严重后果的情况。监护撤销制度是为了保障未成年人以及其他限制民事行为能力人、无民事行为能力人的健康和安全，根据监护人对被监护人实施家庭暴力等有关情况，撤销实施家庭暴力监护人的监护资格的法律规定。《反家庭暴力法》法律原文如下：

第二十一条　监护人实施家庭暴力严重侵害被监护人合法权益的，人民法院可以根据被监护人的近亲属、居民委员会、村民委员会、县级人民政府民政部门等有关人员或者单位的申请，依法撤销其监护人资格，另行指定监护人。被撤销监护人资格的加害人，应当继续负担相应的赡养、扶养、抚养费用。

（二）监护资格撤销制度的主要内容

1. 撤销监护人监护资格的适用情形。《反家庭暴力法》在《民法典》《未成年人保护法》关于撤销监护资格规定的基础上，进一步明确规定了监护人实施家庭暴力严重侵害监护人合法权益的属于撤销监护人资格的情形。具体包括两种情形：一是监护人直接对被监护人实施家庭暴力，从而严重危害被监护人身心健康的行为；二是监护人对被监护人的其他监护人或者共同生活的家庭成员实施家庭暴力，使得该被监护人面临人身安全威胁或者处于无人照料等危险状态的。

2. 申请撤销监护人监护资格的主体。上述情形下，撤销该监护人监护资格的申请主体为被监护人的近亲属、居民委员会、村民委员会、县级人民政府民政部门等有关人员或者单位。这里的近亲属包括无民事行为能力人、限制民事行为能力人的父母、子女、祖父母、外祖父母、兄弟姐妹等。需要指出的是，加害人对被监护人的赡养、扶养、抚养义务，并不因为其被撤销监护资格而自然消灭，仍然应当依法继续负担被监护人的赡养、扶养、抚养费用。

（三）监护资格撤销制度的执行

监护资格撤销一般涉及人民法院、居民委员会、村民委员会和民政部门。人民法院的法官应该熟知和执行《反家庭暴力法》中的"监护资格撤销"这一制度，在合法申请人提起申请时，能及时进行审理。居民委员会、村民委员会以及县级人民政府民政部门等有关人员和单位（还包括近亲属），在向人民法院申请撤销监护人资格时，需要同时考虑后续问题，如撤销有关监护人监护资格之后的被监护人生活情形，同时需要做出撤销之后的妥善生活安排，如果被监护人的生活不能得到改善则需要慎重。

第三节　紧急安置与临时庇护

在《反家庭暴力法》中，对于家庭暴力导致受害者严重受害、处于致命危险状态，而由于缺乏足够证据等原因无法对施暴者采取强制措施的，有两大措施可以进行救济，分别是紧急安置和临时庇护。

一、紧急安置制度

（一）紧急安置制度设置的目的

紧急安置制度是一种特殊保护，是对因遭受家暴出现严重伤害或存在严重危险的无民事行为能力人、限制民事行为能力人的一种国家兜底保护。紧急安置制度是为优先保护遭受家庭暴力的无民事行为能力人、限制民事行为能力人的健康与安全，要求公安机关和民政机关在无民事行为能力人、限制民事行为能力人因家庭暴力身体受到严重伤害、面临人身安全威胁或者处于无人照料等危险状态时，进行紧急安置的法律规定。《反家庭暴力法》法律原文如下：

第十五条第二款 无民事行为能力人、限制民事行为能力人因家庭暴力身体受到严重伤害、面临人身安全威胁或者处于无人照料等危险状态的，公安机关应当通知并协助民政部门将其安置到临时庇护场所、救助管理机构或者福利机构。

（二）紧急安置制度的主要内容

一是紧急安置的对象，仅限于无民事行为能力人、限制民事行为能力人，完全民事行为能力人不在此列。

二是紧急安置的具体情况，包括"因家庭暴力身体受到严重伤害、面临人身安全威胁或者处于无人照料等危险情形"。

三是紧急安置的执行主体，包括公安机关和民政部门。具体由公安机关通知并协助民政部门将其安置到临时庇护场所、救助管理机构或者福利机构。

（三）紧急安置的执行

紧急安置制度的执行涉及公安、民政和妇联等部门和组织。公安机关在发现因家庭暴力身体受到严重伤害、面临人身安全威胁或者处于无人照料等危险状态的无民事行为能力人、限制民事行为能力人时，应该有执行紧急安置制度的敏感性，将需紧急安置对象带走，联系民政部门进行安置，特别需要注意一定要将对象护送到位，并办理相关手续。民政部门接到公安机关的协助通知之后应该全力配合，将安置对象安置到临时庇护场所、救助管理机构或福利机构，并安排后续生活等服务。另外，实践中公安机关在执行紧急安置的同时会通知妇联，妇联也可根据实际情况做一些服务工作。公安机关在执行过程中要善于辨别紧急安置制度的适用情形，务必对安置对象进行护送和护送到位。

二、临时庇护制度

（一）临时庇护制度设置的目的

对危险程度较高的家庭暴力，通过出具告诫书、核发人身安全保护令等方式可能都不足以保障家庭暴力受害人安全，在这种情形之下，给受害人提供庇护是一种保障其安全的有效措施。《反家庭暴力法》相关法律原文如下：

第十八条 县级或者设区的市级人民政府可以单独或者依托救助管理机构设立临时庇护场所，为家庭暴力受害人提供临时生活帮助。

（二）临时庇护制度的主要内容

1. 设立临时庇护所的主体。临时庇护所设立的主体是县级或者设区的市级人民政府；人民政府鼓励并支持公益组织、爱心人士设立临时庇护场所，接受政府监督；人民政府可以通过政府购买社会服务，遴选符合条件的社会组织，提供临时庇护场所或为临时庇护场所提供专业服务。

2. 临时庇护场所的功能。家庭暴力临时庇护所的主要功能是保障家庭暴力受害人及其特定近亲属的安全并提供临时生活帮助。具体包括：一是妥善安排食宿等临时救助服务并做好隐私保护工作；二是可以通过与社会工作服务机构、心理咨询机构等专业力量合作的方式，根据受害人情况制订个案服务方案；三是积极协助做好司法救助、医疗救助、心理康复等转介服务；四是对目睹家庭暴力的未成年人，提供心理辅导和关爱服务等。

（三）临时庇护制度的执行

临时庇护制度的执行涉及民政、妇联、公安等部门。民政部门在建立临时庇护场所时，需要尽可能做到以下几个方面：一是与公安机关以及接受家庭暴力投诉的机构、组织有良好的合作关系，可以稳定持续地运营；二是有安全保障，使家庭暴力加害人难以找到或者找到后不能继续实施加害行为；三是短时间内受害人可以到达；四是可以满足受害人基本生活需要；五是有一定的专业人员提供服务。公安、妇联等部门应该熟知临时庇护制度并能与民政部门开展良好合作，在遇到需要庇护的情形时及时转介。

参考文献

一、著作类

1. 李明舜主编：《公权力干预家庭暴力的适度性研究》，法律出版社2021年版。

2. 李步云著：《论人权》，社会科学文献出版社2010年版。

3. 李步云、李先波主编：《警察执法与人的合法权益保护》，湖南大学出版社2013年版。

4. 张亚林、曹玉萍主编：《家庭暴力现状及干预》，人民卫生出版社2011年版。

5. 张亚林主编：《精神病学》，人民教育出版社2005年版。

6. 沈渔邨主编：《精神病学（第4版）》人民卫生出版社2001年版。

7. 阚珂、谭琳主编：《中华人民共和国反家庭暴力法简明读本》，中国民主法制出版社2016年版。

8. 国务院妇女儿童工作委员会工作室主编：《儿童权利保护辅导读本》，中国妇女出版社2018年版。

9. "在国际劳工组织成员中提高社会性别主流化能力"中国项目组：《提高社会性别主流化能力指导手册》，中国社会出版社2004年版。

10. 张荣丽、刘永延、苗苗著：《反对针对妇女的家庭暴力：两岸及香港相关法律制度与实践比较研究》，知识版权出版社2019年版。

11. 秦志远著：《基于性别的家庭暴力之民法规制》，群众出版社2012年版。

12. 中国婚姻家庭研究会主编：《帮助家庭暴力受害妇女工作手册》，法律出版社2017年版。

13. 李洪涛、齐小玉编著：《家庭暴力干预培训系列教材——受害妇女援助与辅导培训手册》，中国社会科学出版社2004年版。

14. 荣维毅、赵颖编著：《家庭暴力干预培训系列教材——警察培训手册》，中国社会科学出版社 2004 年版。

15. 王京霞等编著：《家庭暴力干预培训系列教材——法官、检察官、律师培训手册》，中国社会科学出版社 2004 年版。

16. 陶勑恒、郑宁编著：《家庭暴力干预培训系列教材——施暴者教育与辅导培训手册》，中国社会科学出版社 2004 年版。

17. 刘梦编著：《家庭暴力干预培训系列教材——社区行政人员、社会工作者培训手册》，中国社会科学出版社 2004 年版。

18. 赵颖著：《警察干预家庭暴力的理论与实践》，群众出版社 2006 年版。

19. 巫昌祯、杨大文：《防治家庭暴力研究》，群众出版社 2000 年版。

20. 姜小川主编：《调解实务教程》，中国法制出版社 2011 年版。

21. 陈敏著：《涉家庭暴力案件审理技能》，人民法院出版社 2013 年版。

22. 罗杰著：《防治家庭暴力立法与实践研究》，群众出版社 2013 年版。

23. 罗杰著：《家庭暴力妇女受害者权益之法律保障研究》，群众出版社 2015 年版。

24. 李洪涛、毕文娟编：《婚姻家庭冲突调解的理念与方法：司法调解员培训指南》。

25. 李洪涛、毕文娟编：《婚姻家庭冲突调解的理念与方法：警察培训指南》。

26. 蓝瑛波著：《当代俄罗斯青年》，光明日报出版社 2007 年版。

27. 王向贤：《亲密关系中的暴力》，天津人民出版社 2009 年版。

28. ［美］罗纳德・S. 克罗比尔、爱丽丝・弗雷泽、埃文斯、罗伯特・A. 埃文斯著：《冲突调解的技巧（上册）调解人手册》，魏可钦、何钢译，南京大学出版社 2011 年版。

29. ［美］爱丽丝、弗雷泽、埃文斯、罗伯特、A. 埃文斯、罗纳德・S. 克罗比尔著：《冲突调解的技巧（下册）教师指南》，魏可钦、何钢译，南京大学出版社 2011 年版。

30. 林明杰主编：《家庭暴力与性侵害的问题与对策》，台湾元照出版社 2013 年版。

31. 陈竹上主编：《家事调解在台南——从理念到实践》，台湾台南女性权益促进会 2014 年版。

32. 林明杰、黄志忠著：《他们怎么了——家庭暴力加害人的评估与辅导》，台湾涛石文化事业有限公司 2003 年版。

33. Christina E. Newhill：《案主暴力与社会工作实务》，陈圭如、孙世维译，台湾心理出版社 2007 年版。

34. 赵晓娟、庄凡萤、黄之蕙编：《家庭暴力认知教育辅导理论与实务专业人员应用手册》，台湾财团法人吕旭立纪念文教基金会 2012 年版。

35. 张锦丽、颜玉如、廖美铃、韦爱梅、刘贞汝、姚淑文编著：《男女平等与暴力防治》，台湾警察专科学校 2011 年版。

36. Bureau for Gender Equality, L0, Gender, A Partnership of Equal, Geneva, 2000.

37. Dutton, D. G. （1995a）. The Batterer：A Psychological Profile. NewYork：Basic Books.

38. Dutton, D. G. （1995b）. The Domestic Assault of Women：Psychological and Criminal Justice Perspectives. Vancouver, Canada：The University of British Columbia Press.

39. Jacobson, N. & Gottman, J. （1998）. When Men Batter Women. NewYork：Simon & Schuster.

40. Johnson, M. P. （2008）. A Typology of Domestic Violence：Intimate-Terrorism, Violent Resistance, and Situational Couple Violence. Lebanon, New Hampshire：Northeastern University Press.

41. Bancroft, L. （2002）. Why Does He Do That?：Inside the Minds of Angry and Controlling Men. New York：Putnam.

42. Davis, R. C. & Taylar, B. G. （1999）. Does Batterer TreatmentReduce Violence：A Synthesis of the Literature. In L. Feder （Ed.）, *Women and Domestic Violence.* New York：The Haworth Press.

43. Kropp, P. R., Hart, S. D., Webster, C. D. & Eaves, D. （1999）. Spousal Assault Risk Assessment Guide：User's Manual. NorthTonawanda, New York：Multi-Health Systems Inc.

44. Straus, M. （1990）. The Conflict Tactics Scales and its Critics：An Evaluation and New Data on Validity and Reliability. In M. A. Straus & R. J. Gelles （Eds.）, Physical Violence in American Families：Risk Factors and Adaptations to Violence in 8, 145Families. New Brunswick, NJ：Transaction Publishers.

45. Baruth, L. G. &Manning, M. L. （1999）. Multicultural Counseling and Psychotherapy：A Lifespan Perspective. Upper Saddle River, NJ：Merrill/Prentice Hall.

46. Hong, Y. (2009). A Dynamic Constructivist Approach to Culture: Moving from Describing Culture to Explaining Culture. In Wyer, R. S. Jr., Chiu, C. & Hong, Y. (Eds.). Understanding Culture: Theory, Research and Application, 3-23. New York: Psychology Press.

47. Howard, G. S. (2003). A Philosophy of Science for Cross-CulturalPshcology. In D. B. Pope – Davis, H. L. K. Coleman, W. M. Liu & R. L. Toporek (Eds.), Handbook of Multicultural Competence for Counseling and Psychology, 72-89. Thousand Oaks, CA: Sage Publications.

48. Hsu, F. L. K. (1985). The Self In Cross – Cultural Perspective. In A. J. Marsella, G. Devos & F. L. K. Hsu (Eds.), Culture and Self: Asian and Western Perspectives, 24-55. NY: Tavistock.

49. Martin, G. (1992). Issues in the Measurement of Acculturation Among Hispanics. In K. F. Geisinger (Ed.), Psychological Testing of Hispanics, 235-251. Washington, DC: American Psychological Association.

50. McLaream, P. (1989). Life in Schools: Introduction to CriticalPedagogy in th Foundation. NY: Longman.

51. Sanchez, A. R. (2003). Multicultural Family Counseling: TowardCultural Sensibility. In J. G. Ponterotto, J. M. Casas, L. A. Suzuki& C. M. Alexander (Eds.), Handbook of Multicultural Counseling, 672-700. Thousand Oaks, CA: Sage.

52. Nazroo, J. (1999). Uncovering Gender Difference in the Use of Marital Violence: The Effect of Methodology. In Allan, G. (Ed.), The Sociology of the Family, 149-167. Oxford: Blackwell.

53. Mongold, J. L. & Braswell, M. (2007). The Function of Correctional Counseling and Treating. In P. Van Voorhis, M. Braswell & D. Lester (Eds.), Correctional Counseling and Hehabilitation, 3-20. Cincinnati, OH: Anderson.

54. Dube SR, Anda RF, Feliti VJ, et al. Childhood abuse, household dysfunction, and the risk of attempted suicide throughout the life span; findings from the adverse childhood experiences study. JAMA, 2001, 286.

55. Ertem I0, Leventhal JM, Dobbs S. Intergenerational continuity of child physical abuse: How good is the evidence? Lancet, 2000, 356.

56. Krug EG, Dahlberg LL, Mercy JA, et al (Eds.) World report on violence and health. Geneva: WorldHealth Organization, 2002.

二、期刊类

1. 欧阳艳文、林少菊：《传统"家文化"与家庭暴力》，载《江西社会科学》2012年第12期。

2. 麻超、李洪涛、苏英等：《危险评估量表修订版的信效度检验》，载《中国心理卫生杂志》2012年第7期。

3. 李洪涛：《建构家庭/婚姻暴力干预的理论体系与工作模式》，载《社会工作》2011年第1期。

4. 曹玉萍、张亚林、孙圣琦等：《湖南省家庭暴力的流行病学调查总体报告》，载《中华流行病学》2006年第3期。

5. 何影、张亚林、李丽、黄任之、周雪婷、张迎黎：《儿童期虐待、目睹家庭暴力对大学生自尊的影响》，载《中华行为医学与脑科学杂志》2010年总19卷第4期。

6. 杜承铭：《论基本权利之国家义务：理论基础，结构形式与中国实践》，载《法学评论》2011年第2期。

7. 胡佩诚：《200对夫妇家庭暴力调查》，载《中国心理卫生杂志》1996年总10卷第4期。

8. 李德敏、杨佩娣：《34名赌博者心理健康状况与人格特征的对照研究》，载《中国行为医学科学》2001年总10卷第4期。

9. 李龙飞：《家庭暴力对儿童行为的影响及儿童攻击行为的分子生物学研究》，中南大学2005年硕士学位论文。

10. 李增庆、李武、李斌等：《武汉市家庭暴力现状及影响因素研究》，载《医学与社会》2002年总15卷第6期。

11. 李兆晖、程怡民、王献蜜：《农村地区家庭暴力调查分析》，载《中国行为医学科学》2003年总12卷第2期。

12. 杨世昌、张亚林、郭果毅等：《受虐儿童的父母养育方式探讨》，载《实用儿科临床杂志》2003年总18卷第1期。

13. 张勇、张亚林、邹韶红、张向晖、曹玉萍、杨世昌：《孕期家庭暴力与新生儿血浆氨基酸及皮质醇的关系》，载《中华内科学杂志》2008年总47卷第3期。

14. 赵幸福、张亚林：《暴力攻击行为相关基因的研究进展》，载《国外医学精神病学分册》2004年总31卷第3期。

15. 巫昌祯：《关注家庭暴力，保障妇女心身健康》，载《心理与健康》2001 年第 50 期。

16. 张亚林、曹玉萍：《家庭暴力与精神卫生》，载《中国临床心理学杂志》2002 年总 10 卷第 3 期。

17. 张亚林：《论家庭暴力》，载《中国行为医学科学》2005 年总 14 卷第 5 期。

18. 赵幸福：《儿童期虐待问卷中文版的信效度及家庭暴力男性施暴者社会心理和分子生物学研究》，中南大学 2005 年博士学位论文。

19. 刘晓梅：《英国反家庭暴力的立法、实践及其启示》，载《法学杂志》2006 年第 3 期。

20. 李和林、陈梦琪：《强化人民调解遏止家庭暴力》，载《安徽警官职业学院学报》2004 年第 3 期。

21. 林明杰、沈胜昂：《婚姻暴力加害人分类研究》，载《中华心理卫生学刊》（台湾）2004 年总 17 卷第 2 期。

22. 黄翠纹：《婚姻暴力受虐妇女接受乡镇市区调解委员会调解满意度影响因素之分析》，载《犯罪学期刊》（台湾）2003 年总 6 卷第 1 期。

23. 林明杰：《风险评估与新刑罚学之起源、发展，实务运用与未来》，载《刑事政策与犯罪研究论文集（13）》（台湾）2010 年。

24. 林明杰、郑瑞隆等：《家庭暴力案件危险分级管理试办方案之检验》，载《社区发展季刊》（台湾）2006 年 9 月。

25. Holtzworth – Munroe, A., Meehan, J. C., Herron, K., Rehman, U. &Stuart, G. L. （2000）. Testing the Holtzworth – Munroe and StuartBatter Typology. *Journal of Consulting and Clinical Psychology*, 68 （6）.

26. Holtzworth–Munroe, A. & Stuart, G. （1994）. Typologies of Male-Batterers: Three Subtypes and the Differences among Them. Psychological Bulletin, 116 （3）.

27. Holtzworth – Munroe, A. Meehan, J. C., Herron, K., Rehman, U. &Stuart, G. L. （2003）. Do Subtypes of Maritally Violent MenContinue to Differ over Time? Journal of Consulting and ClinicalPsychology, 71 （4）.

28. Jacobson, N. & Gottman, J. （1998）. When Men Batter Women. NewYork：Simon & Schuster.

29. Johnson, M. P. （1995）. Patriarchal Terrorism and Common Cou-pleViolence: Two Forms of Violence against Women. *Journal ofMarriage and the Family*, 57.

30. Brikman, P., Rabinowitz, V. C., Karuza, J., Coates, D., Cohn, E. &Kidder, L. (1982). Models of Helping and Coping. AmericanPsychologist, 37.

31. Gondolf, E. W. (1997). Batterer Programs: What We Know and Need to Know. *Jouranl of Interpersonal Violence*, 14 (1).

32. Hotaling, G. T. & Sugarman, D. B. (1986). An Analysis of RiskMarks in Husband to Wife Violence: The Current State ofKnowledge. Violence and Victims, 1 (2).

33. Rohel, J. & Guertin, K. (2000). Intimate Partner Violence: TheCurrent Use of Risk Assessments in Sentencing. Justice SystemJournal, 21 (2).

34. Straus, M., Hamby, S. L., Boney-McCoy, S. & Sugarman, D. B. (1996). The Revised Conflict Tactics Scales (CTS-2): Developmentand Preliminary Psychometric Data. Journal ofFamily Issues, 17 (3).

35. Sloan, M. P. & Meier, J. H. (1983). Typology for Parents of AbusedChildren. Child Abuse & Neglect, 7 (4).

36. American Psychological Association (2003). Guidelines onMulticultural Education, Training, Research, Practice, andOrganizational Change for Psychologists. American Psychologist, 58.

37. Anderson, K. L. (1997). Gender, Static, and Domestic Violence: AnIntegration of Feminist and Family Violence Approaches. Journalof Marriage and the Family, 59.

38. Arredondo, P., Toporek, R., Brown, S. P., Jones, J., Locke, D. C., Sanchez, J. & Stadler, H. (1996). Operationalization ofMulticultural Counseling Competencies. Journal of MulticulturalCounseling and Development, 24.

39. Babcock, J. C., Green, C. E. &Robie, C. (2004). Does Batterers' Treatment Work? A Metaanalytic Review of Domestic ViolenceTreatment. Clinical psychology review, 23.

40. Ho, D. Y. F. (1998). Interpersonal Relationships and Relationship-Dominance: An Analysis Based on Methodological Relationalism. Asian Journal of Social Psychology, 1 (1).

41. Maiuro, R. D. & Eberle, J. A. (2008). State Standards for DomesticViolence Perpetrator Treatment: Current Status, Trends, andRecommendations. Violence and Victims, 23.

42. Pedersen, P. B. (1991). Multiculturalism and A Generic Approachto

Counseling. Journal of Counseling an d Development, 70.

43. Ridley, C. R., Baker, D. M. & Hill, C. L. (2001). Critical IssuesConcerning Cultural Competence. The Counseling Psychologist, 29 (6).

44. Sampson, E. E. (1988). The Debate on Individualism: Indigenous-Psychologies of the Individual and Their Role in Personal andSocietal Functioning. American Psychologist, 43 (1).

45. Becker KB, McCloskey LA. Attention and conduet problems in children exposed to family violence. Am⌋ Orthopsychiatry, 2002, 72 (1).

46. Caspi A, McClay J, Moffitt TE, et al. Role of genotype in the cycle of violence in maltreated children. Science, 2002, 297 (5582).

47. Catherine So-kum Tang. Childhood experience of sexual abuse among Hong Kong Chinese collegestudents. Child Abuse &. Neglect, 2002, 26 (1).

48. Clarke J, Stein MD, Sobota M, et al. Victims as victimizers: physical aggression by persons with a historyof childhood abuse. Arch Intern Med, 1999, 13, 159 (16).

49. Coker AL, Derrick C, Lorpkin JL, et al. Help-seeking for intimate partner violence and forced sex in SouthCarolina. Am J Prev Med, 2000, 19 (4).

50. Frost M. Health visitors perceptions of domestic violence: the private nature of the problem. J Adv Nurs, 1999, 30 (3).

51. Hamberger LK, LohrJM, Bonge D, et al. An empirical classification of motivations for domestic violence. Violence Against Women, 1997, 3 (4).

52. Hegarty KL, Bush R. Prevalence and associations of partner abuse in women offending general practice: a cross-sectional survey. Aust NZ⌋ Public Health, 2002, 26 (5).

53. Herrera VM, McCloskey LA. Sexual abuse, family violence, and female delinquency: findings from a lon-22gitudinal study. Violence Vict, 2003, 18 (3).

54. Huang Guoping, Zhang Yalin, Momartin S, Cao Yuping. Prevalence and characteristics of trauma andposttraumatic stress disorder in female prisoners in China. Compr Psychiatry, 2006, 47 (1).

55. Klevens J, Bayon MC, Sierra M. Risk factors and the context of men who physical abuse in Bogota, Co-lombia. Child Abuse &. Neglect, 2000, 24.

56. Krishnan SP, Hilbert JC, VanLeeuwen D. Domestic Violence and

Help-Seeking Behaviors among RuralWomen: Results from a Shelter-Based Study. Fam Community Health, 2001, 24 (1).

57. Kyriacou DN, Anglin D, Taliaferro E, et al. Risk factors for injury to women from dornestic violenceagainst women. N Engl J Med, 1999, 341 (25).

58. Lau JT, Kim JH, Tsui HY, et al. The relationship between physical maltreatment and substance useamong adolescents: a survey of 95, 788 adolescents in Hong Kong. J Adolesc Health, 2005, 37 (2).

59. Maxwell CD, Maxwell SR. Experiencing and witnessing familial aggression and their relationship tophysically aggressive behaviors among Filipino adolescents. J Interpers Violence, 2003, 18 (12).

60. Moss K. Witnessing violence-aggression and anxiety in young children. Health Rep, 2003, 14Suppl.

61. O'Campo P, Gielen AC, Faden RR, et al. Verbal sbuse and physical violence among a cohort of low-in-come pregnant women. Women's Health Issues, 1994, 4 (1).

62. O'leary KD, Smith DA. Marital interactions. Annu Rev Psychol, 1999, 42.

63. Okemgbo CN, Omioleyi AK, Olimegwu CD. Prevalence, patterns and corretes of domestic violence in se-lected Igbo communities in Imo State, Nigeria. Afr J Reprod Health, 2002, 6 (2).

64. Pearson V, Phillips MR, He F, et al. Attempted suicide among young rural women in the People's Re-public of China: possibilities for prevention. Suicide Life-Threatening Behav, 2002, 32.

65. Rodriguez E, Lasch KE, Chandra P, et al. Family violence, employment status, welfare benefits, and alco-hol drinking in the United States: what is the relation? J Epidemiol Community Health, 2001, 55 (3).

66. Stewart DE, Robinson GE. A review of domestic violence and women's mental health. Arch WomenMental Health, 1998, 1.

67. Stuart GL, Moore TM, Gordon KC, et al. Psychopathology in women arrested for domestic violence. JInterpers Violence, 2006, 21 (3).

68. Walton-Moss BJ, Manganello J, Frye V, et al. Risk factors for intimate partner violence and associatedinjury among urban women. J Community Health, 2005, 30 (5).

69. Wendt MB，Martha C. Psychosocial aspects of partner abuse. Am J of Nursing，2002，102（6）.

70. Worden AP，Carlson BE. Attítudes and beliefs about domestic violence：results of a public opinion sur－vey：II. Beliefs about causes. J Interpers Violence，2005，20（10）.

三、报纸网络类

1.《奥地利政府承认家庭暴力问题严重》，载新华网，http：//news. xinhuanet. com/newscenter/2007－12/10/Content_7226279. htm. 2008－09－16。

2.《调查显示意大利妇女容忍度高，家庭暴力案日增》，载搜狐网，http：//news. sohu. com/20071123/n253440484. shtml. 2007－11－23。

3.《法国对家庭暴力适用重典》，http：//www. womenwatch－china. org，2007－08－31。

4.《本家庭暴力成社会顽疾》，http：//220. 194. 47. 126/g2b/news. xin-huanet. com/newscenter /2007－11/28/Content_7157322. htm，2007－11－28。

5.《2006 年香港家庭暴力案件逾 4700 宗 较上年增加 9%》，http：//big5. xinhuanet. com/gate/big5/news. xinhuanet. com/tai ＿ gang ＿ ao/2007 － 01/27/content_5662401. htm，2008－09－16。

6. Batter Intevention Systems：A Preliminary Report. Online available：ht-tp：//www. mincava. umn. edu/papers/gondolf/batchar. htm， http：//www. iup. edu/maati/publications.

7. Healey, K. , Smith, C. & O'Sullivan, C. （1998）. BattererIntervention：Program Approaches and Crininal Justice Strategies. Washington D. C. ：National In-stitute of Justice. Online available：http：//www. ncjrs. org/pdffiles/168638. pdf.

附　录

《中华人民共和国反家庭暴力法》

（2015 年 12 月 27 日第十二届全国人民代表大会常务委员会
第十八次会议通过）

第一章　总　则

第一条　为了预防和制止家庭暴力，保护家庭成员的合法权益，维护平等、和睦、文明的家庭关系，促进家庭和谐、社会稳定，制定本法。

第二条　本法所称家庭暴力，是指家庭成员之间以殴打、捆绑、残害、限制人身自由以及经常性谩骂、恐吓等方式实施的身体、精神等侵害行为。

第三条　家庭成员之间应当互相帮助，互相关爱，和睦相处，履行家庭义务。

反家庭暴力是国家、社会和每个家庭的共同责任。

国家禁止任何形式的家庭暴力。

第四条　县级以上人民政府负责妇女儿童工作的机构，负责组织、协调、指导、督促有关部门做好反家庭暴力工作。

县级以上人民政府有关部门、司法机关、人民团体、社会组织、居民委员会、村民委员会、企业事业单位，应当依照本法和有关法律规定，做好反家庭暴力工作。

各级人民政府应当对反家庭暴力工作给予必要的经费保障。

第五条　反家庭暴力工作遵循预防为主，教育、矫治与惩处相结合原则。

反家庭暴力工作应当尊重受害人真实意愿，保护当事人隐私。

未成年人、老年人、残疾人、孕期和哺乳期的妇女、重病患者遭受家庭暴力的，应当给予特殊保护。

第二章　家庭暴力的预防

第六条　国家开展家庭美德宣传教育，普及反家庭暴力知识，增强公民反家庭暴力意识。

工会、共产主义青年团、妇女联合会、残疾人联合会应当在各自工作范围内，组织开展家庭美德和反家庭暴力宣传教育。

广播、电视、报刊、网络等应当开展家庭美德和反家庭暴力宣传。

学校、幼儿园应当开展家庭美德和反家庭暴力教育。

第七条　县级以上人民政府有关部门、司法机关、妇女联合会应当将预防和制止家庭暴力纳入业务培训和统计工作。

医疗机构应当做好家庭暴力受害人的诊疗记录。

第八条　乡镇人民政府、街道办事处应当组织开展家庭暴力预防工作，居民委员会、村民委员会、社会工作服务机构应当予以配合协助。

第九条　各级人民政府应当支持社会工作服务机构等社会组织开展心理健康咨询、家庭关系指导、家庭暴力预防知识教育等服务。

第十条　人民调解组织应当依法调解家庭纠纷，预防和减少家庭暴力的发生。

第十一条　用人单位发现本单位人员有家庭暴力情况的，应当给予批评教育，并做好家庭矛盾的调解、化解工作。

第十二条　未成年人的监护人应当以文明的方式进行家庭教育，依法履行监护和教育职责，不得实施家庭暴力。

第三章　家庭暴力的处置

第十三条　家庭暴力受害人及其法定代理人、近亲属可以向加害人或者受害人所在单位、居民委员会、村民委员会、妇女联合会等单位投诉、反映或者求助。有关单位接到家庭暴力投诉、反映或者求助后，应当给予帮助、处理。

家庭暴力受害人及其法定代理人、近亲属也可以向公安机关报案或者依法向人民法院起诉。

单位、个人发现正在发生的家庭暴力行为，有权及时劝阻。

第十四条　学校、幼儿园、医疗机构、居民委员会、村民委员会、社会工作服务机构、救助管理机构、福利机构及其工作人员在工作中发现无民事行为能力人、限制民事行为能力人遭受或者疑似遭受家庭暴力的，应当及时向公安机关报案。公安机关应当对报案人的信息予以保密。

第十五条 公安机关接到家庭暴力报案后应当及时出警，制止家庭暴力，按照有关规定调查取证，协助受害人就医、鉴定伤情。

无民事行为能力人、限制民事行为能力人因家庭暴力身体受到严重伤害、面临人身安全威胁或者处于无人照料等危险状态的，公安机关应当通知并协助民政部门将其安置到临时庇护场所、救助管理机构或者福利机构。

第十六条 家庭暴力情节较轻，依法不给予治安管理处罚的，由公安机关对加害人给予批评教育或者出具告诫书。

告诫书应当包括加害人的身份信息、家庭暴力的事实陈述、禁止加害人实施家庭暴力等内容。

第十七条 公安机关应当将告诫书送交加害人、受害人，并通知居民委员会、村民委员会。

居民委员会、村民委员会、公安派出所应当对收到告诫书的加害人、受害人进行查访，监督加害人不再实施家庭暴力。

第十八条 县级或者设区的市级人民政府可以单独或者依托救助管理机构设立临时庇护场所，为家庭暴力受害人提供临时生活帮助。

第十九条 法律援助机构应当依法为家庭暴力受害人提供法律援助。

人民法院应当依法对家庭暴力受害人缓收、减收或者免收诉讼费用。

第二十条 人民法院审理涉及家庭暴力的案件，可以根据公安机关出警记录、告诫书、伤情鉴定意见等证据，认定家庭暴力事实。

第二十一条 监护人实施家庭暴力严重侵害被监护人合法权益的，人民法院可以根据被监护人的近亲属、居民委员会、村民委员会、县级人民政府民政部门等有关人员或者单位的申请，依法撤销其监护人资格，另行指定监护人。

被撤销监护人资格的加害人，应当继续负担相应的赡养、扶养、抚养费用。

第二十二条 工会、共产主义青年团、妇女联合会、残疾人联合会、居民委员会、村民委员会等应当对实施家庭暴力的加害人进行法治教育，必要时可以对加害人、受害人进行心理辅导。

第四章　人身安全保护令

第二十三条　当事人因遭受家庭暴力或者面临家庭暴力的现实危险，向人民法院申请人身安全保护令的，人民法院应当受理。

当事人是无民事行为能力人、限制民事行为能力人，或者因受到强制、威吓等原因无法申请人身安全保护令的，其近亲属、公安机关、妇女联合会、居民委员会、村民委员会、救助管理机构可以代为申请。

第二十四条　申请人身安全保护令应当以书面方式提出；书面申请确有困难的，可以口头申请，由人民法院记入笔录。

第二十五条　人身安全保护令案件由申请人或者被申请人居住地、家庭暴力发生地的基层人民法院管辖。

第二十六条　人身安全保护令由人民法院以裁定形式作出。

第二十七条　作出人身安全保护令，应当具备下列条件：

（一）有明确的被申请人；

（二）有具体的请求；

（三）有遭受家庭暴力或者面临家庭暴力现实危险的情形。

第二十八条　人民法院受理申请后，应当在七十二小时内作出人身安全保护令或者驳回申请；情况紧急的，应当在二十四小时内作出。

第二十九条　人身安全保护令可以包括下列措施：

（一）禁止被申请人实施家庭暴力；

（二）禁止被申请人骚扰、跟踪、接触申请人及其相关近亲属；

（三）责令被申请人迁出申请人住所；

（四）保护申请人人身安全的其他措施。

第三十条　人身安全保护令的有效期不超过六个月，自作出之日起生效。人身安全保护令失效前，人民法院可以根据申请人的申请撤销、变更或者延长。

第三十一条　申请人对驳回申请不服或者被申请人对人身安全保护令不服的，可以自裁定生效之日起五日内向作出裁定的人民法院申请复议一次。人民法院依法作出人身安全保护令的，复议期间不停止人身安全保护令的执行。

第三十二条　人民法院作出人身安全保护令后，应当送达申请人、被申请人、公安机关以及居民委员会、村民委员会等有关组织。人身安全保护令由人民法院执行，公安机关以及居民委员会、村民委员会等应当协助执行。

第五章　法律责任

第三十三条　加害人实施家庭暴力，构成违反治安管理行为的，依法给予治安管理处罚；构成犯罪的，依法追究刑事责任。

第三十四条　被申请人违反人身安全保护令，构成犯罪的，依法追究刑事责任；尚不构成犯罪的，人民法院应当给予训诫，可以根据情节轻重处以一千元以下罚款、十五日以下拘留。

第三十五条　学校、幼儿园、医疗机构、居民委员会、村民委员会、社会工作服务机构、救助管理机构、福利机构及其工作人员未依照本法第十四条规定向公安机关报案，造成严重后果的，由上级主管部门或者本单位对直接负责的主管人员和其他直接责任人员依法给予处分。

第三十六条　负有反家庭暴力职责的国家工作人员玩忽职守、滥用职权、徇私舞弊的，依法给予处分；构成犯罪的，依法追究刑事责任。

第六章　附　　则

第三十七条　家庭成员以外共同生活的人之间实施的暴力行为，参照本法规定执行。

第三十八条　本法自 2016 年 3 月 1 日起施行。

其他法律中有关反家庭暴力的规定

一、《中华人民共和国宪法》

第四十九条 婚姻、家庭、母亲和儿童受国家的保护。

夫妻双方有实行计划生育的义务。

父母有抚养教育未成年子女的义务，成年子女有赡养扶助父母的义务。

禁止破坏婚姻自由，禁止虐待老人、妇女和儿童。

二、《中华人民共和国刑法》

第二百三十四条 故意伤害他人身体的，处三年以下有期徒刑、拘役或者管制。

犯前款罪，致人重伤的，处三年以上十年以下有期徒刑；致人死亡或者以特别残忍手段致人重伤造成严重残疾的，处十年以上有期徒刑、无期徒刑或者死刑。本法另有规定的，依照规定。

第二百三十七条 以暴力、胁迫或者其他方法强制猥亵他人或者侮辱妇女的，处五年以下有期徒刑或者拘役。

聚众或者在公共场所当众犯前款罪的，或者有其他恶劣情节的，处五年以上有期徒刑。

猥亵儿童的，处五年以下有期徒刑；有下列情形之一的，处五年以上有期徒刑：

（一）猥亵儿童多人或者多次的；

（二）聚众猥亵儿童的，或者在公共场所当众猥亵儿童，情节恶劣的；

（三）造成儿童伤害或者其他严重后果的；

（四）猥亵手段恶劣或者有其他恶劣情节的。

第二百三十八条 非法拘禁他人或者以其他方法非法剥夺他人人身自由的，处三年以下有期徒刑、拘役、管制或者剥夺政治权利。具有殴打、侮辱情节的，从重处罚。

犯前款罪，致人重伤的，处三年以上十年以下有期徒刑；致人死亡的，处十年以上有期徒刑。使用暴力致人伤残、死亡的，依照本法第二百三十四条、第二百三十二条的规定定罪处罚。

第二百六十条 虐待家庭成员，情节恶劣的，处二年以下有期徒刑、拘役或者管制。

为索取债务非法扣押、拘禁他人的，依照前两款的规定处罚。

国家机关工作人员利用职权犯前三款罪的，依照前三款的规定从重处罚。

犯前款罪，致使被害人重伤、死亡的，处二年以上七年以下有期徒刑。

第一款罪，告诉的才处理，但被害人没有能力告诉，或者因受到强制、威吓无法告诉的除外。

第二百六十条之一 对未成年人、老年人、患病的人、残疾人等负有监护、看护职责的人虐待被监护、看护的人，情节恶劣的，处三年以下有期徒刑或者拘役。

单位犯前款罪的，对单位判处罚金，并对其直接负责的主管人员和其他直接责任人员，依照前款的规定处罚。

有第一款行为，同时构成其他犯罪的，依照处罚较重的规定定罪处罚。

第二百六十一条 对于年老、年幼、患病或者其他没有独立生活能力的人，负有扶养义务而拒绝扶养，情节恶劣的，处五年以下有期徒刑、拘役或者管制。

第三百一十三条 对人民法院的判决、裁定有能力执行而拒不执行，情节严重的，处三年以下有期徒刑、拘役或者罚金；情节特别严重的，处三年以上七年以下有期徒刑，并处罚金。

单位犯前款罪的，对单位判处罚金，并对其直接负责的主管人员和其他直接责任人员，依照前款的规定处罚。

三、《中华人民共和国民法典》

第三十四条 监护人的职责是代理被监护人实施民事法律行为，保护被监护人的人身权利、财产权利以及其他合法权益等。

监护人依法履行监护职责产生的权利，受法律保护。

监护人不履行监护职责或者侵害被监护人合法权益的，应当承担法律责任。

因发生突发事件等紧急情况，监护人暂时无法履行监护职责，被监护人的生活处于无人照料状态的，被监护人住所地的居民委员会、村民委员会或者民政部门应当为被监护人安排必要的临时生活照料措施。

第三十六条　监护人有下列情形之一的，人民法院根据有关个人或者组织的申请，撤销其监护人资格，安排必要的临时监护措施，并按照最有利于被监护人的原则依法指定监护人：

（一）实施严重损害被监护人身心健康的行为；

（二）怠于履行监护职责，或者无法履行监护职责且拒绝将监护职责部分或者全部委托给他人，导致被监护人处于危困状态；

（三）实施严重侵害被监护人合法权益的其他行为。

本条规定的有关个人、组织包括：其他依法具有监护资格的人，居民委员会、村民委员会、学校、医疗机构、妇女联合会、残疾人联合会、未成年人保护组织、依法设立的老年人组织、民政部门等。

前款规定的个人和民政部门以外的组织未及时向人民法院申请撤销监护人资格的，民政部门应当向人民法院申请。

四、《中华人民共和国刑事诉讼法》

第二百一十条　自诉案件包括下列案件：

（一）告诉才处理的案件；

（二）被害人有证据证明的轻微刑事案件；

（三）被害人有证据证明对被告人侵犯自己人身、财产权利的行为应当依法追究刑事责任，而公安机关或者人民检察院不予追究被告人刑事责任的案件。

第二百一十一条　人民法院对于自诉案件进行审查后，按照下列情形分别处理：

（一）犯罪事实清楚，有足够证据的案件，应当开庭审判；

（二）缺乏罪证的自诉案件，如果自诉人提不出补充证据，应当说服自诉人撤回自诉，或者裁定驳回。

自诉人经两次依法传唤，无正当理由拒不到庭的，或者未经法庭许可中途退庭的，按撤诉处理。

法庭审理过程中，审判人员对证据有疑问，需要调查核实的，适用本法第一百九十六条的规定。

第二百一十二条　人民法院对自诉案件，可以进行调解；自诉人在宣告判决前，可以同被告人自行和解或者撤回自诉。本法第二百一十条第三项规定的案件不适用调解。

人民法院审理自诉案件的期限，被告人被羁押的，适用本法第二百零八条第一款、第二款的规定；未被羁押的，应当在受理后六个月以内宣判。

五、《中华人民共和国治安管理处罚法》

第四十条 有下列行为之一的，处十日以上十五日以下拘留，并处五百元以上一千元以下罚款；情节较轻的，处五日以上十日以下拘留，并处二百元以上五百元以下罚款：

（一）组织、胁迫、诱骗不满十六周岁的人或者残疾人进行恐怖、残忍表演的；

（二）以暴力、威胁或者其他手段强迫他人劳动的；

（三）非法限制他人人身自由、非法侵入他人住宅或者非法搜查他人身体的。

第四十二条 有下列行为之一的，处五日以下拘留或者五百元以下罚款；情节较重的，处五日以上十日以下拘留，可以并处五百元以下罚款：

（一）写恐吓信或者以其他方法威胁他人人身安全的；

（二）公然侮辱他人或者捏造事实诽谤他人的；

（三）捏造事实诬告陷害他人，企图使他人受到刑事追究或者受到治安管理处罚的；

（四）对证人及其近亲属进行威胁、侮辱、殴打或者打击报复的；

（五）多次发送淫秽、侮辱、恐吓或者其他信息，干扰他人正常生活的；

（六）偷窥、偷拍、窃听、散布他人隐私的。

第四十三条 殴打他人的，或者故意伤害他人身体的，处五日以上十日以下拘留，并处二百元以上五百元以下罚款；情节较轻的，处五日以下拘留或者五百元以下罚款。

有下列情形之一的，处十日以上十五日以下拘留，并处五百元以上一千元以下罚款：

（一）结伙殴打、伤害他人的；

（二）殴打、伤害残疾人、孕妇、不满十四周岁的人或者六十周岁以上的人的；

（三）多次殴打、伤害他人或者一次殴打、伤害多人的。

第四十五条　有下列行为之一的，处五日以下拘留或者警告：

（一）虐待家庭成员，被虐待人要求处理的；

（二）遗弃没有独立生活能力的被扶养人的。

六、《中华人民共和国妇女权益保障法》

第二十三条　禁止违背妇女意愿，以言语、文字、图像、肢体行为等方式对其实施性骚扰。

受害妇女可以向有关单位和国家机关投诉。接到投诉的有关单位和国家机关应当及时处理，并书面告知处理结果。

受害妇女可以向公安机关报案，也可以向人民法院提起民事诉讼，依法请求行为人承担民事责任。

第六十五条　禁止对妇女实施家庭暴力。

县级以上人民政府有关部门、司法机关、社会团体、企业事业单位、基层群众性自治组织以及其他组织，应当在各自的职责范围内预防和制止家庭暴力，依法为受害妇女提供救助。

七、《中华人民共和国未成年人保护法》

第十七条　未成年人的父母或者其他监护人不得实施下列行为：

（一）虐待、遗弃、非法送养未成年人或者对未成年人实施家庭暴力；

（二）放任、教唆或者利用未成年人实施违法犯罪行为；

（三）放任、唆使未成年人参与邪教、迷信活动或者接受恐怖主义、分裂主义、极端主义等侵害；

（四）放任、唆使未成年人吸烟（含电子烟，下同）、饮酒、赌博、流浪乞讨或者欺凌他人；

（五）放任或者迫使应当接受义务教育的未成年人失学、辍学；

（六）放任未成年人沉迷网络，接触危害或者可能影响其身心健康的图书、报刊、电影、广播电视节目、音像制品、电子出版物和网络信息等；

（七）放任未成年人进入营业性娱乐场所、酒吧、互联网上网服务营业场所等不适宜未成年人活动的场所；

（八）允许或者迫使未成年人从事国家规定以外的劳动；

（九）允许、迫使未成年人结婚或者为未成年人订立婚约；

（十）违法处分、侵吞未成年人的财产或者利用未成年人牟取不正当利益；

（十一）其他侵犯未成年人身心健康、财产权益或者不依法履行未成年人保护义务的行为。

第二十条 未成年人的父母或者其他监护人发现未成年人身心健康受到侵害、疑似受到侵害或者其他合法权益受到侵犯的，应当及时了解情况并采取保护措施；情况严重的，应当立即向公安、民政、教育等部门报告。

第二十一条 未成年人的父母或者其他监护人不得使未满八周岁或者由于身体、心理原因需要特别照顾的未成年人处于无人看护状态，或者将其交由无民事行为能力、限制民事行为能力、患有严重传染性疾病或者其他不适宜的人员临时照护。

未成年人的父母或者其他监护人不得使未满十六周岁的未成年人脱离监护单独生活。

第九十二条 具有下列情形之一的，民政部门应当依法对未成年人进行临时监护：

（一）未成年人流浪乞讨或者身份不明，暂时查找不到父母或者其他监护人；

（二）监护人下落不明且无其他人可以担任监护人；

（三）监护人因自身客观原因或者因发生自然灾害、事故灾难、公共卫生事件等突发事件不能履行监护职责，导致未成年人监护缺失；

（四）监护人拒绝或者怠于履行监护职责，导致未成年人处于无人照料的状态；

（五）监护人教唆、利用未成年人实施违法犯罪行为，未成年人需要被带离安置；

（六）未成年人遭受监护人严重伤害或者面临人身安全威胁，需要被紧急安置；

（七）法律规定的其他情形。

第一百零八条 未成年人的父母或者其他监护人不依法履行监护职责或者严重侵犯被监护的未成年人合法权益的，人民法院可以根据有关人员或者单位的申请，依法作出人身安全保护令或者撤销监护人资格。

被撤销监护人资格的父母或者其他监护人应当依法继续负担抚养费用。

第一百一十八条 未成年人的父母或者其他监护人不依法履行监护职责或者侵犯未成年人合法权益的，由其居住地的居民委员会、村民委员会予以劝诫、制止；情节严重的，居民委员会、村民委员会应当及时向公安机关报告。

公安机关接到报告或者公安机关、人民检察院、人民法院在办理案件过程中发现未成年人的父母或者其他监护人存在上述情形的，应当予以训诫，并可以责令其接受家庭教育指导。

八、《中华人民共和国老年人权益保障法》

第二十五条　禁止对老年人实施家庭暴力。

第七十六条　干涉老年人婚姻自由，对老年人负有赡养义务、扶养义务而拒绝赡养、扶养，虐待老年人或者对老年人实施家庭暴力的，由有关单位给予批评教育；构成违反治安管理行为的，依法给予治安管理处罚；构成犯罪的，依法追究刑事责任。

九、《中华人民共和国残疾人保障法》

第九条　残疾人的扶养人必须对残疾人履行扶养义务。

残疾人的监护人必须履行监护职责，尊重被监护人的意愿，维护被监护人的合法权益。

残疾人的亲属、监护人应当鼓励和帮助残疾人增强自立能力。

禁止对残疾人实施家庭暴力，禁止虐待、遗弃残疾人。

十、《中华人民共和国公职人员政务处分法》

第四十条　有下列行为之一的，予以警告、记过或者记大过；情节较重的，予以降级或者撤职；情节严重的，予以开除：

（一）违背社会公序良俗，在公共场所有不当行为，造成不良影响的；

（二）参与或者支持迷信活动，造成不良影响的；

（三）参与赌博的；

（四）拒不承担赡养、抚养、扶养义务的；

（五）实施家庭暴力，虐待、遗弃家庭成员的；

（六）其他严重违反家庭美德、社会公德的行为。

吸食、注射毒品，组织赌博，组织、支持、参与卖淫、嫖娼、色情淫乱活动的，予以撤职或者开除。

十一、《中华人民共和国法律援助法》

第三十二条　有下列情形之一，当事人申请法律援助的，不受经济困难条件的限制：

（一）英雄烈士近亲属为维护英雄烈士的人格权益；

（二）因见义勇为行为主张相关民事权益；

（三）再审改判无罪请求国家赔偿；

（四）遭受虐待、遗弃或者家庭暴力的受害人主张相关权益；

（五）法律、法规、规章规定的其他情形。

有关家庭暴力的主要司法解释及规范性文件

《最高人民法院　最高人民检察院　公安部　司法部
关于依法办理家庭暴力犯罪案件的意见》

发生在家庭成员之间，以及具有监护、扶养、寄养、同居等关系的共同生活人员之间的家庭暴力犯罪，严重侵害公民人身权利，破坏家庭关系，影响社会和谐稳定。人民法院、人民检察院、公安机关、司法行政机关应当严格履行职责，充分运用法律，积极预防和有效惩治各种家庭暴力犯罪，切实保障人权，维护社会秩序。为此，根据刑法、刑事诉讼法、婚姻法、未成年人保护法、老年人权益保障法、妇女权益保障法等法律，结合司法实践经验，制定本意见。

一、基本原则

1. 依法及时、有效干预。针对家庭暴力持续反复发生，不断恶化升级的特点，人民法院、人民检察院、公安机关、司法行政机关对已发现的家庭暴力，应当依法采取及时、有效的措施，进行妥善处理，不能以家庭暴力发生在家庭成员之间，或者属于家务事为由而置之不理，互相推诿。

2. 保护被害人安全和隐私。办理家庭暴力犯罪案件，应当首先保护被害人的安全。通过对被害人进行紧急救治、临时安置，以及对施暴人采取刑事强制措施、判处刑罚、宣告禁止令等措施，制止家庭暴力并防止再次发生，消除家庭暴力的现实侵害和潜在危险。对与案件有关的个人隐私，应当保密，但法律有特别规定的除外。

3. 尊重被害人意愿。办理家庭暴力犯罪案件，既要严格依法进行，也要尊重被害人的意愿。在立案、采取刑事强制措施、提起公诉、判处刑罚、减刑、假释时，应当充分听取被害人意见，在法律规定的范围内作出合情、合理的处理。对法律规定可以调解、和解的案件，应当在当事人双方自愿的基础上进行调解、和解。

4. 对未成年人、老年人、残疾人、孕妇、哺乳期妇女、重病患者特殊保护。办理家庭暴力犯罪案件，应当根据法律规定和案件情况，通过代为告诉、法律援助等措施，加大对未成年人、老年人、残疾人、孕妇、哺乳期妇女、重病患者的司法保护力度，切实保障他们的合法权益。

二、案件受理

5. 积极报案、控告和举报。依照刑事诉讼法第一百零八条第一款"任何单位和个人发现有犯罪事实或者犯罪嫌疑人，有权利也有义务向公安机关、人民检察院或者人民法院报案或者举报"的规定，家庭暴力被害人及其亲属、朋友、邻居、同事，以及村（居）委会、人民调解委员会、妇联、共青团、残联、医院、学校、幼儿园等单位、组织，发现家庭暴力，有权利也有义务及时向公安机关、人民检察院、人民法院报案、控告或者举报。

公安机关、人民检察院、人民法院对于报案人、控告人和举报人不愿意公开自己的姓名和报案、控告、举报行为的，应当为其保守秘密，保护报案人、控告人和举报人的安全。

6. 迅速审查、立案和转处。公安机关、人民检察院、人民法院接到家庭暴力的报案、控告或者举报后，应当立即问明案件的初步情况，制作笔录，迅速进行审查，按照刑事诉讼法关于立案的规定，根据自己的管辖范围，决定是否立案。对于符合立案条件的，要及时立案。对于可能构成犯罪但不属于自己管辖的，应当移送主管机关处理，并且通知报案人、控告人或者举报人；对于不属于自己管辖而又必须采取紧急措施的，应当先采取紧急措施，然后移送主管机关。

经审查，对于家庭暴力行为尚未构成犯罪，但属于违反治安管理行为的，应当将案件移送公安机关，依照治安管理处罚法的规定进行处理，同时告知被害人可以向人民调解委员会提出申请，或者向人民法院提起民事诉讼，要求施暴人承担停止侵害、赔礼道歉、赔偿损失等民事责任。

7. 注意发现犯罪案件。公安机关在处理人身伤害、虐待、遗弃等行政案件过程中，人民法院在审理婚姻家庭、继承、侵权责任纠纷等民事案件过程中，应当注意发现可能涉及的家庭暴力犯罪。一旦发现家庭暴力犯罪线索，公安机关应当将案件转为刑事案件办理，人民法院应当将案件移送公安机关；属于自诉案件的，公安机关、人民法院应当告知被害人提起自诉。

8. 尊重被害人的程序选择权。对于被害人有证据证明的轻微家庭暴力犯罪案件，在立案审查时，应当尊重被害人选择公诉或者自诉的权利。被害人要求公安机关处理的，公安机关应当依法立案、侦查。在侦查过程中，被害人不再要求公安机关处理或者要求转为自诉案件的，应当告知被害人向公安机关提交书面申请。经审查确系被害人自愿提出的，公安机关应当依法撤销案件。被害人就这类案件向人民法院提起自诉的，人民法院应当依法受理。

9. 通过代为告诉充分保障被害人自诉权。对于家庭暴力犯罪自诉案件，被害人无法告诉或者不能亲自告诉的，其法定代理人、近亲属可以告诉或者代为告诉；被害人是无行为能力人、限制行为能力人，其法定代理人、近亲属没有告诉或者代为告诉的，人民检察院可以告诉；侮辱、暴力干涉婚姻自由等告诉才处理的案件，被害人因受强制、威吓无法告诉的，人民检察院也可以告诉。人民法院对告诉或者代为告诉的，应当依法受理。

10. 切实加强立案监督。人民检察院要切实加强对家庭暴力犯罪案件的立案监督，发现公安机关应当立案而不立案的，或者被害人及其法定代理人、近亲属，有关单位、组织就公安机关不予立案向人民检察院提出异议的，人民检察院应当要求公安机关说明不立案的理由。人民检察院认为不立案理由不成立的，应当通知公安机关立案，公安机关接到通知后应当立案；认为不立案理由成立的，应当将理由告知提出异议的被害人及其法定代理人、近亲属或者有关单位、组织。

11. 及时、全面收集证据。公安机关在办理家庭暴力案件时，要充分、全面地收集、固定证据，除了收集现场的物证、被害人陈述、证人证言等证据外，还应当注意及时向村（居）委会、人民调解委员会、妇联、共青团、残联、医院、学校、幼儿园等单位、组织的工作人员，以及被害人的亲属、邻居等收集涉及家庭暴力的处理记录、病历、照片、视频等证据。

12. 妥善救治、安置被害人。人民法院、人民检察院、公安机关等负有保护公民人身安全职责的单位和组织，对因家庭暴力受到严重伤害需要紧急救治的被害人，应当立即协助联系医疗机构救治；对面临家庭暴力严重威胁，或者处于无人照料等危险状态，需要临时安置的被害人或者相关未成年人，应当通知并协助有关部门进行安置。

13. 依法采取强制措施。人民法院、人民检察院、公安机关对实施家庭暴力的犯罪嫌疑人、被告人，符合拘留、逮捕条件的，可以依法拘留、逮捕；没有采取拘留、逮捕措施的，应当通过走访、打电话等方式与被害人或者其法定代理人、近亲属联系，了解被害人的人身安全状况。对于犯罪嫌疑人、被告人再次实施家庭暴力的，应当根据情况，依法采取必要的强制措施。

人民法院、人民检察院、公安机关决定对实施家庭暴力的犯罪嫌疑人、被告人取保候审的，为了确保被害人及其子女和特定亲属的安全，可以依照刑事诉讼法第六十九条第二款的规定，责令犯罪嫌疑人、被告人不得再次实施家庭暴力；不得侵扰被害人的生活、工作、学习；不得进行酗酒、赌博等活动；经被害人申请且有必要的，责令不得接近被害人及其未成年子女。

14. 加强自诉案件举证指导。家庭暴力犯罪案件具有案发周期较长、证据难以保存，被害人处于相对弱势、举证能力有限，相关事实难以认定等特点。有些特点在自诉案件中表现得更为突出。因此，人民法院在审理家庭暴力自诉案件时，对于因当事人举证能力不足等原因，难以达到法律规定的证据要求的，应当及时对当事人进行举证指导，告知需要收集的证据及收集证据的方法。对于因客观原因不能取得的证据，当事人申请人民法院调取的，人民法院应当认真审查，认为确有必要的，应当调取。

15. 加大对被害人的法律援助力度。人民检察院自收到移送审查起诉的案件材料之日起三日内，人民法院自受理案件之日起三日内，应当告知被害人及其法定代理人或者近亲属有权委托诉讼代理人，如果经济困难，可以向法律援助机构申请法律援助；对于被害人是未成年人、老年人、重病患者或者残疾人等，因经济困难没有委托诉讼代理人的，人民检察院、人民法院应当帮助其申请法律援助。

法律援助机构应当依法为符合条件的被害人提供法律援助，指派熟悉反家庭暴力法律法规的律师办理案件。

三、定罪处罚

16. 依法准确定罪处罚。对故意杀人、故意伤害、强奸、猥亵儿童、非法拘禁、侮辱、暴力干涉婚姻自由、虐待、遗弃等侵害公民人身权利的家庭暴力犯罪，应当根据犯罪的事实、犯罪的性质、情节和对社会的危害程度，严格依照刑法的有关规定判处。对于同一行为同时触犯多个罪名的，依照处罚较重的规定定罪处罚。

17. 依法惩处虐待犯罪。采取殴打、冻饿、强迫过度劳动、限制人身自由、恐吓、侮辱、谩骂等手段，对家庭成员的身体和精神进行摧残、折磨，是实践中较为多发的虐待性质的家庭暴力。根据司法实践，具有虐待持续时间较长、次数较多；虐待手段残忍；虐待造成被害人轻微伤或者患较严重疾病；对未成年人、老年人、残疾人、孕妇、哺乳期妇女、重病患者实施较为严重的虐待行为等情形，属于刑法第二百六十条第一款规定的虐待"情节恶劣"，应当依法以虐待罪定罪处罚。

准确区分虐待犯罪致人重伤、死亡与故意伤害、故意杀人犯罪致人重伤、死亡的界限，要根据被告人的主观故意、所实施的暴力手段与方式、是否立即或者直接造成被害人伤亡后果等进行综合判断。对于被告人主观上不具有侵害被害人健康或者剥夺被害人生命的故意，而是出于追求被害人肉体和精神上的痛苦，长期或者多次实施虐待行为，逐渐造成被害人身体损害，过失导致被害人重伤或者死亡的；或者因虐待致使被害人不堪忍受而自残、自杀，导致重伤或者死亡的，属于刑法第二百六十条第二款规定的虐待"致使被害人重伤、死亡"，应当以虐待罪定罪处罚。对于被告人虽然实施家庭暴力呈现出经常性、持续性、反复性的特点，但其主观上具有希望或者放任被害人重伤或者死亡的故意，持凶器实施暴力，暴力手段残忍，暴力程度较强，直接或者立即造成被害人重伤或者死亡的，应当以故意伤害罪或者故意杀人罪定罪处罚。

依法惩处遗弃犯罪。负有扶养义务且有扶养能力的人，拒绝扶养年幼、年老、患病或者其他没有独立生活能力的家庭成员，是危害严重的遗弃性质的家庭暴力。根据司法实践，具有对被害人长期不予照顾、不提供生活来源；驱赶、逼迫被害人离家，致使被害人流离失所或者生存困难；遗弃患严重疾病或者生活不能自理的被害人；遗弃致使被害人身体严重损害或者造成其他严重后果等情形，属于刑法第二百六十一条规定的遗弃"情节恶劣"，应当依法以遗弃罪定罪处罚。

准确区分遗弃罪与故意杀人罪的界限，要根据被告人的主观故意、所实施行为的时间与地点、是否立即造成被害人死亡，以及被害人对被告人的依赖程度等进行综合判断。对于只是为了逃避扶养义务，并不希望或者放任被害人死亡，将生活不能自理的被害人弃置在福利院、医院、派出所等单位或者广场、车站等行人较多的场所，希望被害人得到他人救助的，一般以遗弃罪定罪处罚。对于希望或者放任被害人死亡，不履行必要的扶养义务，致使被害人因缺乏生活照料而死亡，或者将生活不能自理的被害人带至荒山野岭等人迹罕至的场所扔弃，使被害人难以得到他人救助的，应当以故意杀人罪定罪处罚。

18. 切实贯彻宽严相济刑事政策。对于实施家庭暴力构成犯罪的，应当根据罪刑法定、罪刑相适应原则，兼顾维护家庭稳定、尊重被害人意愿等因素综合考虑，宽严并用，区别对待。根据司法实践，对于实施家庭暴力手段残忍或者造成严重后果；出于恶意侵占财产等卑劣动机实施家庭暴力；因酗酒、吸毒、赌博等恶习而长期或者多次实施家庭暴力；曾因实施家庭暴力受到刑事处罚、行政处罚；或者具有其他恶劣情形的，可以酌情从重处罚。对于实施家庭暴力犯罪情节较轻，或者被告人真诚悔罪，获得被害人谅解，从轻处罚有利于被扶养人的，可以酌情从轻处罚；对于情节轻微不需要判处刑罚的，人民检察院可以不起诉，人民法院可以判处免予刑事处罚。

对于实施家庭暴力情节显著轻微危害不大不构成犯罪的，应当撤销案件、不起诉，或者宣告无罪。

人民法院、人民检察院、公安机关应当充分运用训诫，责令施暴人保证不再实施家庭暴力，或者向被害人赔礼道歉、赔偿损失等非刑罚处罚措施，加强对施暴人的教育与惩戒。

19. 准确认定对家庭暴力的正当防卫。为了使本人或者他人的人身权利免受不法侵害，对正在进行的家庭暴力采取制止行为，只要符合刑法规定的条件，就应当依法认定为正当防卫，不负刑事责任。防卫行为造成施暴人重伤、死亡，且明显超过必要限度，属于防卫过当，应当负刑事责任，但是应当减轻或者免除处罚。

认定防卫行为是否"明显超过必要限度"，应当以足以制止并使防卫人免受家庭暴力不法侵害的需要为标准，根据施暴人正在实施家庭暴力的严重程度、手段的残忍程度，防卫人所处的环境、面临的危险程度、采取的制止暴力的手段、造成施暴人重大损害的程度，以及既往家庭暴力的严重程度等进行综合判断。

20. 充分考虑案件中的防卫因素和过错责任。对于长期遭受家庭暴力后，在激愤、恐惧状态下为了防止再次遭受家庭暴力，或者为了摆脱家庭暴力而故意杀害、伤害施暴人，被告人的行为具有防卫因素，施暴人在案件起因上具有明显过错或者直接责任的，可以酌情从宽处罚。对于因遭受严重家庭暴力，身体、精神受到重大损害而故意杀害施暴人；或者因不堪忍受长期家庭暴力而故意杀害施暴人，犯罪情节不是特别恶劣，手段不是特别残忍的，可以认定为刑法第二百三十二条规定的故意杀人"情节较轻"。在服刑期间确有悔改表现的，可以根据其家庭情况，依法放宽减刑的幅度，缩短减刑的起始时间与间隔时间；符合假释条件的，应当假释。被杀害施暴人的近亲属表示谅解的，在量刑、减刑、假释时应当予以充分考虑。

四、其他措施

21. 充分运用禁止令措施。人民法院对实施家庭暴力构成犯罪被判处管制或者宣告缓刑的犯罪分子，为了确保被害人及其子女和特定亲属的人身安全，可以依照刑法第三十八条第二款、第七十二条第二款的规定，同时禁止犯罪分子再次实施家庭暴力，侵扰被害人的生活、工作、学习，进行酗酒、赌博等活动；经被害人申请且有必要的，禁止接近被害人及其未成年子女。

22. 告知申请撤销施暴人的监护资格。人民法院、人民检察院、公安机关对于监护人实施家庭暴力，严重侵害被监护人合法权益的，在必要时可以告知被监护人及其他有监护资格的人员、单位，向人民法院提出申请，要求撤销监护人资格，依法另行指定监护人。

23. 充分运用人身安全保护措施。人民法院为了保护被害人的人身安全，避免其再次受到家庭暴力的侵害，可以根据申请，依照民事诉讼法等法律的相关规定，作出禁止施暴人再次实施家庭暴力、禁止接近被害人、迁出被害人的住所等内容的裁定。对于施暴人违反裁定的行为，如对被害人进行威胁、恐吓、殴打、伤害、杀害，或者未经被害人同意拒不迁出住所的，人民法院可以根据情节轻重予以罚款、拘留；构成犯罪的，应当依法追究刑事责任。

24. 充分运用社区矫正措施。社区矫正机构对因实施家庭暴力构成犯罪被判处管制、宣告缓刑、假释或者暂予监外执行的犯罪分子，应当依法开展家庭暴力行为矫治，通过制定有针对性的监管、教育和帮助措施，矫正犯罪分子的施暴心理和行为恶习。

25. 加强反家庭暴力宣传教育。人民法院、人民检察院、公安机关、司法行政机关应当结合本部门工作职责，通过以案说法、社区普法、针对重点对象法制教育等多种形式，开展反家庭暴力宣传教育活动，有效预防家庭暴力，促进平等、和睦、文明的家庭关系，维护社会和谐、稳定。

《全国妇联　中央宣传部　最高人民检察院
公安部　民政部　司法部　卫生部
关于预防和制止家庭暴力的若干意见》

为预防和制止家庭暴力，依法保护公民特别是妇女儿童的合法权益，建立平等和睦的家庭关系，维护家庭和社会稳定，促进社会主义和谐社会建设，依据《中华人民共和国婚姻法》、《中华人民共和国妇女权益保障法》、《中华人民共和国未成年人保护法》、《中华人民共和国治安管理处罚法》等有关法律，制定本意见。

第一条　本意见所称"家庭暴力"，是指行为人以殴打、捆绑、残害、强行限制人身自由或者其他手段，给其家庭成员的身体、精神等方面造成一定伤害后果的行为。

第二条　预防和制止家庭暴力，应当贯彻预防为主、标本兼治、综合治理的方针。处理家庭暴力案件，应当在查明事实、分清责任的基础上进行调解，实行教育和处罚相结合的原则。

预防和制止家庭暴力是全社会的共同责任。对于家庭暴力行为，应当及时予以劝阻、制止或者向有关部门报案、控告或者举报。

第三条　各部门要依法履行各自的职责，保障开展预防和制止家庭暴力工作的必要经费，做好预防和制止家庭暴力工作。各部门要加强协作、配合，建立处理家庭暴力案件的协调联动和家庭暴力的预防、干预、救助等长效机制，依法保护家庭成员特别是妇女儿童的合法权益。

第四条　处理家庭暴力案件的有关单位和人员，应当注意依法保护当事人的隐私。

第五条　各部门要面向社会持续、深入地开展保障妇女儿童权益法律法规和男女平等基本国策的宣传教育活动，不断增强公民的法律意识。

各部门要将预防和制止家庭暴力的有关知识列为相关业务培训内容，提高相关工作人员干预、处理家庭暴力问题的意识和能力，切实维护公民的合法权益。

第六条　各级宣传部门要指导主要新闻媒体加强舆论宣传，弘扬健康文明的家庭风尚，引导广大群众树立正确的家庭伦理道德观念，对家庭暴力行为进行揭露、批评，形成预防和制止家庭暴力的良好氛围。

第七条　公安派出所、司法所，居（村）民委员会、人民调解委员会、妇代会等组织，要认真做好家庭矛盾纠纷的疏导和调解工作，切实预防家庭暴力行为的发生。对正在实施的家庭暴力，要及时予以劝阻和制止。积极开展对家庭成员防范家庭暴力和自我保护的宣传教育，鼓励受害者及时保存证据、举报家庭暴力行为，有条件的地方应开展对施暴人的心理矫治和对受害人的心理辅导，以避免家庭暴力事件的再次发生和帮助家庭成员尽快恢复身心健康。

第八条　公安机关应当设立家庭暴力案件投诉点，将家庭暴力报警纳入"110"出警工作范围，并按照《"110"接处警规则》的有关规定对家庭暴力求助投诉及时进行处理。公安机关对构成违反治安管理规定或构成刑事犯罪的，应当依法受理或立案，及时查处。

公安机关受理家庭暴力案件后，应当及时依法组织对家庭暴力案件受害人的伤情进行鉴定，为正确处理案件提供依据。

对家庭暴力案件，公安机关应当根据不同情况，依法及时作出处理：

（一）对情节轻微的家庭暴力案件，应当遵循既要维护受害人的合法权益，又要维护家庭团结，坚持调解的原则，对施暴者予以批评、训诫，告知其应承担的法律责任及相应的后果，防范和制止事态扩大；

（二）对违反治安管理规定的，依据《中华人民共和国治安管理处罚法》予以处罚；

（三）对构成犯罪的，依法立案侦查，做好调查取证工作，追究其刑事责任；

（四）对属于告诉才处理的虐待案件和受害人有证据证明的轻伤害案件，应当告知受害人或其法定代理人、近亲属直接向人民法院起诉，并及时将案件材料和有关证据移送有管辖权的人民法院。

第九条　人民检察院对公安机关提请批准逮捕或者移送审查起诉的家庭暴力犯罪案件，应当及时审查，区分不同情况依法作出处理。对于罪行较重、社会影响较大、且得不到被害人谅解的，依法应当追究刑事责任，符合逮捕或起诉条件的，应依法及时批准逮捕或者提起公诉。对于罪行较轻、主观恶性小、真诚悔过、人身危险性不大，以及当事人双方达成和解的，可以依法作出不批准逮捕、不起诉决定。人民检察院要加强对家庭暴力犯罪案件的法律监督。对人民检察院认为公安机关应当立案侦查而不立案侦查的家庭暴力案件，或者受害人认为公安机关应当立案侦查而不立案侦查，而向人民检察院提出控告的家庭暴力案件，人民检察院应当认真审查，认为符合立案条件的，应当要求公安机关说明不予立案的理由。人民检察院审查后认为不予立案的理由不能成立的，应当通知公安机关依法立案，公安机关应予立案。

对人民法院在审理涉及家庭暴力案件中作出的确有错误的判决和裁定，人民检察院应当依法提出抗诉。

第十条 司法行政部门应当督促法律援助机构组织法律服务机构及从业人员，为符合条件的家庭暴力受害人提供法律援助。鼓励和支持法律服务机构对经济确有困难又达不到法律援助条件的受害人，按照有关规定酌情减收或免收法律服务费用。

对符合法律援助条件的委托人申请司法鉴定的，司法鉴定机构应当按照司法鉴定法律援助的有关规定，减收或免收司法鉴定费用。

第十一条 卫生部门应当对医疗卫生机构及其工作人员进行预防和制止家庭暴力方面的指导和培训。

医疗人员在诊疗活动中，若发现疾病和伤害系因家庭暴力所致，应对家庭暴力受害人进行及时救治，做好诊疗记录，保存相关证据，并协助公安部门调查。

第十二条 民政部门救助管理机构可以开展家庭暴力救助工作，及时受理家庭暴力受害人的求助，为受害人提供庇护和其他必要的临时性救助。

有条件的地方要建立民政、司法行政、卫生、妇联等各有关方面的合作机制，在家庭暴力受害人接受庇护期间为其提供法律服务、医疗救治、心理咨询等人文关怀服务。

第十三条 妇联组织要积极开展预防和制止家庭暴力的宣传、培训工作，建立反对家庭暴力热线，健全维权工作网络，认真接待妇女投诉，告知受害妇女享有的权利，为受害妇女儿童提供必要的法律帮助，并协调督促有关部门及时、公正地处理家庭暴力事件。

要密切配合有关部门做好预防和制止家庭暴力工作，深化"平安家庭"创建活动，推动建立社区妇女维权工作站或家庭暴力投诉站（点），推动"零家庭暴力社区（村庄）"等的创建，参与家庭矛盾和纠纷的调解。

妇联系统的人民陪审员在参与审理有关家庭暴力的案件时，要依法维护妇女儿童的合法权益。

《民政部　全国妇联
关于做好家庭暴力受害人庇护救助工作的指导意见》

各省、自治区、直辖市民政厅（局）、妇联，新疆生产建设兵团民政局、妇联：

为加大反对家庭暴力工作力度，依法保护家庭暴力受害人，特别是遭受家庭暴力侵害的妇女、未成年人、老年人等弱势群体的人身安全和其他合法权益，根据《中华人民共和国妇女权益保障法》、《中华人民共和国未成年人保护法》、《中华人民共和国老年人权益保障法》、《社会救助暂行办法》等有关规定，现就民政部门和妇联组织做好家庭暴力受害人（以下简称受害人）庇护救助工作提出以下指导意见：

一、工作对象

家庭暴力受害人庇护救助工作对象是指常住人口及流动人口中，因遭受家庭暴力导致人身安全受到威胁，处于无处居住等暂时生活困境，需要进行庇护救助的未成年人和寻求庇护救助的成年受害人。寻求庇护救助的妇女可携带需要其照料的未成年子女同时申请庇护。

二、工作原则

（一）未成年人特殊、优先保护原则。为遭受家庭暴力侵害的未成年人提供特殊、优先保护，积极主动庇护救助未成年受害人。依法干预处置监护人侵害未成年人合法权益的行为，切实保护未成年人合法权益。

（二）依法庇护原则。依法为受害人提供临时庇护救助服务，充分尊重受害人合理意愿，严格保护其个人隐私。积极运用家庭暴力告诫书、人身安全保护裁定、调解诉讼等法治手段，保障受害人人身安全，维护其合法权益。

（三）专业化帮扶原则。积极购买社会工作、心理咨询等专业服务，鼓励受害人自主接受救助方案和帮扶方式，协助家庭暴力受害人克服心理阴影和行为障碍，协调解决婚姻、生活、学习、工作等方面的实际困难，帮助其顺利返回家庭、融入社会。

（四）社会共同参与原则。在充分发挥民政部门和妇联组织职能职责和工作优势的基础上，动员引导多方面社会力量参与受害人庇护救助服务和反对家庭暴力宣传等工作，形成多方参与、优势互补、共同协作的工作合力。

三、工作内容

（一）及时受理求助。妇联组织要及时接待受害人求助请求或相关人员的举报投诉，根据调查了解的情况向公安机关报告，请公安机关对家庭暴力行为进行调查处置。妇联组织、民政部门发现未成年人遭受虐待、暴力伤害等家庭暴力情形的，应当及时报请公安机关进行调查处置和干预保护。民政部门及救助管理机构应当及时接收公安机关、妇联等有关部门护送或主动寻求庇护救助的受害人，办理入站登记手续，根据性别、年龄实行分类分区救助，妥善安排食宿等临时救助服务并做好隐私保护工作。救助管理机构庇护救助成年受害人期限一般不超过10天，因特殊情况需要延长的，报主管民政部门备案。城乡社区服务机构可以为社区内遭受家庭暴力的居民提供应急庇护救助服务。

（二）按需提供转介服务。民政部门及救助管理机构和妇联组织可以通过与社会工作服务机构、心理咨询机构等专业力量合作方式对受害人进行安全评估和需求评估，根据受害人的身心状况和客观需求制定个案服务方案。要积极协调人民法院、司法行政、人力资源社会保障、卫生等部门、社会救助经办机构、医院和社会组织，为符合条件的受害人提供司法救助、法律援助、婚姻家庭纠纷调解、就业援助、医疗救助、心理康复等转介服务。对于实施家庭暴力的未成年人监护人，应通过家庭教育指导、监护监督等多种方式，督促监护人改善监护方式，提升监护能力；对于目睹家庭暴力的未成年人，要提供心理辅导和关爱服务。

（三）加强受害人人身安全保护。民政部门及救助管理机构或妇联组织可以根据需要协助受害人或代表未成年受害人向人民法院申请人身安全保护裁定，依法保护受害人的人身安全，避免其再次受到家庭暴力的侵害。成年受害人在庇护期间自愿离开救助管理机构的，应提出书面申请，说明离开原因，可自行离开、由受害人亲友接回或由当地村（居）民委员会、基层妇联组织护送回家。其他监护人、近亲属前来接领未成年受害人的，经公安机关或村（居）民委员会确认其身份后，救助管理机构可以将未成年受害人交由其照料，并与其办理书面交接手续。

（四）强化未成年受害人救助保护。民政部门和救助管理机构要按照

《最高人民法院　最高人民检察院　公安部　民政部关于依法处理监护人侵害未成年人权益行为若干问题的意见》（法发〔2014〕24号）要求，做好未成年受害人临时监护、调查评估、多方会商等工作。救助管理机构要将遭受家庭暴力侵害的未成年受害人安排在专门区域进行救助保护。对于年幼的未成年受害人，要安排专业社会工作者或专人予以陪护和精心照料，待其情绪稳定后可根据需要安排到爱心家庭寄养。未成年受害人接受司法机关调查时，民政部门或救助管理机构要安排专职社会工作者或专人予以陪伴，必要时请妇联组织派员参加，避免其受到"二次伤害"。对于遭受严重家庭暴力侵害的未成年人，民政部门或救助管理机构、妇联组织可以向人民法院提出申请，要求撤销施暴人监护资格，依法另行指定监护人。

四、工作要求

（一）健全工作机制。民政部门和妇联组织要建立有效的信息沟通渠道，建立健全定期会商、联合作业、协同帮扶等联动协作机制，细化具体任务职责和合作流程，共同做好受害人的庇护救助和权益维护工作。民政部门及救助管理机构要为妇联组织、司法机关开展受害人维权服务、司法调查等工作提供设施场所、业务协作等便利。妇联组织要依法为受害人提供维权服务。

（二）加强能力建设。民政部门及救助管理机构和妇联组织要选派政治素质高、业务能力强的工作人员参与受害人庇护救助工作，加强对工作人员的业务指导和能力培训。救助管理机构应开辟专门服务区域设立家庭暴力庇护场所，实现与流浪乞讨人员救助服务区域的相对隔离，有条件的地方可充分利用现有设施设置生活居室、社会工作室、心理访谈室、探访会客室等，设施陈列和环境布置要温馨舒适。救助管理机构要加强家庭暴力庇护工作的管理服务制度建设，建立健全来访会谈、出入登记、隐私保护、信息查阅等制度。妇联组织要加强"12338"法律维权热线和维权队伍建设，为受害人主动求助、法律咨询和依法维权提供便利渠道和服务。

（三）动员社会参与。民政部门和救助管理机构可以通过购买服务、项目合作、志愿服务等多种方式，鼓励支持社会组织、社会工作服务机构、法律服务机构参与家庭暴力受害人庇护救助服务，提供法律政策咨询、心理疏导、婚姻家庭纠纷调解、家庭关系辅导、法律援助等服务，并加强对社会力量的统筹协调。妇联组织可以发挥政治优势、组织优势和群众工作优势，动员引导爱心企业、爱心家庭和志愿者等社会力量通过慈善捐赠、志愿服务等方式参与家庭暴力受害人庇护救助服务。

（四）强化宣传引导。各级妇联组织和民政部门要积极调动舆论资源，主动借助新兴媒体，切实运用各类传播阵地，公布家庭暴力救助维权热线电话，开设反对家庭暴力专题栏目，传播介绍反对家庭暴力的法律法规；加强依法处理家庭暴力典型事例（案例）的法律解读、政策释义和宣传报道，引导受害人及时保存证据，依法维护自身合法权益；城乡社区服务机构要积极开展反对家庭暴力宣传，提高社区居民参与反对家庭暴力工作的意识，鼓励社区居民主动发现和报告监护人虐待未成年人等家庭暴力线索。

《最高人民检察院　国家监察委员会　教育部　公安部
民政部　司法部　国家卫生健康委员会
中国共产主义青年团中央委员会　中华全国妇女联合会
关于建立侵害未成年人案件强制报告制度的意见（试行）》

第一条　为切实加强对未成年人的全面综合司法保护，及时有效惩治侵害未成年人违法犯罪，根据《中华人民共和国刑事诉讼法》《中华人民共和国未成年人保护法》《中华人民共和国反家庭暴力法》《中华人民共和国执业医师法》及相关法律法规，结合未成年人保护工作实际，制定本意见。

第二条　侵害未成年人案件强制报告，是指国家机关、法律法规授权行使公权力的各类组织及法律规定的公职人员，密切接触未成年人行业的各类组织及其从业人员，在工作中发现未成年人遭受或者疑似遭受不法侵害以及面临不法侵害危险的，应当立即向公安机关报案或举报。

第三条　本意见所称密切接触未成年人行业的各类组织，是指依法对未成年人负有教育、看护、医疗、救助、监护等特殊职责，或者虽不负有特殊职责但具有密切接触未成年人条件的企事业单位、基层群众自治组织、社会组织。主要包括：居（村）民委员会；中小学校、幼儿园、校外培训机构、未成年人校外活动场所等教育机构及校车服务提供者；托儿所等托育服务机构；医院、妇幼保健院、急救中心、诊所等医疗机构；儿童福利机构、救助管理机构、未成年人救助保护机构、社会工作服务机构；

旅店、宾馆等。

第四条　本意见所称在工作中发现未成年人遭受或者疑似遭受不法侵害以及面临不法侵害危险的情况包括：

（一）未成年人的生殖器官或隐私部位遭受或疑似遭受非正常损伤的；

（二）不满十四周岁的女性未成年人遭受或疑似遭受性侵害、怀孕、流产的；

（三）十四周岁以上女性未成年人遭受或疑似遭受性侵害所致怀孕、流产的；

（四）未成年人身体存在多处损伤、严重营养不良、意识不清，存在或疑似存在受到家庭暴力、欺凌、虐待、殴打或者被人麻醉等情形的；

（五）未成年人因自杀、自残、工伤、中毒、被人麻醉、殴打等非正常原因导致伤残、死亡情形的；

（六）未成年人被遗弃或长期处于无人照料状态的；

（七）发现未成年人来源不明、失踪或者被拐卖、收买的；

（八）发现未成年人被组织乞讨的；

（九）其他严重侵害未成年人身心健康的情形或未成年人正在面临不法侵害危险的。

第五条　根据本意见规定情形向公安机关报案或举报的，应按照主管行政机关要求报告备案。

第六条　具备先期核实条件的相关单位、机构、组织及人员，可以对未成年人疑似遭受不法侵害的情况进行初步核实，并在报案或举报时将相关材料一并提交公安机关。

第七条　医疗机构及其从业人员在收治遭受或疑似遭受人身、精神损害的未成年人时，应当保持高度警惕，按规定书写、记录和保存相关病历资料。

第八条　公安机关接到疑似侵害未成年人权益的报案或举报后，应当立即接受，问明案件初步情况，并制作笔录。根据案件的具体情况，涉嫌违反治安管理的，依法受案审查；涉嫌犯罪的，依法立案侦查。对不属于自己管辖的，及时移送有管辖权的公安机关。

第九条　公安机关侦查未成年人被侵害案件，应当依照法定程序，及时、全面收集固定证据。对于严重侵害未成年人的暴力犯罪案件、社会高度关注的重大、敏感案件，公安机关、人民检察院应当加强办案中的协商、沟通与配合。

公安机关、人民检察院依法向报案人员或者单位调取指控犯罪所需要的处理记录、监控资料、证人证言等证据时，相关单位及其工作人员应当积极予以协助配合，并按照有关规定全面提供。

第十条 公安机关应当在受案或者立案后三日内向报案单位反馈案件进展，并在移送审查起诉前告知报案单位。

第十一条 人民检察院应当切实加强对侵害未成年人案件的立案监督。认为公安机关应当立案而不立案的，应当要求公安机关说明不立案的理由。认为不立案理由不能成立的，应当通知公安机关立案，公安机关接到通知后应当立即立案。

第十二条 公安机关、人民检察院发现未成年人需要保护救助的，应当委托或者联合民政部门或共青团、妇联等群团组织，对未成年人及其家庭实施必要的经济救助、医疗救治、心理干预、调查评估等保护措施。未成年被害人生活特别困难的，司法机关应当及时启动司法救助。

公安机关、人民检察院发现未成年人父母或者其他监护人不依法履行监护职责，或者侵害未成年人合法权益的，应当予以训诫或者责令其接受家庭教育指导。经教育仍不改正，情节严重的，应当依法依规予以惩处。

公安机关、妇联、居民委员会、村民委员会、救助管理机构、未成年人救助保护机构发现未成年人遭受家庭暴力或面临家庭暴力的现实危险，可以依法向人民法院代为申请人身安全保护令。

第十三条 公安机关、人民检察院和司法行政机关及教育、民政、卫生健康等主管行政机关应当对报案人的信息予以保密。违法窃取、泄露报告事项、报告受理情况以及报告人信息的，依法依规予以严惩。

第十四条 相关单位、组织及其工作人员应当注意保护未成年人隐私，对于涉案未成年人身份、案情等信息资料予以严格保密，严禁通过互联网或者以其他方式进行传播。私自传播的，依法给予治安处罚或追究其刑事责任。

第十五条 依法保障相关单位及其工作人员履行强制报告责任，对根据规定报告侵害未成年人案件而引发的纠纷，报告人不予承担相应法律责任；对于干扰、阻碍报告的组织或个人，依法追究法律责任。

第十六条 负有报告义务的单位及其工作人员未履行报告职责，造成严重后果的，由其主管行政机关或者本单位依法对直接负责的主管人员或者其他直接责任人员给予相应处分；构成犯罪的，依法追究刑事责任。相关单位或者单位主管人员阻止工作人员报告的，予以从重处罚。

第十七条　对于行使公权力的公职人员长期不重视强制报告工作，不按规定落实强制报告制度要求的，根据其情节、后果等情况，监察委员会应当依法对相关单位和失职失责人员进行问责，对涉嫌职务违法犯罪的依法调查处理。

第十八条　人民检察院依法对本意见的执行情况进行法律监督。对于工作中发现相关单位对本意见执行、监管不力的，可以通过发出检察建议书等方式进行监督纠正。

第十九条　对于因及时报案使遭受侵害未成年人得到妥善保护、犯罪分子受到依法惩处的，公安机关、人民检察院、民政部门应及时向其主管部门反馈相关情况，单独或联合给予相关机构、人员奖励、表彰。

第二十条　强制报告责任单位的主管部门应当在本部门职能范围内指导、督促责任单位严格落实本意见，并通过年度报告、不定期巡查等方式，对本意见执行情况进行检查。注重加强指导和培训，切实提高相关单位和人员的未成年人保护意识和能力水平。

第二十一条　各级监察委员会、人民检察院、公安机关、司法行政机关、教育、民政、卫生健康部门和妇联、共青团组织应当加强沟通交流，定期通报工作情况，及时研究实践中出现的新情况、新问题。

各部门建立联席会议制度，明确强制报告工作联系人，畅通联系渠道，加强工作衔接和信息共享。人民检察院负责联席会议制度日常工作安排。

第二十二条　相关单位应加强对侵害未成年人案件强制报告的政策和法治宣传，强化全社会保护未成年人、与侵害未成年人违法犯罪行为作斗争的意识，争取理解与支持，营造良好社会氛围。

第二十三条　本意见自印发之日起试行。

《最高人民法院
关于办理人身安全保护令案件适用法律若干问题的规定》

（法释〔2022〕17号）

为正确办理人身安全保护令案件，及时保护家庭暴力受害人的合法权益，根据《中华人民共和国民法典》《中华人民共和国反家庭暴力法》《中华人民共和国民事诉讼法》等相关法律规定，结合审判实践，制定本规定。

第一条 当事人因遭受家庭暴力或者面临家庭暴力的现实危险，依照反家庭暴力法向人民法院申请人身安全保护令的，人民法院应当受理。

向人民法院申请人身安全保护令，不以提起离婚等民事诉讼为条件。

第二条 当事人因年老、残疾、重病等原因无法申请人身安全保护令，其近亲属、公安机关、民政部门、妇女联合会、居民委员会、村民委员会、残疾人联合会、依法设立的老年人组织、救助管理机构等，根据当事人意愿，依照反家庭暴力法第二十三条规定代为申请的，人民法院应当依法受理。

第三条 家庭成员之间以冻饿或者经常性侮辱、诽谤、威胁、跟踪、骚扰等方式实施的身体或者精神侵害行为，应当认定为反家庭暴力法第二条规定的"家庭暴力"。

第四条 反家庭暴力法第三十七条规定的"家庭成员以外共同生活的人"一般包括共同生活的儿媳、女婿、公婆、岳父母以及其他有监护、扶养、寄养等关系的人。

第五条 当事人及其代理人对因客观原因不能自行收集的证据，申请人民法院调查收集，符合《最高人民法院关于适用〈中华人民共和国民事诉讼法〉的解释》第九十四条第一款规定情形的，人民法院应当调查收集。

人民法院经审查，认为办理案件需要的证据符合《最高人民法院关于适用〈中华人民共和国民事诉讼法〉的解释》第九十六条规定的，应当调查收集。

第六条 人身安全保护令案件中，人民法院根据相关证据，认为申请人遭受家庭暴力或者面临家庭暴力现实危险的事实存在较大可能性的，可以依法作出人身安全保护令。

前款所称"相关证据"包括：

（一）当事人的陈述；

（二）公安机关出具的家庭暴力告诫书、行政处罚决定书；

（三）公安机关的出警记录、讯问笔录、询问笔录、接警记录、报警回执等；

（四）被申请人曾出具的悔过书或者保证书等；

（五）记录家庭暴力发生或者解决过程等的视听资料；

（六）被申请人与申请人或者其近亲属之间的电话录音、短信、即时通讯信息、电子邮件等；

（七）医疗机构的诊疗记录；

（八）申请人或者被申请人所在单位、民政部门、居民委员会、村民委员会、妇女联合会、残疾人联合会、未成年人保护组织、依法设立的老年人组织、救助管理机构、反家暴社会公益机构等单位收到投诉、反映或者求助的记录；

（九）未成年子女提供的与其年龄、智力相适应的证言或者亲友、邻居等其他证人证言；

（十）伤情鉴定意见；

（十一）其他能够证明申请人遭受家庭暴力或者面临家庭暴力现实危险的证据。

第七条 人民法院可以通过在线诉讼平台、电话、短信、即时通讯工具、电子邮件等简便方式询问被申请人。被申请人未发表意见的，不影响人民法院依法作出人身安全保护令。

第八条 被申请人认可存在家庭暴力行为，但辩称申请人有过错的，不影响人民法院依法作出人身安全保护令。

第九条 离婚等案件中，当事人仅以人民法院曾作出人身安全保护令为由，主张存在家庭暴力事实的，人民法院应当根据《最高人民法院关于适用〈中华人民共和国民事诉讼法〉的解释》第一百零八条的规定，综合认定是否存在该事实。

第十条 反家庭暴力法第二十九条第四项规定的"保护申请人人身安全的其他措施"可以包括下列措施：

（一）禁止被申请人以电话、短信、即时通讯工具、电子邮件等方式侮辱、诽谤、威胁申请人及其相关近亲属；

（二）禁止被申请人在申请人及其相关近亲属的住所、学校、工作单位等经常出入场所的一定范围内从事可能影响申请人及其相关近亲属正常生活、学习、工作的活动。

第十一条 离婚案件中，判决不准离婚或者调解和好后，被申请人违反人身安全保护令实施家庭暴力的，可以认定为民事诉讼法第一百二十七条第七项规定的"新情况、新理由"。

第十二条 被申请人违反人身安全保护令，符合《中华人民共和国刑法》第三百一十三条规定的，以拒不执行判决、裁定罪定罪处罚；同时构成其他犯罪的，依照刑法有关规定处理。

第十三条 本规定自 2022 年 8 月 1 日起施行。

《最高人民法院　全国妇联　教育部　公安部
民政部　司法部　卫生健康委
关于加强人身安全保护令制度贯彻实施的意见》

（法发〔2022〕10号）

为进一步做好预防和制止家庭暴力工作，依法保护家庭成员特别是妇女、未成年人、老年人、残疾人的合法权益，维护平等、和睦、文明的家庭关系，促进家庭和谐、社会稳定，现就加强人身安全保护令制度贯彻实施提出如下意见：

一、坚持以习近平新时代中国特色社会主义思想为指导。深入贯彻习近平法治思想和习近平总书记关于注重家庭家教家风建设的重要论述精神，在家庭中积极培育和践行社会主义核心价值观，涵养优良家风，弘扬家庭美德，最大限度预防和制止家庭暴力。

二、坚持依法、及时、有效保护受害人原则。各部门在临时庇护、法律援助、司法救助等方面要持续加大对家庭暴力受害人的帮扶力度，建立多层次、多样化、立体式的救助体系。要深刻认识家庭暴力的私密性、突发性特点，提高家庭暴力受害人证据意识，指导其依法及时保存、提交证据。

三、坚持尊重受害人真实意愿原则。各部门在接受涉家庭暴力投诉、反映、求助以及受理案件、转介处置等工作中，应当就采取何种安全保护措施、是否申请人身安全保护令、对加害人的处理方式等方面听取受害人意见，加大对受害人的心理疏导。

四、坚持保护当事人隐私原则。各部门在受理案件、协助执行、履行强制报告义务等工作中应当注重保护当事人尤其是未成年人的隐私。受害人已搬离与加害人共同住所的，不得将受害人的行踪或者联系方式告知加害人，不得在相关文书、回执中列明受害人的现住所。人身安全保护令原则上不得公开。

五、推动建立各部门协同的反家暴工作机制。积极推动将家庭暴力防控纳入社会治安综合治理体系，发挥平安建设考评机制作用。完善人民法院、公安机关、民政部门、司法行政部门、教育部门、卫生部门和妇女联合会等单位共同参与的反家暴工作体系。充分利用信息化建设成果，加强各部门间数据的协同共享。探索通过专案专档、分级预警等方式精准跟踪、实时监督。

六、公安机关应当强化依法干预家庭暴力的观念和意识，加大家庭暴力警情处置力度，强化对加害人的告诫，依法依规出具家庭暴力告诫书。注重搜集、固定证据，积极配合人民法院依职权调取证据，提供出警记录、告诫书、询（讯）问笔录等。有条件的地方可以与人民法院、民政部门、妇女联合会等建立家暴警情联动机制和告诫通报机制。

七、民政部门应当加强对居民委员会、村民委员会、社会工作服务机构、救助管理机构、福利机构等的培训和指导。居民委员会、村民委员会、社会工作服务机构、救助管理机构、福利机构及其工作人员在工作中发现无民事行为能力人、限制民事行为能力人遭受或者疑似遭受家庭暴力的，应当及时向公安机关报案。贯彻落实《关于做好家庭暴力受害人庇护救助工作的指导意见》，加强临时庇护场所建设和人员、资金配备，为家庭暴力受害人及时提供转介安置、法律援助、婚姻家庭纠纷调解等救助服务。

八、司法行政部门应当加大对家庭暴力受害人的法律援助力度，畅通法律援助申请渠道，健全服务网络。各地可以根据实际情况依托当地妇女联合会等建立法律援助工作站或者联络点，方便家庭暴力受害人就近寻求法律援助。加强对反家庭暴力法、未成年人保护法、妇女权益保障法、老年人权益保障法等法律法规的宣传。充分发挥人民调解优势作用，扎实做好婚姻家庭纠纷排查化解工作，预防家庭暴力发生。

九、医疗机构在诊疗过程中，发现可能遭受家庭暴力的伤者，要详细做好伤者的信息登记和诊疗记录，将伤者的主诉、伤情和治疗过程，准确、客观、全面地记录于病历资料。建立医警联动机制，在诊疗过程中发现无民事行为能力人或者限制民事行为能力人遭受或者疑似遭受家庭暴力的，应当及时向公安机关报案，并积极配合公安机关做好医疗诊治资料收集工作。

十、学校、幼儿园应当加强对未成年人保护法、预防未成年人犯罪法、反家庭暴力法等法律法规的宣传教育。注重家校、家园协同。在发现未成年人遭受或者疑似遭受家庭暴力的，应当根据《未成年人学校保护规定》，及时向公安、民政、教育等有关部门报告。注重保护未成年人隐私，加强心理疏导、干预力度。

十一、人民法院应当建立人身安全保护令案件受理"绿色通道"，加大依职权调取证据力度，依法及时作出人身安全保护令。各基层人民法院及其派出人民法庭应当在立案大厅或者诉讼服务中心为当事人申请人身安全保护令提供导诉服务。

十二、坚持最有利于未成年人原则。各部门就家庭暴力事实听取未成年人意见或制作询问笔录时，应当充分考虑未成年人身心特点，提供适宜的场所环境，采取未成年人能够理解的问询方式，保护其隐私和安全。必要时，可安排心理咨询师或社会工作者协助开展工作。未成年人作为受害人的人身安全保护令案件中，人民法院可以通知法律援助机构为其提供法律援助。未成年子女作为证人提供证言的，可不出庭作证。

十三、各部门在接受涉家庭暴力投诉、反映、求助或者处理婚姻家庭纠纷过程中，发现当事人遭受家庭暴力或者面临家庭暴力现实危险的，应当主动告知其可以向人民法院申请人身安全保护令。

十四、人民法院在作出人身安全保护令后，应当在24小时内向当事人送达，同时送达当地公安派出所、居民委员会、村民委员会，也可以视情况送达当地妇女联合会、学校、未成年人保护组织、残疾人联合会、依法设立的老年人组织等。

十五、人民法院在送达人身安全保护令时，应当注重释明和说服教育，督促被申请人遵守人身安全保护令，告知其违反人身安全保护令的法律后果。被申请人不履行或者违反人身安全保护令的，申请人可以向人民法院申请强制执行。被申请人违反人身安全保护令，尚不构成犯罪的，人民法院应当给予训诫，可以根据情节轻重处以一千元以下罚款、十五日以下拘留。

十六、人民法院在送达人身安全保护令时，可以向当地公安派出所、居民委员会、村民委员会、妇女联合会、学校等一并送达协助执行通知书，协助执行通知书中应当明确载明协助事项。相关单位应当按照协助执行通知书的内容予以协助。

十七、人身安全保护令有效期内，公安机关协助执行的内容可以包括：协助督促被申请人遵守人身安全保护令；在人身安全保护令有效期内，被申请人违反人身安全保护令的，公安机关接警后应当及时出警，制止违法行为；接到报警后救助、保护受害人，并搜集、固定证据；发现被申请人违反人身安全保护令的，将情况通报人民法院等。

十八、人身安全保护令有效期内，居民委员会、村民委员会、妇女联合会、学校等协助执行的内容可以包括：在人身安全保护令有效期内进行定期回访、跟踪记录等，填写回访单或记录单，期满由当事人签字后向人民法院反馈；发现被申请人违反人身安全保护令的，应当对其进行批评教育、填写情况反馈表，帮助受害人及时与人民法院、公安机关联系；对加害人进行法治教育，必要时对加害人、受害人进行心理辅导等。

十九、各部门在接受涉家庭暴力投诉、反映、求助或者处理婚姻家庭纠纷过程中，可以探索引入社会工作和心理疏导机制，缓解受害人以及未成年子女的心理创伤，矫治施暴者认识行为偏差，避免暴力升级，从根本上减少恶性事件发生。

二十、各部门应当充分认识人身安全保护令制度的重要意义，加大学习培训力度，熟悉人身安全保护令申请主体、作出程序以及协助执行的具体内容等，加强人身安全保护令制度普法宣传。

《最高人民法院　最高人民检察院　公安部　民政部
关于依法处理监护人侵害未成年人
权益行为若干问题的意见》

为切实维护未成年人合法权益，加强未成年人行政保护和司法保护工作，确保未成年人得到妥善监护照料，根据民法通则、民事诉讼法、未成年人保护法等法律规定，现就处理监护人侵害未成年人权益行为（以下简称监护侵害行为）的有关工作制定本意见。

一、一般规定

1. 本意见所称监护侵害行为，是指父母或者其他监护人（以下简称监护人）性侵害、出卖、遗弃、虐待、暴力伤害未成年人，教唆、利用未成年人实施违法犯罪行为，胁迫、诱骗、利用未成年人乞讨，以及不履行监护职责严重危害未成年人身心健康等行为。

2. 处理监护侵害行为，应当遵循未成年人最大利益原则，充分考虑未成年人身心特点和人格尊严，给予未成年人特殊、优先保护。

3. 对于监护侵害行为，任何组织和个人都有权劝阻、制止或者举报。公安机关应当采取措施，及时制止在工作中发现以及单位、个人举报的监护侵害行为，情况紧急时将未成年人带离监护人。

民政部门应当设立未成年人救助保护机构（包括救助管理站、未成年人救助保护中心），对因受到监护侵害进入机构的未成年人承担临时监护责任，必要时向人民法院申请撤销监护人资格。

人民法院应当依法受理人身安全保护裁定申请和撤销监护人资格案件并作出裁判。

人民检察院对公安机关、人民法院处理监护侵害行为的工作依法实行法律监督。

人民法院、人民检察院、公安机关设有办理未成年人案件专门工作机构的，应当优先由专门工作机构办理监护侵害案件。

4. 人民法院、人民检察院、公安机关、民政部门应当充分履行职责，加强指导和培训，提高保护未成年人的能力和水平；加强沟通协作，建立信息共享机制，实现未成年人行政保护和司法保护的有效衔接。

5. 人民法院、人民检察院、公安机关、民政部门应当加强与妇儿工委、教育部门、卫生部门、共青团、妇联、关工委、未成年人住所地村（居）民委员会等的联系和协作，积极引导、鼓励、支持法律服务机构、社会工作服务机构、公益慈善组织和志愿者等社会力量，共同做好受监护侵害的未成年人的保护工作。

二、报告和处置

6. 学校、医院、村（居）民委员会、社会工作服务机构等单位及其工作人员，发现未成年人受到监护侵害的，应当及时向公安机关报案或者举报。

其他单位及其工作人员、个人发现未成年人受到监护侵害的，也应当及时向公安机关报案或者举报。

7. 公安机关接到涉及监护侵害行为的报案、举报后，应当立即出警处置，制止正在发生的侵害行为并迅速进行调查。符合刑事立案条件的，应当立即立案侦查。

8. 公安机关在办理监护侵害案件时，应当依照法定程序，及时、全面收集固定证据，保证办案质量。

询问未成年人，应当考虑未成年人的身心特点，采取和缓的方式进行，防止造成进一步伤害。

未成年人有其他监护人的，应当通知其他监护人到场。其他监护人无法通知或者未能到场的，可以通知未成年人的其他成年亲属、所在学校、村（居）民委员会、未成年人保护组织的代表以及专业社会工作者等到场。

9. 监护人的监护侵害行为构成违反治安管理行为的，公安机关应当依法给予治安管理处罚，但情节特别轻微不予治安管理处罚的，应当给予批评教育并通报当地村（居）民委员会；构成犯罪的，依法追究刑事责任。

10. 对于疑似患有精神障碍的监护人，已实施危害未成年人安全的行为或者有危害未成年人安全危险的，其近亲属、所在单位、当地公安机关应当立即采取措施予以制止，并将其送往医疗机构进行精神障碍诊断。

11. 公安机关在出警过程中，发现未成年人身体受到严重伤害、面临严重人身安全威胁或者处于无人照料等危险状态的，应当将其带离实施监护侵害行为的监护人，就近护送至其他监护人、亲属、村（居）民委员会或者未成年人救助保护机构，并办理书面交接手续。未成年人有表达能力的，应当就护送地点征求未成年人意见。

负责接收未成年人的单位和人员（以下简称临时照料人）应当对未成年人予以临时紧急庇护和短期生活照料，保护未成年人的人身安全，不得侵害未成年人合法权益。

公安机关应当书面告知临时照料人有权依法向人民法院申请人身安全保护裁定和撤销监护人资格。

12. 对身体受到严重伤害需要医疗的未成年人，公安机关应当先行送医救治，同时通知其他有监护资格的亲属照料，或者通知当地未成年人救助保护机构开展后续救助工作。

监护人应当依法承担医疗救治费用。其他亲属和未成年人救助保护机构等垫付医疗救治费用的，有权向监护人追偿。

13. 公安机关将受监护侵害的未成年人护送至未成年人救助保护机构的，应当在五个工作日内提供案件侦办查处情况说明。

14. 监护侵害行为可能构成虐待罪的，公安机关应当告知未成年人及其近亲属有权告诉或者代为告诉，并通报所在地同级人民检察院。

未成年人及其近亲属没有告诉的，由人民检察院起诉。

三、临时安置和人身安全保护裁定

15. 未成年人救助保护机构应当接收公安机关护送来的受监护侵害的未成年人，履行临时监护责任。

未成年人救助保护机构履行临时监护责任一般不超过一年。

16. 未成年人救助保护机构可以采取家庭寄养、自愿助养、机构代养或者委托政府指定的寄宿学校安置等方式，对未成年人进行临时照料，并为未成年人提供心理疏导、情感抚慰等服务。

未成年人因临时监护需要转学、异地入学接受义务教育的，教育行政部门应当予以保障。

17. 未成年人的其他监护人、近亲属要求照料未成年人的，经公安机关或者村（居）民委员会确认其身份后，未成年人救助保护机构可以将未成年人交由其照料，终止临时监护。

关系密切的其他亲属、朋友要求照料未成年人的，经未成年人父、母所在单位或者村（居）民委员会同意，未成年人救助保护机构可以将未成年人交由其照料，终止临时监护。

未成年人救助保护机构将未成年人送交亲友临时照料的，应当办理书面交接手续，并书面告知临时照料人有权依法向人民法院申请人身安全保护裁定和撤销监护人资格。

18. 未成年人救助保护机构可以组织社会工作服务机构等社会力量，对监护人开展监护指导、心理疏导等教育辅导工作，并对未成年人的家庭基本情况、监护情况、监护人悔过情况、未成年人身心健康状况以及未成年人意愿等进行调查评估。监护人接受教育辅导及后续表现情况应当作为调查评估报告的重要内容。

有关单位和个人应当配合调查评估工作的开展。

19. 未成年人救助保护机构应当与公安机关、村（居）民委员会、学校以及未成年人亲属等进行会商，根据案件侦办查处情况说明、调查评估报告和监护人接受教育辅导等情况，并征求有表达能力的未成年人意见，形成会商结论。

经会商认为本意见第11条第1款规定的危险状态已消除，监护人能够正确履行监护职责的，未成年人救助保护机构应当及时通知监护人领回未成年人。监护人应当在三日内领回未成年人并办理书面交接手续。会商形成结论前，未成年人救助保护机构不得将未成年人交由监护人领回。

经会商认为监护侵害行为属于本意见第35条规定情形的，未成年人救助保护机构应当向人民法院申请撤销监护人资格。

20. 未成年人救助保护机构通知监护人领回未成年人的，应当将相关情况通报未成年人所在学校、辖区公安派出所、村（居）民委员会，并告知其对通报内容负有保密义务。

21. 监护人领回未成年人的，未成年人救助保护机构应当指导村（居）民委员会对监护人的监护情况进行随访，开展教育辅导工作。

未成年人救助保护机构也可以组织社会工作服务机构等社会力量，开展前款工作。

22. 未成年人救助保护机构或者其他临时照料人可以根据需要，在诉讼前向未成年人住所地、监护人住所地或者侵害行为地人民法院申请人身安全保护裁定。

未成年人救助保护机构或者其他临时照料人也可以在诉讼中向人民法院申请人身安全保护裁定。

23. 人民法院接受人身安全保护裁定申请后，应当按照民事诉讼法第一百条、第一百零一条、第一百零二条的规定作出裁定。经审查认为存在侵害未成年人人身安全危险的，应当作出人身安全保护裁定。

人民法院接受诉讼前人身安全保护裁定申请后，应当在四十八小时内作出裁定。接受诉讼中人身安全保护裁定申请，情况紧急的，也应当在四十八小时内作出裁定。人身安全保护裁定应当立即执行。

24. 人身安全保护裁定可以包括下列内容中的一项或者多项：

（一）禁止被申请人暴力伤害、威胁未成年人及其临时照料人；

（二）禁止被申请人跟踪、骚扰、接触未成年人及其临时照料人；

（三）责令被申请人迁出未成年人住所；

（四）保护未成年人及其临时照料人人身安全的其他措施。

25. 被申请人拒不履行人身安全保护裁定，危及未成年人及其临时照料人人身安全或者扰乱未成年人救助保护机构工作秩序的，未成年人、未成年人救助保护机构或者其他临时照料人有权向公安机关报告，由公安机关依法处理。

被申请人有其他拒不履行人身安全保护裁定行为的，未成年人、未成年人救助保护机构或者其他临时照料人有权向人民法院报告，人民法院根据民事诉讼法第一百一十一条、第一百一十五条、第一百一十六条的规定，视情节轻重处以罚款、拘留；构成犯罪的，依法追究刑事责任。

26. 当事人对人身安全保护裁定不服的，可以申请复议一次。复议期间不停止裁定的执行。

四、申请撤销监护人资格诉讼

27. 下列单位和人员（以下简称有关单位和人员）有权向人民法院申请撤销监护人资格：

（一）未成年人的其他监护人，祖父母、外祖父母、兄、姐，关系密切的其他亲属、朋友；

（二）未成年人住所地的村（居）民委员会，未成年人父、母所在单位；

（三）民政部门及其设立的未成年人救助保护机构；

（四）共青团、妇联、关工委、学校等团体和单位。

申请撤销监护人资格，一般由前款中负责临时照料未成年人的单位和人员提出，也可以由前款中其他单位和人员提出。

28. 有关单位和人员向人民法院申请撤销监护人资格的，应当提交相关证据。

有包含未成年人基本情况、监护存在问题、监护人悔过情况、监护人接受教育辅导情况、未成年人身心健康状况以及未成年人意愿等内容的调查评估报告的，应当一并提交。

29. 有关单位和人员向公安机关、人民检察院申请出具相关案件证明材料的，公安机关、人民检察院应当提供证明案件事实的基本材料或者书面说明。

30. 监护人因监护侵害行为被提起公诉的案件，人民检察院应当书面告知未成年人及其临时照料人有权依法申请撤销监护人资格。

对于监护侵害行为符合本意见第35条规定情形而相关单位和人员没有提起诉讼的，人民检察院应当书面建议当地民政部门或者未成年人救助保护机构向人民法院申请撤销监护人资格。

31. 申请撤销监护人资格案件，由未成人住所地、监护人住所地或者侵害行为地基层人民法院管辖。

人民法院受理撤销监护人资格案件，不收取诉讼费用。

五、撤销监护人资格案件审理和判后安置

32. 人民法院审理撤销监护人资格案件，比照民事诉讼法规定的特别程序进行，在一个月内审理结案。有特殊情况需要延长的，由本院院长批准。

33. 人民法院应当全面审查调查评估报告等证据材料，听取被申请人、有表达能力的未成年人以及村（居）民委员会、学校、邻居等的意见。

34. 人民法院根据案件需要可以聘请适当的社会人士对未成年人进行社会观护，并可以引入心理疏导和测评机制，组织专业社会工作者、儿童心理问题专家等专业人员参与诉讼，为未成年人和被申请人提供心理辅导和测评服务。

35. 被申请人有下列情形之一的，人民法院可以判决撤销其监护人资格：

（一）性侵害、出卖、遗弃、虐待、暴力伤害未成年人，严重损害未成年人身心健康的；

（二）将未成年人置于无人监管和照看的状态，导致未成年人面临死亡或者严重伤害危险，经教育不改的；

（三）拒不履行监护职责长达六个月以上，导致未成年人流离失所或者生活无着的；

（四）有吸毒、赌博、长期酗酒等恶习无法正确履行监护职责或者因服刑等原因无法履行监护职责，且拒绝将监护职责部分或者全部委托给他人，致使未成年人处于困境或者危险状态的；

（五）胁迫、诱骗、利用未成年人乞讨，经公安机关和未成年人救助保护机构等部门三次以上批评教育拒不改正，严重影响未成年人正常生活和学习的；

（六）教唆、利用未成年人实施违法犯罪行为，情节恶劣的；

（七）有其他严重侵害未成年人合法权益行为的。

36. 判决撤销监护人资格，未成年人有其他监护人的，应当由其他监护人承担监护职责。其他监护人应当采取措施避免未成年人继续受到侵害。

没有其他监护人的，人民法院根据最有利于未成年人的原则，在民法通则第十六条第二款、第四款规定的人员和单位中指定监护人。指定个人担任监护人的，应当综合考虑其意愿、品行、身体状况、经济条件、与未成年人的生活情感联系以及有表达能力的未成年人的意愿等。

没有合适人员和其他单位担任监护人的，人民法院应当指定民政部门担任监护人，由其所属儿童福利机构收留抚养。

37. 判决不撤销监护人资格的，人民法院可以根据需要走访未成年人及其家庭，也可以向当地民政部门、辖区公安派出所、村（居）民委员会、共青团、妇联、未成年人所在学校、监护人所在单位等发出司法建议，加强对未成年人的保护和对监护人的监督指导。

38. 被撤销监护人资格的侵害人，自监护人资格被撤销之日起三个月至一年内，可以书面向人民法院申请恢复监护人资格，并应当提交相关证据。

人民法院应当将前款内容书面告知侵害人和其他监护人、指定监护人。

39. 人民法院审理申请恢复监护人资格案件，按照变更监护关系的案件审理程序进行。

人民法院应当征求未成年人现任监护人和有表达能力的未成年人的意见，并可以委托申请人住所地的未成年人救助保护机构或者其他未成年人保护组织，对申请人监护意愿、悔改表现、监护能力、身心状况、工作生活情况等进行调查，形成调查评估报告。

申请人正在服刑或者接受社区矫正的，人民法院应当征求刑罚执行机关或者社区矫正机构的意见。

40. 人民法院经审理认为申请人确有悔改表现并且适宜担任监护人的，可以判决恢复其监护人资格，原指定监护人的监护人资格终止。

申请人具有下列情形之一的，一般不得判决恢复其监护人资格：

（一）性侵害、出卖未成年人的；

（二）虐待、遗弃未成年人六个月以上、多次遗弃未成年人，并且造成重伤以上严重后果的；

（三）因监护侵害行为被判处五年有期徒刑以上刑罚的。

41. 撤销监护人资格诉讼终结后六个月内，未成年人及其现任监护人可以向人民法院申请人身安全保护裁定。

42. 被撤销监护人资格的父、母应当继续负担未成年人的抚养费用和因监护侵害行为产生的各项费用。相关单位和人员起诉的，人民法院应予支持。

43. 民政部门应当根据有关规定，将符合条件的受监护侵害的未成年人纳入社会救助和相关保障范围。

44. 民政部门担任监护人的，承担抚养职责的儿童福利机构可以送养未成年人。

送养未成年人应当在人民法院作出撤销监护人资格判决一年后进行。侵害人有本意见第40条第2款规定情形的，不受一年后送养的限制。

《公安部　中央政法委　最高人民法院　教育部　民政部　司法部　国家卫生健康委　全国妇联　国务院妇儿工委办公室关于加强家庭暴力告诫制度贯彻实施的意见》

为充分发挥家庭暴力告诫制度作用，积极干预化解家庭、婚恋矛盾纠纷，有效预防和制止家庭暴力，依法保护家庭成员的合法权益，维护平等、和睦、文明的家庭关系，促进家庭和谐、社会稳定，根据《中华人民共和国反家庭暴力法》及相关法律法规，结合反家庭暴力工作实际，制定本意见。

一、本意见所称告诫，是指公安机关对实施家庭暴力情节较轻、依法不给予治安管理处罚的加害人，以书面形式进行警示、劝诫，并会同有关部门和基层组织对其进行监督不再实施家庭暴力的一种行政指导行为。

二、公安机关接到家庭暴力报案后，应当及时出警，制止家庭暴力，按照有关规定调查取证，依法认定家庭暴力事实。

三、公安机关认定家庭暴力事实，应当满足以下基本证据条件：

（一）加害人对实施家庭暴力无异议的，需要加害人陈述、受害人陈述或者证人证言；

（二）加害人否认实施家庭暴力的，需要受害人陈述或者证人证言以及另外一种辅证。

四、公安机关认定家庭暴力事实，可以适用的辅证类型包括：

（一）记录家庭暴力发生过程的视听资料；

（二）家庭暴力相关电话录音、短信、即时通讯信息、电子邮件等电子数据；

（三）亲友、邻居等证人的证言，当事人未成年子女所作的与其年龄、智力相适应的证言；

（四）加害人曾出具的悔过书或者保证书等；

（五）伤情鉴定意见；

（六）医疗机构的诊疗记录；

（七）相关部门单位收到的家庭暴力投诉、反映或者求助记录；

（八）其他能够证明受害人遭受家庭暴力的证据。

五、家庭暴力情节较轻，依法不给予治安管理处罚的，公安机关可以对加害人给予批评教育或者出具告诫书。

六、家庭暴力事实已经查证属实，情节较轻且具有下列情形之一的，一般应当出具告诫书：

（一）因实施家庭暴力曾被公安机关给予批评教育的；

（二）对未成年人、老年人、残疾人、孕期和哺乳期的妇女、重病患者实施家庭暴力的；

（三）在公共场所实施家庭暴力的；

（四）受害人要求出具的；

（五）其他依法应当出具告诫书的情形。

加害人承认实施家庭暴力行为，辩称受害人有过错的，不影响公安机关依法出具告诫书。

七、家庭暴力情节显著轻微，或者家庭暴力情节较轻且取得受害人谅解的，公安机关可以对加害人给予批评教育。

对加害人给予批评教育的，应当在相关接报案信息系统记录备查。

八、加害人对实施家庭暴力无异议的，或者虽有异议，但家庭暴力事实清楚的，公安机关可以当场决定给予批评教育或者出具告诫书，并使用执法记录仪等设备录音录像备查。对需要继续查证的，应当在受理报案后72小时内作出决定。

九、告诫书的内容，包括加害人和受害人的身份信息及双方关系、家庭暴力的事实陈述、认定证据、相关法律规定、禁止加害人实施家庭暴力以及再次实施家庭暴力的法律后果等。告诫书一式三份，一份交加害人，一份交受害人，一份公安机关存档。告诫书式样，由公安部统一制发。

公安机关应当将告诫书及有关档案信息及时录入执法办案信息系统。

十、公安机关送交告诫书，应当向加害人当面宣读告诫内容，由加害人签名、捺印。加害人无正当理由拒绝签收告诫书的，民警应当注明情况，并将宣读和送交过程录音录像备查，即视为送交。

十一、公安机关应当将告诫情况及时通知当地居民委员会、村民委员会、妇女联合会和乡镇（街道）综治中心。

在实施告诫时，可以通知当地居民委员会、村民委员会、妇女联合会工作人员和儿童主任到场。

十二、公安派出所对收到告诫书的加害人、受害人应当进行查访监督。

对家庭暴力加害人、受害人，在送交告诫书后七日内，公安派出所进行首次查访，监督加害人不再实施家庭暴力。首次查访未发现再次实施家庭暴力的，每三个月进行一次查访。连续三次未发现加害人再次实施家庭暴力的，不再查访。

查访可以会同居民委员会、村民委员会进行。居民委员会、村民委员会应当配合公安派出所共同查访，或者单独进行查访，并加强家庭矛盾纠纷化解工作。基层妇女联合会应当协助和配合做好相关工作。

查访发现加害人再次实施家庭暴力的，依法追究法律责任。

十三、教育行政、卫生健康、民政等部门应当加强反家庭暴力业务培训，督促指导学校、幼儿园、医疗机构、居民委员会、村民委员会、社会工作服务机构、救助管理机构、福利机构、未成年人救助保护机构及其工作人员落实强制报告制度，在工作中发现无民事行为能力人、限制民事行为能力人遭受或者疑似遭受家庭暴力的，及时向公安机关报案。

十四、告诫书可以作为家庭暴力受害人到临时庇护场所主动申请庇护的书面凭证，临时庇护场所应当为其提供临时生活帮助。

对于因家庭暴力身体受到严重伤害、面临人身安全威胁或者处于无人照料等危险状态的无民事行为能力人、限制民事行为能力人，公安机关应当通知并协助民政部门将其安置到临时庇护场所、救助管理机构、福利机构或者未成年人救助保护机构。

十五、公安机关依法处置家庭暴力时，应当主动告知受害人可以向人民法院申请人身安全保护令。对当事人是无民事行为能力人、限制民事行为能力人，或者因受到强制、威吓等原因无法申请人身安全保护令的，可以代为申请。

十六、人民法院审理涉及家庭暴力的案件，可以根据公安机关出警记录、告诫书、伤情鉴定意见等证据，认定家庭暴力事实。

在离婚等案件中，当事人仅以公安机关曾出具告诫书为由，主张存在家庭暴力事实的，人民法院应当依法对是否存在该事实进行综合认定。

十七、家庭暴力受害人可以凭告诫书向法律援助机构申请法律咨询、代拟法律文书等法律援助，法律援助机构应当依法依规为家庭暴力受害人提供法律援助。

十八、公安机关在办理家庭暴力案件过程中，发现未成年人的父母或者其他监护人对未成年人家庭教育不当或侵害未成年人合法权益的，可以责令其接受家庭教育指导。

教育行政部门应当指导、督促学校、幼儿园向学生、幼儿的父母或者其他监护人开展家庭美德和反家庭暴力教育。必要时，中小学校、幼儿园应当配合公安机关督促实施家庭暴力的学生、幼儿的父母或者其他监护人接受家庭教育指导。具备条件的中小学校、幼儿园应当在教育行政部门的指导下，为家庭教育指导服务站点开展公益性家庭教育指导服务活动提供支持。

十九、妇女联合会、居民委员会、村民委员会应当根据公安机关告诫情况通知，对实施家庭暴力的加害人进行法治教育，必要时可以对加害人、受害人进行心理辅导。

教育行政、民政部门应当指导学校、社会工作服务机构等有关单位，对未成年家庭暴力受害人或者目睹家庭暴力的未成年人进行心理问题评估以及辅导、心理危机干预和咨询。卫生健康部门应当指导医疗机构做好未成年人心理危机干预以及心理治疗等工作。

二十、家庭暴力具有以下情形之一，构成违反治安管理行为或者涉嫌犯罪的，应当依法追究加害人的法律责任，不得以告诫代替行政或者刑事处罚：

（一）经民警现场制止，拒不停止施暴的；

（二）调解过程中又实施家庭暴力的；

（三）经公安机关告诫或者处罚后，拒不悔改、再次实施家庭暴力的；

（四）多次实施家庭暴力的；

（五）其他应当追究法律责任的情形。

二十一、公安机关应当加强家庭暴力警情统计，对涉及强制报告义务主体的警情做好分类统计，按照批评教育、出具告诫书、给予行政处罚、追究刑事责任等情形统计处理结果。

二十二、县级以上人民政府负责妇女儿童工作的机构，应当加强家庭暴力告诫制度贯彻实施的统筹，组织、协调、指导、督促有关部门加强宣传培训、掌握情况，促进信息互通、资源共享、协调联动，运用反家庭暴力工作定期会商机制，为告诫与反家庭暴力其他制度的有效衔接提供保障。

二十三、反家庭暴力工作应当保护当事人隐私，处理涉及家庭暴力案事件的有关部门、组织和人员，对获悉的当事人及证人、举报人等有关人员信息、隐私负有保密义务。

二十四、家庭成员以外共同生活的人之间实施的暴力行为，参照本意见规定执行。"家庭成员以外共同生活的人"一般包括共同生活的儿媳、女婿、公婆、岳父母以及其他有监护、扶养、寄养、同居等关系的人。

附件:

<h2 style="text-align:center;">家庭暴力告诫书</h2>

_____公家告字〔_____年〕_____号

被告诫人姓名_____性别_____出生日期_____身份证件种类_____

证件号码_____居住地址_____

工作单位_____联系方式_____

与受害人关系_____/家庭成员以外共同生活的人

告诫内容:

现查明被告诫人于_____年_____月_____日在_____对（受害人姓名）
_____（性别）_____（年龄）_____（身份证件种类）
_____（证件号码）_____（联系方式）
_____实施了_____的侵害行为。以上事实有_____等证据证实。

因你的行为违反了《中华人民共和国反家庭暴力法》，现根据该法第十六条之规定，依法对你进行告诫。家庭暴力关乎个人基本权利保障、社会和谐稳定，国家禁止任何形式的家庭暴力。如你再次实施家庭暴力，构成违反治安管理行为的，公安机关将依法予以治安管理处罚，构成犯罪的，依法追究刑事责任。

_____县（市/区）公安（分）局
_____派出所/大队（印）
年　月　日

家庭暴力告诫书已经向我宣告并送交，我无异议。

被告诫人（签名、捺印）：

　　年　月　日

本告诫书一式三份：一份交加害人，一份交受害人，一份公安机关存档。